U0910693

北京八家名人故居纪念馆文化读本之二

历史足迹

文化名人与北京

北京八家名人故居纪念馆 编著

中国社会科学出版社

图书在版编目(CIP)数据

历史足迹：文化名人与北京／北京八家名人故居纪念馆编著．—北京：中国社会科学出版社，2017.5

ISBN 978 - 7 - 5203 - 0251 - 7

Ⅰ.①历…　Ⅱ.①北…　Ⅲ.①名人—生平事迹—中国—近现代②北京—地方史—史料—近现代　Ⅳ.①K820.5②K291

中国版本图书馆CIP数据核字(2017)第084274号

出 版 人　赵剑英
责任编辑　郑　彤
责任校对　刘　娟
责任印制　李寡寡

出　　版　中国社会科学出版社
社　　址　北京鼓楼西大街甲158号
邮　　编　100720
网　　址　http://www.csspw.cn
发 行 部　010 - 84083685
门 市 部　010 - 84029450
经　　销　新华书店及其他书店

印　　刷　北京明恒达印务有限公司
装　　订　廊坊市广阳区广增装订厂
版　　次　2017年5月第1版
印　　次　2017年5月第1次印刷

开　　本　710×1000　1/16
印　　张　19.5
字　　数　325千字
定　　价　75.00元

编　委　会

目　　录

前　言

赵笑洁　张　勇

这是一座具有3000多年历史的文化古城，它承载着中华文明的璀璨历史。这是一批具有时代风采的文化名人，其中以宋庆龄、李大钊、鲁迅、郭沫若、茅盾、老舍、徐悲鸿和梅兰芳等人为代表，他们用自身的智慧和担当，丰富和发展了中国现代文化。

习近平总书记多次强调：我们不仅要让世界知道“舌尖上的中国”，还要让世界知道“学术中的中国”“理论中的中国”“哲学社会科学中的中国”，让世界知道“发展中的中国”“开放中的中国”“为人类文明作贡献的中国”。以宋庆龄、鲁迅等为代表的中国近现代八位文化名人，他们在文学历史、艺术表演、社会政治等方面，做出了世人瞩目的成绩，代表了现代中国文化的最高水平。通过对他们创造的文化成果的展览展示，可以生动而准确地展示出现代中国文化的发展历程。在他们的一生中，为了探索救国救民的方法，辗转于全国乃至世界各地，北京便是他们人生地图的交集点。

对于这八位中华名人而言，北京已成为他们生命中的重要存在。他们中的有些人，把北京看作自己生命的全部。老舍就是土生土长的北京人，他生于斯，长于斯，并且在他的文学世界里构建了一幅幅北京的画卷。也有些人把北京作为自己走向世界舞台的起点，例如鲁迅和郭沫若。鲁迅在北京完成了他的第一部白话小说的创作，由此开启他的新文学主将的人生序幕；郭沫若则是从北京踏上了留学日本的征途。还有些人把北京作为自己人生的归宿，例如茅盾，青年时考取北大预科班，在北大红楼留下了追求真理的印记；新中国成立后，他更是在北京为新中国的文化事业殚精竭虑。

正如北京对这些文化名人产生了巨大影响，这些名人故居在北京文化建设中同样具有重要地位。首先，浓郁的京味建筑艺术，是北京八家名人故居纪念馆的典型特征。纪念馆大多都是坐落于北京的胡同，是北京四合院建筑的集中体现。坐落于北京市东城区灯市口西街丰富胡同 19 号的老舍纪念馆，是典型的老北京四合院；而位于什刹海后海北沿的宋庆龄故居，则是皇家园林的缩影。无论是坐落在寻常巷陌中的普通四合院（如北京鲁迅博物馆、老舍故居），还是承袭于王府旧宅的深宅大院（如宋庆龄故居、郭沫若纪念馆），每当走进这些名人故居，就能感受到扑面而来的文化氛围。它们的每一座建筑都有一个典故，每一个角落都有一段历史，每一处雕梁画栋都充满艺术魅力，这就是北京的文化底蕴。北京八家名人故居纪念馆凭借各自不同的建筑风格，成为北京风俗文化长廊的重要组成部分。

其次，从 2000 年开始，八家名人故居纪念馆开始联合举办活动，承办展览。他们尝试着每年选取一个主题，借助八位文化名人的生平事迹，宣传中国近现代文化，传播中华民族精神；并且通过八位名人在北京生活的影像资料，展示北京文化的发展脉络。这些展览也践行了习近平总书记有关北京文化建设的阐述：“北京是世界著名古都，丰富的历史文化遗产是一张金名片……高度重视修史修志，让文物说话、把历史的智慧告诉人们，激发我们民族自豪感和自信心，坚定全体人民振兴中华、实现中国梦的信心和决心。”

现代北京之所以保留着许多的历史印记，与生活在其中的文化名人不无关系；而文化名人的探索热情和爱国情怀，也与北京深厚的文化底蕴分不开。当这八位文化名人与北京这座历史文化名城相遇时，就演绎出了一段段精彩的乐章。

京城尽瘁国事　精神光耀千秋

——宋庆龄与北京

艾　多　李雪英

宋庆龄早年追随中国民主革命的伟大先行者孙中山先生，始终不渝地致力于中华民族独立和人民解放事业，是中华人民共和国的缔造者之一，举世闻名的爱国主义、民主主义、国际主义、共产主义的伟大战士，中华人民共和国名誉主席。回顾她88年不平凡的一生，在北京度过了痛苦与辉煌的岁月。

早在1925年，宋庆龄陪同孙中山先生北上，在京共商国是期间，孙中山先生病逝。1929年举行奉安大典，宋庆龄从北京西山碧云寺护送孙中山先生的灵柩抵达南京中山陵。1949年新中国成立前夕，宋庆龄应邀出席中国人民政治协商会议，当选为中央人民政府副主席，参加开国大典。从此，她一直担任国家领导人职务，直到1981年5月29日在京逝世。本文将带领读者寻着宋庆龄在北京的足迹，讲述她在北京的故事，缅怀宋庆龄与北京的历史渊源和她为中国革命、建设和改革事业做出的不朽功绩。

一　1925年：随行北上，痛失中山

宋庆龄从青年时代就追随孙中山，致力于民主革命事业。1913年，她担任孙中山的秘书，负责处理同国内、外往来的大量机密书信和其他日常工作。1915年10月25日，宋庆龄与孙中山结婚。她坚定忠诚，恭谨谦逊，始终是孙中山的亲密战友和得力助手。1921年5月，孙中山在广州就任中华民国非常大总统。翌年6月，陈炯明叛变

革命，炮轰总统府，叛军进逼，形势危急。宋庆龄英勇掩护孙中山撤离险境，充分表现了献身革命事业的坚强意志和卓越胆识。1924 年 11 月，为了解决中国的统一和建设问题，孙中山力排众议，毅然北上，宋庆龄随行。

1924 年 12 月 11 日，当他们到达天津时，码头上一万多人举着旗子欢呼。但是，此时的孙中山已经病重，12 月 18 日，他在病榻上接见段祺瑞的代表叶恭绰、许世英。孙中山说："我在外面要废除那些不平等条约，你们在北京偏偏要尊重不平等条约，这是什么道理呢？你们要升官发财，怕那些外国人，要尊重他们，为什么还来欢迎我呢？"[①] 孙中山将手书的《建国大纲》25 条交李烈钧送段祺瑞，段对此表示冷淡。因孙中山抵津后即肝病暴发，入京日期一延再延，直到 12 月 31 日，孙中山才在宋庆龄的陪同下扶病入京。

（一）协和医院

进京后，孙中山发表《入京启事》，感谢各界盛意欢迎，说明"文此次扶病入京，遵医者之戒，暂行疗怅。……俟疾少瘳，再当约谈"。1925 年 1 月 26 日，宋庆龄陪同孙中山到协和医院施行手术治疗。孙中山的肝病日益转剧，中外医生均云，非剖割不能根治。孙中山应宋庆龄等之求，进入协和医院手术治疗。1 月 26 日下午 3 时，宋庆龄陪同孙中山由北京饭店移入协和医院。6 时 30 分，由外科主任邰乐尔为孙中山主刀，施行手术割治，整个手术进行了 25 分钟。手术毕，国民党特聘之俄国医生即向国民党几位要员报告：先生今日手术结果，肉眼所见系患肝癌，此病外国之新科学亦挽救无术。众人听罢，极为悲伤。次日，协和医院代院长和外科主任邰乐尔根据对肝组织活检标本化验结论，联名宣布手术结果：孙中山系患肝癌，病状危殆。但在 1998 年，北京协和医院副院长宗淑杰等人对医院珍藏的《孙中山尸解档案》重新组织论证，得出的结论是孙中山并非死于肝癌，而是"胆囊腺癌"。最终认定中山先生所患病症应为"胆囊腺癌

---

① 《广州民国日报》1925 年 5 月 13 日，转引自盛永华《宋庆龄年谱》上册，广东人民出版社 2006 年版，第 253 页。

晚期，并广泛转移”。

北京学生联合会、中华妇女协会、中俄协进会三团体于 1 月 30 日致函宋庆龄，慰问孙中山病况。信中说：“夫人十载相进，侍奉殷勤，吾民良深感戴。……待先生病愈后，与先生并驾齐驱，救斯民于水火之中，奠国基于磐石之上，使先生之革命主义实现于东亚大陆，先生之伟大思想澎湃于世界各国，夫人之责任重而且大。夫人实吾民众之慈母，望殷勤守护，俾先生病早痊可，不胜馨香祷盼之至。”宋庆龄接信后，于 31 日午复函三团体说：“具悉诸君对于中山先生病状至为关切，并承垂注侍疾之人，盛谊厚情，良深感荷。中山先生病势虽重，然私衷敢信其必获痊愈，请纾廑念。”①

（二）铁狮子胡同

1925 年 2 月 18 日，宋庆龄护送孙中山自协和医院移居铁狮子胡同行辕。因孙中山在协和医院经镭锭放射治疗无效，西医已经绝望。为此，宋庆龄和孙科及随侍孙中山之党人皆主张改用中医治疗，以尽人事并盼出现奇迹。经商议诸先生决定，是日移出医院。正午 12 时，宋庆龄与孙科、汪精卫、孔祥熙及克礼医生和看护人员一起，乘医院特备汽车，护送孙中山从协和医院移居铁狮子胡同 11 号行辕养病。此后，孙中山改聘中医治疗。

2 月 24 日，孙中山的病况处于极危状态。下午，汪精卫、孙科、宋子文、孔祥熙四人受国民党同志所托，请孙中山留下遗嘱。据汪精卫回忆，他对孙中山先生说：“夫人侍奉先生病，如此尽心，我们同志很敬重她，又很感激她。万一先生有什么意外，我们同志定然要尽心调护她的安全，只是先生也要安慰她几句。还有先生的儿女，我们也已拟了一篇说话。”先生回答：“诚然。”汪精卫乃读家事遗嘱一遍。先生听毕闭目点头谓：“好！我极赞成。”汪精卫等人本想请先生即时签字。先生这时听到宋庆龄在室外哭得很哀，遂对汪谓：“你且暂时收起来吧！我总还有几天的生命的。”汪等闻之，不敢再请签字，立即将遗嘱稿折

① 《晨报》1925 年 2 月 1 日；上海《民国日报》1925 年 2 月 7 日。转引自盛永华《宋庆龄年谱》上册，广东人民出版社 2006 年版，第 260 页。

好于衣袋中退出，随即到政治委员会汇报遗嘱定稿之经过情况。①

3 月 11 日上午，何香凝入病室探望孙中山，发现其眼睛已开始散光了，心里很难过。她赶快出来对汪精卫说："现在不可不请先生签字了。但顶困难的是，有什么方法使孙夫人能忍耐些时呢。因为先生平时是最仁爱的，他若见了夫人在旁边哭，他一定是不肯签字，致令夫人伤心的。"汪以为然。何香凝又出告宋子文谓："遗言中尚有致孙夫人者，今日不签，迟恐不及。"于是，何香凝与宋子文一同找到宋庆龄，把请孙中山现时签署遗嘱之意思说明。宋庆龄听后忍痛含悲说："到了这个时候，我不特不愿意阻止你们，我还要帮助你们了。"于是，汪精卫即召拢先生之家属及在京侍疾党人，与宋庆龄一同来到孙中山病榻旁，时为中午。汪精卫赶紧将两份遗嘱呈给孙中山先生。孙科则把钢笔递给先生。先生因为手力很弱，握笔有些颤抖不能自持的样子，宋庆龄含泪用手托着先生的手腕让其签字。先生所写的字虽然腕力很弱，但"孙文，3 月 11 日补签"这几个字却是写得很清楚的。先生签名毕，汪精卫在"笔记者"下签名，在场的其他人员宋子文、邵元冲、戴恩赛、孙科、吴敬恒、何香凝、孔祥熙、戴季陶、邹鲁九人，则在"证明者"下面签名。②

11 日中午，孙中山神志昏迷，猝发谵语。宋庆龄听到先生的呼唤，赶快上前用英语问道："亲爱的，汝要如何？"先生答："我要在地上一睡。"宋庆龄说："地下冰冷睡不得的。"先生说："我不怕冷，最好有冰更妙。"宋庆龄听到孙中山的胡话，侧面垂泪，悲怆不已。先生说："达龄（英语'亲爱的'），汝不用悲哀，我之所有即汝所有。"宋庆龄深情地答道："我一切都不爱，爱者惟汝而已。"言时哽咽，泪如雨下。③

---

① 引自《与汪精卫等的谈话》，载《孙中山集外集》，第 325 页。另据《国父年谱》记载，关于家事遗嘱，宋子文请示："先生对于党务已有教诲，家属则何如，也可以数语为法否？"载《国父年谱》（增订本）下册，第 1295—1296 页，转引自盛永华《宋庆龄年谱》上册，广东人民出版社 2006 年版，第 265 页。

② 汪精卫：《接受总理遗嘱经过》，载《中国国民党历次代表大会及中央全会资料》上册，第 190 页。转引自盛永华《宋庆龄年谱》上册，广东人民出版社 2006 年版，第 267 页。

③ 李荣：《总理病逝前后》，载《孙中山生平事业追忆录》，第 650 页。转引自盛永华《宋庆龄年谱》上册，广东人民出版社 2006 年版，第 270 页。

孙中山下午精神好些时，又与宋庆龄谈话，略谓死后，“愿照其友列宁之办法，以防腐药品保存其骸，纳诸棺内”。遗体“可葬于南京紫金山麓，因南京为临时政府成立之地，所以不可忘辛亥革命也”。言毕，携宋庆龄手“作哀诀辞”，宋庆龄“泣不能仰”，旁立者也“皆为涕零”。孙中山还连呼“廖仲恺夫人”。何香凝闻声与宋庆龄一同到先生病榻前。何香凝伤心掩泪对先生说：“我虽没有什么能力，但先生改组国民党的苦心，我是知道的，此后我誓必拥护孙先生改组国民党的精神。孙先生的一切主张，我也誓必遵守的。至于孙夫人，我也当然尽我的力量来爱护！”先生听后，潸然握住何香凝的手谓：“廖仲恺夫人，我感谢你……”晚上，孙中山又召孙科、戴恩赛等到病榻前，嘱咐要“顺事”夫人宋庆龄。当晚还讲了许多话，或中文，或英文，频频反复说的就是：“和平、奋斗，救中国！”① 3 月 12 日上午 9 时 30 分，孙中

图一　宋庆龄等人在铁狮子胡同行辕为孙中山守灵

① 上海《民国日报》1925 年 3 月 13 日、16 日；另据《邵元冲日记》、何香凝《我的回忆》、鹿钟麟《孙中山先生北上与冯玉祥》记载。转引自盛永华《宋庆龄年谱》上册，广东人民出版社 2006 年版，第 267 页。

山逝世，享年59岁。

（三）中山公园中山堂

孙中山先生逝世后，宋庆龄等人护送遗体至协和医院，施行防腐手术。1925年3月19日，宋庆龄等再次护送孙中山灵柩从协和医院移至中央公园（今中山公园）。是日举行孙中山移灵大典。上午10时，宋庆龄和孙科等家属及部分特邀人士举行祈祷仪式。11时，移灵开始，宋庆龄和亲属以及国民党中央领导人汪精卫、戴季陶、林森、石青阳、李大钊、于右任、于树德、邵元冲、邓家彦、林伯渠等，护送孙中山灵柩由协和医院行经东长安街向中央公园进发。警卫总司令部鸣放礼炮33响，以志哀悼。航空署派出3架飞机翔行天空，散发孙中山遗像。沿途约有12万群众送灵志哀。灵柩由国民党领导人和亲近人士共24人，分三组举运，不用杠夫。12时左右，灵柩运至中央公园，安放在社稷坛大殿正中，供各界人士、广大群众吊唁瞻仰（图一、图二）。

图二　宋庆龄（左六）等人在中山公园为孙中山守灵

（四）西山碧云寺

1925年4月2日，宋庆龄护送中山灵柩暂厝西山碧云寺。当天，宋庆龄乘坐青玻璃马车，随柩而行，到中央公园入口处下了车。据当时在公园大门口执行勤务的女师大学生陆晶清回忆，宋庆龄头上罩着黑纱，全身丧服，穿着白珠镶边的旗袍，黑鞋黑袜黑手套。透过黑纱看到她面色苍白，紧闭着嘴，微低着头。当她由两个人搀扶着朝社稷坛走去时，偌大的公园里，只听到风声。11时，载着孙中山灵柩的汽车缓缓驰离中央公园。宋庆龄乘第一号由两马拉的黑车，车顶缀青球，其余家属分乘马车10辆，车顶皆缀白丧球随于后。

灵车经西长安街、西单牌楼、西四牌楼出西直门，然后经海甸、玉泉山到西山。航空署派出飞机3架绕空飞行，以便护送，内务部鸣炮33响。北京万人空巷，参加送灵到西直门的群众达30万人，步行送灵到西山的约2万人。群众沿途高呼："孙中山先生主义万岁!""打倒军阀!""反对帝国主义!""促成国民会议!"下午4时25分，灵车到达碧云寺。孙中山灵柩暂厝西山碧云寺后，宋庆龄返回上海。[①]

1925年4月12日，宋庆龄出席上海人民追悼孙中山大会。五卅惨案发生后，她极为愤慨，对上海《民国日报》记者发表谈话说："此次惨剧，简单言之，实为英日强权对于中国革命精神之压迫，中国人民能一致起而反抗英捕房之暴行，在上海此实为第一次。……凡中国国民皆当负此救国重任。"[②] 这是孙中山先生逝世后，宋庆龄第一次独立对媒体表明观点，深得人民群众敬爱。

6月30日，宋庆龄由沪抵京，出席北京各界对英日帝国主义雪耻大会。下午1时，北京各界500团体在天安门举行对英日帝国主义雪耻大会。到会者5万余人，德国国际工人后援会代表佛郎德瑞士、印度被压迫民族代表不拉打浦、土耳其工党代表穆罕默德·兰斯德、韩国工党代表柳絮、日本工党代表掘一郎以及台湾代表等也参加大会。宋庆龄带

---

① 上海《民国日报》1925年4月3日。转引自盛永华《宋庆龄年谱》上册，广东人民出版社2006年版，第260页。

② 宋庆龄：《为"五卅"惨案对上海〈民国日报〉记者的谈话》，载《宋庆龄选集》，人民出版社1992年版，第25页。

病从上海乘车抵北京，她不顾旅途疲劳，下车后立即赶到天安门出席会议。天安门广场内共搭5个主席台，宋庆龄和顾孟余被推为中央台主席。下午2时许，大会主席顾孟余宣布开会，并报告开会旨趣。宋庆龄“身着花边素服，面带病容，粉痕斑烂，憔悴之余，犹以笑颜抚慰群众”。她由于身体不适，不能发表演说，特请大会主席之一刘清扬女士代为报告大众：“孙夫人言，本人有病，因系群众运动，不能不到，未能上台演说，极为抱歉。”接着，各国代表及李石曾等人相继演说。雪耻大会通过九项议案，并发表通电，号召国民绝不能“坐听帝国主义之宰割”，必须“努力奋起，冒万死以求一生”。①

二　1929年：赴京扶灵，继承遗志

此后，她为孙中山先生未竟事业而奋斗，向国内、外介绍了中山先生的遗嘱，义正词严地谴责国民党右派，并投身于北伐战争的准备工作。1926年1月，宋庆龄在中国国民党第二次全国代表大会期间，坚决执行孙中山先生的三大政策，同中国共产党人紧密合作，对国民党右派进行了斗争。

1926年4月，孙中山逝世已经一年多了。宋庆龄与美国留学时的同学阿莉通信，信中说：“现在我的思想仍是痛苦的。面对经受的可怕损失，我的悲痛非但并未减弱，而且有增无已。……我试求忘掉我自己，投身我丈夫毕生的事业，就是实现一个真正的中华民国……我一定要自己尽力并鼓励他人继续我丈夫的事业！”宋庆龄请阿莉在最好的商店里定制一些名片，还希望名片周围应有黑边，因为根据中国的习惯，她说“这是这三年内我将使用的惟一的一种”。②

1927年四一二反革命政变后，宋庆龄和许多国民党左派人士以及中国共产党人毛泽东、董必武、恽代英、林伯渠、吴玉章等联名发表了讨蒋通电。武汉汪精卫政府公开叛变革命前夕，她又发表《为抗议违

① 《晨报》1925年7月1日；《申报》1925年7月3日。转引自盛永华《宋庆龄年谱》上册，广东人民出版社2006年版，第290页。

② 《宋庆龄书信集》上册，人民出版社1999年版，第53—54页。

反孙中山的革命原则和政策的声明》，宣布同中山先生事业的叛徒决裂。8月1日，宋庆龄和毛泽东等22人，以国民党中央委员名义发表宣言，严正揭露蒋介石和汪精卫的叛变行为。南昌起义当天，成立了由周恩来等25人组成的革命委员会，宋庆龄虽然未在南昌，仍被推选为革命委员会七人主席团的成员。同年8月，为了寻求中国革命的胜利道路，她长途跋涉，访问了苏联。十年内战的头两年，宋庆龄在苏联和法国参加了一系列重要的国际性反帝活动，并在1929年被选为世界第二次反帝同盟大会名誉主席，其后又成为世界反法西斯委员会主要领导人之一。

1929年4月，远在欧洲的宋庆龄与邓演达商议回国参加孙中山奉安典礼事宜。邓演达考虑到须对中国现状多加了解，便派黄琪翔以秘书的身份随同宋庆龄回国。5月初，宋庆龄在柏林公开发表声明，宣布拟将回国参加孙中山的迁葬大典，重申不再参加国民党的工作，并把这一声明的英文稿寄给了孙中山葬事筹备处总干事杨杏佛。美国记者兰德尔·古尔德在《孙逸仙夫人忠于信仰》一文中，刊载了这篇声明。声明指出："我正在回国准备参加孙逸仙博士下葬紫金山的典礼。紫金山是他希望埋骨之处。为避免任何误解，我必须表明，我仍断然坚持我于1927年7月14日发表的声明，即鉴于国民党中央执行委员会的反革命政策和行动，我宣布不再积极参加国民党的工作。因此，我的参加葬礼显然不表明也不意味着，我不直接或间接参加国民党工作的决定有所改变或推翻，只要国民党的领导继续违背孙博士的三大政策，即积极的反帝政策，联合苏联和工农的政策。当这些政策作为革命的动力时，我们在实现党的主义中取得了迅速的进展。现在三大政策已被抛弃，我们的党又成为军阀和反革命的工具，从而使我们更加远离党的目标了。"

5月6日，宋庆龄由秘书黄琪翔陪同，乘火车从德国首都柏林启程，经苏联西伯利亚回国。宋庆龄从西伯利亚进入国境后，沿途每站都有盛大欢迎。宋庆龄乘坐专车抵达沈阳。欢迎代表宋子良、宋子安早8时抵辽，10时前往车站迎接。张学良派夫人于凤至到车站迎接，宋庆龄和于凤至同乘汽车至张学良私邸。进餐后宋庆龄与张学良会见，并作长谈。晚6时，宋庆龄乘专车离开沈阳赴北平，秘书黄琪翔及宋子良、宋子安、陶敦礼等均同行。宋子良在见到宋庆龄后，曾劝告她不要公开发表反政府的声明。宋庆龄则回答："是宋家为中国而存，不是中国为宋家而存。"

1929年5月18日下午6时8分，宋庆龄乘火车抵达北平。在车站受到国民党党政领导人及各界人士的热烈欢迎。车停定，宋庆龄由陈淑英、孙满（孙中山兄孙眉之孙）搀扶下车，泪流满面。时宋庆龄身着灰色直贡呢西服、黄丝袜、白皮鞋，戴黑缎帽。途中谈话极少，对欢迎者未发表任何意见，并谢绝各方来客谒见。谓，未亡人出亡回国，不便招待，托黄琪翔一一告之。遂赴香山。偕孙科夫妇、戴恩赛夫妇、宋子良、宋子安等，从火车站乘汽车径赴西山碧云寺，在孙中山灵前敬献花圈。

下午7时20分，车抵西山碧云寺。宋庆龄下车时，几不能步履，由左右扶以上，直奔灵堂。至灵前，先行三鞠躬，敬献花圈，大哭失声，左右皆泣不可抑。花圈系由沈阳带来之鲜花圈，上款书"中山先生灵右"，下款书"妻宋庆龄鞠躬"。宋庆龄手指灵榇，意欲看视。卫士启覆棺之国旗，扶宋庆龄上石龛。宋庆龄一面上石龛，一面呼孙中山："总理！我在此地，你往哪里去了？"扶棺大号，泪珠直淌在玻璃棺盖上。逾20分钟，左右请宋庆龄下，宋庆龄又三鞠躬，退至护灵处休息。①

5月18日晚，宋庆龄乘车返城，抵东半壁街鲍贵卿旧宅。此处为宋庆龄行馆。5月21日晨，宋庆龄赴西山碧云寺谒孙中山灵，在碧云寺略憩。晚5时，返城内半壁街行馆。当晚，与孙科及迎榇专员等在西山碧云寺布置孙中山遗体奉移铜棺事宜。5月22日10时15分，宋庆龄由宋子安扶持至碧云寺，因不欲有人摄影，宋子良为之执伞，障蔽脸部，秘书黄琪翔随后。是日宋庆龄未戴帽，身穿青布旗袍，头发向后作结，着青棉线袜，高跟皮鞋，行动极速。先入家属休息室，不作一语，热泪夺眶而出，举室为之黯然。11时，家属均入祭堂，宋庆龄目睹孙中山遗体，大哭不止，声达户外。孙科与室内诸人，亦各掩泣。未几入

① 上海《民国日报》1929年5月20日、24日；《申报》1929年5月25日。转引自盛永华《宋庆龄年谱》上册，广东人民出版社2006年版，第421—422页。

殓时间已届，孙中山遗体周身裹白绸，戴礼帽，御白手套，穿白丝袜，云头绸鞋，蓝绸袍，黑马褂，奉移于铜棺，棺内置特种棉花球数百，以免遗体动摇。安敛后，医生对孙中山遗容施以膏泽，并用牙梳理发，孙中山遗容如静睡状。奉移时，宋庆龄、孙科等均抚棺悲恸，宋庆龄哭尤哀。奉移毕，宋庆龄主持举行家祭奠礼，午刻退出灵堂。奉移时，将孙中山原用之大礼衣帽，配置原棺中，拟留葬碧云寺以为衣冠冢。下午3时，在石龛内举行孙中山衣冠冢成立礼。5月23日，孙中山灵柩在碧云寺供各界人士举行三天公祭。5月26日，宋庆龄参加在北平西山碧云寺举行的孙中山移灵仪式，护送孙中山灵榇到北平火车站，随灵车南下。

孙中山衣冠冢于1929年6月建于碧云寺石龛内，并建有中山纪念堂。衣冠冢内安置孙中山原用楠木棺，棺内摆放着重敛时换下的大礼服及大礼帽。冢前向东立有“孙中山先生衣冠冢”的墓碑，系胡汉民所题。冢外有大铜门，门外立有纪念碑一座，为迎榇专员建立的奉移纪念碑，碑文曰：“中华民国十八年五月二十六日林森、洪年、铁城奉命赴西山碧云寺迎中山灵榇，六月一日安葬南京紫金山。特派迎榇专员林森、郑洪年、吴铁城谨立。”

25日晚，宋庆龄衣黑布长袍，由宋子良、宋子安陪同，在孙中山灵前献花圈，上款为“孙中山夫子大人灵座”，下款为“妻孙宋庆龄敬献”。12时15分，宋庆龄主持家祭。孙科、陈淑英、孙治平、孙治强、孙穗英、孙穗华、孙琬、戴恩赛、孙满、宋子良、宋子安等均参加了移灵前的祭奠。接着举行迎榇专员和官员祭奠礼，何成浚、林森、吴铁城、郑洪年等参加了祭奠。凌晨1时启灵，天安门广场鸣炮101响，孙中山灵榇先由24名杠夫抬出灵堂，出大门后即改由32名杠夫移灵，缓缓下山。宋庆龄在宋子良、宋子安搀扶下，紧随灵柩之后，乘马车护送孙中山灵柩到车站。沿途30万群众默哀行礼致敬。下午2时30分，孙中山灵柩到达前门车站后，即奉移于灵车。宋庆龄因经14小时之行程，状殊委顿，灵柩安置既定，饮泣不已。灵榇抵南京后，举行奉安典礼，宋庆龄率领孙科夫妇、戴恩赛夫妇等，将墓门“敬谨严扃”。

宋庆龄参加孙中山奉安大典后，蒋介石力图通过宋美龄劝说她留在南京，接任遗族学校校长之职，但被婉言辞谢。因为宋庆龄深知，这完全是一个圈套，不过是“希冀她那出名的对儿童的热爱能动摇她的决心”，“妄图将她争取过去”。在此后的长期斗争中，她始终恪守自己的声明，不顾国民党反动派的威胁利诱，坚决站在革命人民一边，威武不能屈，富贵不能淫。

九一八事变后，日军侵占我东北三省，国民党政府推行不抵抗政策。1934 年，中国共产党提出《抗日救国六大纲领》，经宋庆龄等人签名公布。1935 年 8 月 1 日，中共中央发表了号召全国人民团结起来、停止内战、一致抗日的《八一宣言》，宋庆龄等人率先响应，影响巨大。抗日战争期间，宋庆龄组织“保卫中国同盟”（简称“保盟”），向同情中国抗日战争的国外人士和海外侨胞募捐，坚持不懈地支持中国共产党领导的抗日斗争。1941 年皖南事变发生后，宋庆龄等人挺身而出，谴责国民党政府的倒行逆施。1941 年 12 月底，宋庆龄到达重庆，开始“保盟”工作，对中国人民的抗战事业作出了重要贡献。1945 年抗日战争胜利后，宋庆龄回到了上海，将“保盟”更名为“中国福利基金会”，继续支持进步组织和民主力量，在十分困难的条件下，为劳动群众做了很多有益的事情。在解放战争中，宋庆龄给予中国共产党及其领导下的中国人民解放军以很大的物质帮助。

三 1949 年：参加开国大典，缔造新中国

1949 年，宋庆龄应邀北上参加中国人民政治协商会议。1949 年至 1981 年，宋庆龄作为国家领导人，在北京工作和生活，直到 1981 年逝世。宋庆龄在北京的足迹有多处，主要是天安门、人民大会堂、中南海、少年儿童活动场所和中国建设杂志社等。宋庆龄工作和生活过的寓所先后有三处，分别是方巾巷寓所（现为外交部礼宾司）、前海西沿 8 号寓所（现为郭沫若故居）、后海北沿 46 号寓所（现为对外开放的宋庆龄故居）。

（一）前门火车站

1949 年 6 月，受中共中央指派，邓颖超携带毛泽东和周恩来致宋

庆龄的两封亲笔信，和廖梦醒一起由北平坐火车到上海，邀请宋庆龄北上。到了上海，邓颖超派廖梦醒先去看望宋庆龄。宋庆龄对廖梦醒说："北京是我最伤心之地，我怕到那里去。"廖梦醒说："北京将成为新中国的首都。邓大姐代表恩来同志，特来迎接你。"是日，邓颖超专程来到宋庆龄寓所，将毛泽东和周恩来的邀请信呈上，并告知中共中央、毛泽东和周恩来恳切盼望她能北上，共商建国大计，参加中国人民政治协商会议。毛泽东在信中说："庆龄先生：重庆违教，忽近四年。仰望之诚，与日俱积。兹者全国革命胜利在即，建设大计，亟待商筹。特派邓颖超同志趋前致候，专诚欢迎先生北上。敬希命驾莅平，以便就近请教，至祈勿却为盼！"周恩来也在信中"谨陈渴望"。宋庆龄阅后，"果断地、高兴地"同意北上。7 月 1 日，宋庆龄出席在上海举行的庆祝中国共产党成立 28 周年大会，发表题为《向中国共产党致敬》的讲话。她说："欢迎我们的领导者——这诞生在上海、生长在江西的丛山里、在二万五千里长征的艰难困苦中百炼成钢、在农村的泥土里成熟的领导者。向中国共产党致敬！"[①] 当天，中共中央致电上海市委并转邓颖超，指出：宋庆龄病体难支，故北上时应"备头等卧车直开南京，然后再换卧车，由浦口直开北平，并附餐车"。

宋庆龄已经做好了北上的准备，可是由于台风冲毁了路面，行期不得不推迟到 8 月下旬。离开上海之前，宋庆龄于 8 月 19 日还邀请邓颖超、许广平和廖梦醒等人，一同到小先生夏令营视察。8 月 26 日，由邓颖超、廖梦醒和上海市军管会交际处处长管易文等陪同，宋庆龄乘火车离开上海，奔赴北平。

8 月 28 日，宋庆龄抵北平，在火车站受到毛泽东、朱德、周恩来、林伯渠、董必武、李济深、何香凝、沈钧儒、郭沫若、柳亚子、廖承志等 50 余人的热烈欢迎，并接受洛杉矶儿童保育院的儿童所献的鲜花。毛泽东特地换上一套平时不大穿的、只有迎送知名人士时才穿的浅色衣服。4 时 15 分，宋庆龄乘坐的专列进入火车站。车刚停稳，毛泽东便走上车厢，与宋庆龄握手，并说："欢迎你，欢迎你，一路上辛苦了。"

① 《人民日报》1949 年 7 月 2 日，载《宋庆龄选集》上册，人民出版社 1999 年版，第 461 页。

宋庆龄高兴地说："谢谢你们的邀请，我向你们祝贺。"毛泽东说："欢迎你来和我们一起筹建新中国的大业。"宋庆龄说："祝贺中国共产党在你的领导下取得伟大胜利。"① 随后，宋庆龄与何香凝、邓颖超、周恩来同车前往寓所休息。当晚，宋庆龄出席了毛泽东为她举行的欢迎宴会（图三）。

图三 宋庆龄抵达北平火车站，毛泽东等国家领导人亲自前往迎接

（二）中南海

1949 年 9 月 21 日至 30 日，由中国共产党、各民主党派、各人民团体、各地区、人民解放军、各少数民族、国外华侨及其他爱国分子的代表所组成的中国人民政治协商会议第一届全体会议举行。宋庆龄出席会议，在会上发表讲话。中国人民政治协商会议代行全国人民代表大会职权，通过了起临时宪法作用的《共同纲领》；通过中国人民政治协商会议组织法、中华人民共和国中央人民政府组织法；通过了国旗、国歌及国都所在地的决议。会议选出中央人民政府委员 56 人，中国人民政治协商会议全国委员会委员 180 人。选举毛泽东为中央人民政府主席，朱德、刘少奇、宋庆龄、李济深、张澜、高岗为副主席。会议通过了中国

① 《人民日报》1949 年 8 月 29 日；岚叟、李丁：《建设大计亟待商筹——毛泽东和宋庆龄》，载《毛泽东往录》，人民出版社 1991 年版，第 1—5 页。

人民政治协商会议第一届全体会议宣言，庄严宣告："中国人民已经战胜了自己的敌人，改变了中国的面貌，建立了中华人民共和国。""中国的历史，从此开辟了一个新的时代。"27 日，宋庆龄任会议的执行主席之一。30 日，毛泽东主席与宋庆龄副主席等一起，出席了中国人民政治协商会议第一届全体会议闭幕式(图四)。

图四　宋庆龄在中国人民政治协商会议第一届全体会议上讲话

宋庆龄作为特别邀请代表，在会上发表讲话。她指出："我们达到今天的历史地位，是由于中国共产党的领导。这是唯一拥有人民大众力量的政党。孙中山的民族、民权、民生三大主义的胜利实现，因此得到了最可靠的保证。"她强调，中国人民政治协商会议的召开，"在中国历史上，这是第一次有这样一个广大代表性的人民的集会，形成一个真正的统一战线，以执行共同纲领和组织一个真正的人民民主政府。"在国际阵线上，"中国人民的成就，已经把整个世界的形势改变了。反动势力如果挑起第三次世界大战，唯一结果，就是他们本身的灭亡。"并指出："中国人民大众在革命斗争中已经和世界各人民政府及人民力量完全结合在一起了。这种人民力量的结合，已经改变了历史的均衡。这是以工人、农民和知识分子为主体的世界亿万人民的伟大力量。他们将献身努力以阻止文明的毁灭，用每一分力量，保证全世界每一个人都能得到生活上应有的享受。”最后表示：“让我们现在就着手工作，建立一个独立、民主、和平与富强的新中国，和全世界的人民联合起来，实现世界的持久和平。”[①] 此后多年中，宋庆龄作为国家领导人，经常在中南海参加会议，出席活动。

（三）天安门

1949 年 10 月 1 日，宋庆龄出席中华人民共和国开国大典，就任中华人民共和国中央人民政府副主席（图五）。当天下午 2 时，中央人民政府委员会第一次会议在中南海勤政殿召开。会议正式宣告，中华人民共和国中央人民政府成立。宋庆龄出席了会议，并和中央人民政府委员会主席、其他副主席、委员一起就任政府职务。

图五 1949 年 10 月 1 日，宋庆龄登上天安门城楼参加开国大典

10 月 1 日下午 3 时，宋庆龄与毛泽东、朱德、刘少奇、周恩来等

① 《新华月报》创刊号，人民出版社 1949 年 11 月 15 日出版，载《宋庆龄选集》上册，人民出版社 1999 年版，第 468—471 页。

党和国家领导人一起，登上天安门城楼，出席开国大典，庆祝中华人民共和国成立，并检阅海、陆、空三军和群众游行队伍。北京30万群众齐集天安门广场，隆重举行庆祝典礼。毛泽东在天安门广场升起第一面五星红旗，并宣读中华人民共和国中央人民政府公告，向全世界庄严宣告，中华人民共和国和中央人民政府成立。接下来，朱德检阅中国人民解放军海、陆、空三军，并宣读中国人民解放军总部命令，命令人民解放军全体指战员迅速解放一切尚未解放的国土。

这时，礼炮齐鸣，在雄壮的国歌声中，第一面五星红旗冉冉升起，宋庆龄激动得热泪盈眶。宋庆龄后来追忆说："这是一个非常庄严的典礼。但是在我的内心，却有一种难以抑制的欢欣。回忆像潮水般在我心里涌起来，我想起许多同志们牺牲自己的生命换得了今日的光荣。连年的伟大奋斗和艰苦的事迹，又在我眼前出现。但是另一个念头紧抓住我的心，我知道，这一次不会再回头了，不会再倒退了。这一次，孙中山的努力终于结了果实，而且这果实显得这样美丽。"①

此后，天安门城楼成为宋庆龄经常参加国庆典礼和其他活动的地方，留下许多历史照片。

（四）人民大会堂

人民大会堂于1959年9月24日落成，是历届全国人民代表大会等大型集会召开的地方，也是中华人民共和国党和国家领导人和人民群众举行政治、外交活动的场所。落成之后第四天，9月28日至29日，宋庆龄同党和国家领导人一起，出席在人民大会堂举行的建国十周年庆祝大会。并于29日在庆祝大会开始以前，接见苏联和其他社会主义国家党政代表团全体成员、各国共产党和工人党代表团全体成员、越南和朝鲜军事代表团团长、亚非国家政府代表团团长和政府代表，还有六个国际组织代表团团长。此后，宋庆龄曾经多次在这里参加活动，这里列举几次从20世纪60年代到80年代的重要活动。

1961年是辛亥革命50周年。9月9日，宋庆龄为《辛亥革命回忆

---

① 宋庆龄：《华北之行的印象》，载《宋庆龄选集》上册，人民出版社1999年版，第476—477页。

录》撰写序言，讴歌辛亥革命的伟大历史意义。“孙中山逝世以后，蒋介石背叛革命，把中国重新拖入黑暗的深渊。中国共产党继承了孙中山的革命事业，领导中国人民不屈不挠，再接再厉地坚持革命斗争。今天，中国共产党不但已经领导中国人民彻底完成了辛亥革命所未完成的民主革命任务，而且已经取得了社会主义革命的决定性胜利。新中国正在欣欣向荣地向前发展。”“辛亥革命虽然没有完成民主革命的任务，但它在中国近代革命的历史上却占有极为重要的地位。同时，这次革命对亚洲的觉醒，以及全世界被压迫民族的解放斗争，也有着深远的意义。”9 月 15 日，中国人民政治协商会议全国委员会常委会第二十二次会议决定，隆重纪念辛亥革命 50 周年，成立筹备委员会，推选宋庆龄为筹备委员会副主任委员。10 月 9 日，宋庆龄出席首都各界在人民大会堂举行的集会，隆重纪念辛亥革命 50 周年。

图六　1966 年 11 月 12 日，在人民大会堂举行纪念孙中山诞辰 100 周年大会

1966 年是孙中山诞辰 100 周年。11 月 12 日下午，宋庆龄出席首都纪念孙中山诞辰 100 周年的万人集会，发表了题为《孙中山——坚定不移、百折不挠的革命家》的长篇演讲（图六、图七）。党和国家领导人周恩来、董必武、陶铸、陈伯达、邓小平、刘少奇、朱德等人出席。宋庆龄的讲话详尽介绍了孙中山的生平和革命业绩，指出：“孙中山一

图七　1966 年 11 月 12 日，宋庆龄在人民大会堂举行的纪念孙中山诞辰 100 周年大会上讲话

生奋斗的目标已经实现并且已经超过了。但他的名字和他的精神仍然活在我们心中。我们为他四十年的忘我斗争而感到骄傲。……孙中山在革命斗争中表现出来的坚定性和坚韧性经常鼓舞着我们。怀着对我们的奋斗目标的不可动摇的决心，对马克思列宁主义、毛泽东思想的坚强信念以及对我们赢得胜利的力量的无限信心，我们同一切为了实现一个没有人剥削人、没有民族压迫、没有种族歧视的世界而努力的人们，在斗争中携手前进。”①

1972 年 9 月 5 日，宋庆龄在人民大会堂出席廖仲恺夫人何香凝的追悼会，并在会上致悼词。宋庆龄追述了何香凝革命的一生，并给予高度评价。指出：“何香凝是孙中山的革命战友、是廖仲恺的革命伴侣、是中国共产党的亲密朋友、是国民党革命派杰出的代表。她热爱祖国、热爱社会主义制度、热爱中国共产党、热爱伟大领袖毛主席。何香凝女士的一生是革命的一生，战斗的一生。”她号召：“让我们化悲痛为力

① 《人民日报》1966 年 11 月 13 日，载《宋庆龄选集》下册，人民出版社 1999 年版，第 480—499 页。

量，在中国共产党的领导下，紧跟伟大领袖毛主席的革命路线，团结起来，争取更大的胜利!”

1981 年 5 月 8 日，宋庆龄在人民大会堂接受了加拿大维多利亚大学授予她的荣誉法学博士学位。当天，宋庆龄抱病坐着轮椅，乘坐面包车来到人民大会堂，先在江苏厅准备，后至湖南厅出席活动。授赠典礼上，她既未采用事先录制好的讲话录音，也未接受她先读几句话、然后由翻译者译读全文的建议，而是手持讲稿，用流利的英语即席作了近 20 分钟的讲话。此时距离她逝世只有 20 天，这也是她最后一次在公众场合出现。宋庆龄说：“我接受这一学位，不是为了我个人，而是把它看作是你们对中国人民的尊敬和友谊的象征，看成是你们对中国人民在长期的革命斗争和在建设我们人民共和国的事业中所取得的成就的敬慕和友好的象征。同时，我也是把它看作是把中、加两国人民联结在一起的悠久而牢固的友谊的象征。”维多利亚大学校长霍华德·佩奇博士在授赠仪式上说，宋庆龄是“20 世纪最伟大的社会公仆和社会领导人之一”。她“毫不动摇地从事为中国人民谋幸福的事业，因而赢得了世界各地人民的尊敬”。在授赠典礼上，康克清一直陪伴在宋庆龄的身边，并向她献上一束鲜花表示祝贺。康克清后来说：“当我向她献上一束鲜花的时候，真实地感到她的思想比鲜花更加美丽。”

（五）红塔礼堂

红塔礼堂位于北京月坛北街的国家计委大院，建于 20 世纪 50 年代，也叫计委礼堂，位列北京四大礼堂之首（其他三个是地质、物资、政协礼堂）。20 世纪六七十年代，这个礼堂的音响设备和效果在当时的北京当属最好的，艺术家梅兰芳和音乐指挥家小泽征尔都曾在这里演出。1979 年 3 月，中美建交 8 个月前，邓小平邀请美国波士顿交响乐团访华。小泽征尔带着波士顿交响乐团来到了北京。二度访华的小泽征尔提出，希望能找到一个更好的剧场。文化部的工作人员把他带到了位于月坛北街的红塔礼堂。这是国家计委作为内部礼堂刚刚翻盖的，各种设施在北京是最先进的。当时为了对外报道的需要，将这次演出用的计委礼堂更名为红塔礼堂。

1979 年 3 月 17 日，宋庆龄、邓小平与首都各界群众 2000 多人在红塔礼堂欣赏了由小泽征尔指挥的美国波士顿交响乐团的演出。演出休息时，宋庆龄与邓小平一起会见了乐团团长小泽征尔和乐团副团长托马斯·莫里斯、阿瑟·罗森等乐团主要负责人以及小泽征尔的母亲，同他们进行了亲切的交谈，并对波士顿交响乐团这次前来我国访问演出，表示热烈欢迎。邓小平说："这是中美两国关系正常化以后美国第一个艺术团到中国访问，表明中美两国间的交往日益增多，这将有助于增进中美两国人民之间的了解和友谊。我们为此感到高兴。"小泽征尔表示："我们到中国来，不仅为了演出，而且为了同中国音乐家一起工作，更重要的是两国音乐家之间能够进行交流，我们希望这种交流能继续下去。"演出结束后，宋庆龄又与邓小平一起走上舞台，同小泽征尔以及美国音乐演奏家们亲切握手，祝贺他们演出成功（图八）。

图八　1979 年 3 月 17 日，宋庆龄和邓小平在红塔礼堂观看演出

（六）北京市少年宫、景山公园、北海幼儿园

宋庆龄一贯关注新中国的妇女工作，是中国妇女界的杰出领袖。

1949 年 9 月 2 日，宋庆龄抵达北平之后的第 5 天，在中华全国民主妇女联合会第九次常务委员会上，被选为该会名誉主席。1978 年中国妇女第四次全国代表大会上，她在致闭幕词时强调指出：“精心培育儿童成为可靠的革命接班人，是党和国家的一项战略任务，是新时期妇女的又一崇高职责。”①

宋庆龄热情关怀青少年和儿童的健康成长，是中国少年儿童慈爱的祖母。1951 年 11 月 26 日，她在中国人民保卫儿童全国委员会成立大会上，当选为这个委员会的主席。宋庆龄多次撰文和题词，希望少年儿

图九　1959 年，宋庆龄在北京少年宫观看全国儿童画展

① 《人民日报》1987 年 9 月 10 日、18 日，载《宋庆龄选集》下册，人民出版社 1999 年版，第 561—564 页。

童成长为既有丰富的文化科学知识，又有社会主义觉悟的身体健康的新一代。在京期间，宋庆龄多次参加有关方面组织的少年儿童活动，比如北京少年宫、北京景山公园和北海幼儿园等处（图九）。1981 年六一国际儿童节报告大会前夕，她说："我不能参加这次大会，但我关心热爱儿童和少年的心和你们一起跳动。"

（七）中国建设杂志社

1952 年年初，宋庆龄为了把正在建设新生活的中国人民的真实情况介绍给全世界人民，以增进各国人民对新中国的友谊和了解，创办了多文种综合性对外报道刊物《中国建设》杂志（今《今日中国》）。30 年中，她对杂志的编辑方针、稿件内容、文版的增加以及工作人员的生活，都给予明确的指示和无微不至的关心。她还为杂志撰写过 30 多篇文章。这个杂志从最初的英文一个文版，到 20 世纪 80 年代增加到七个文版，广泛发行到 140 多个国家和地区。

1951 年 8 月 30 日，宋庆龄主持召开《中国建设》杂志首次筹备工作会议。会议确定了刊物的编辑方针、读者对象及报道内容，指出："这杂志的读者对象是资本主义和殖民地国家的进步人士和自由主义者以及同情或可能同情中国的人。它特别针对那些真诚要求和平，但在政治上并不先进的自由职业者和科学、艺术工作者。""重点报道中国社会、经济、文教、救济和福利方面的发展，以使国外最广泛的阶层了解中国建设的进展，以及人民为此所进行的努力。"为突出刊物的民间团体刊物的特色，更能为国外读者所接受，会议规定："一般不刊载文件和政治报告的原文、理论、政治和军事文章。"还要求刊载的文章要做到内容充实、文章通俗，并配以插图或照片，而且"一般不署名"。当时，宋庆龄邀请著名国际问题专家、时任新闻日报社和英文上海新闻报社的社长金仲华担任《中国建设》杂志社社长。编辑委员会下设业务部和编辑部，共 12 人。业务部设在上海，负责印刷出版及发行业务。编辑部设在北京大草厂 16 号，负责采编及翻译业务。具体参加杂志筹建和创刊的人员有爱泼斯坦、邱茉莉、耿丽淑、谭宁邦等国际友人。宋庆龄对这本杂志非常关心，在杂志创刊十周年之际，她邀请周恩来、邓颖超、陈毅等领导出席招待会，并参观展览。

如今，这本杂志有10个印刷版和6个网络版，其中，英文北美版、西文墨西哥版和秘鲁版、阿文版、土耳其文版、葡萄牙文版分别在美国、墨西哥、秘鲁、埃及、土耳其和巴西出版发行。杂志以中国经济、政治、文化、社会和生态建设为关注点，以中国改革发展、人民生活和对外关系为主要内容，及时全面介绍当代中国，解读中国基本国情和重大政策，传播中国立场和观点，提供中国发展变化和重大国际事务的深度报道和分析评论，在国际上产生了深远影响。

（八）方巾巷寓所（1950—1959）

参加开国大典之后，宋庆龄于1949年10月16日乘专车经南京到上海，在南京停留一日谒中山陵，17日回到上海。1950年4月1日，为筹备全国救济会议离沪赴京，5月12日晨返回上海。考虑到她的工作需要，中央人民政府办公厅着手为宋庆龄在北京安排一座两层灰色小洋楼作为寓所，位于方巾巷（即今天的朝阳门南小街）。时任中办副主任罗叔章就寓所的布置事宜请示宋庆龄。1950年8月13日，宋庆龄复函罗叔章，谈北京方巾巷寓所的布置。信中说："关于方巾巷房子布置事宜：（一）我同意楼下小饭厅的红木桌椅移到楼上放冰箱的房间里；（二）我同意钢琴放在原来摆沙发的地方；（三）我以为楼下红厅的东西太多了，所以两个工艺木柜可不需要，也不要换别的东西；（四）放在壁炉两边的两个柜子，我以为里面所布置的东西已合适了，请你不必添放东西。"[①] 9月27日，宋庆龄离开上海，到北京参加首都国庆一周年活动。之后，于10月到东北考察，此时她应已经入住方巾巷寓所。

1950年12月，她邀请刘少奇、周恩来、蔡畅等到方巾巷寓所做客，从当时留下的照片中，能感受到大家在寓所中亲切交谈的气氛。从此，宋庆龄在北京有了自己的家。在这座寓所，她迎来了1951年元旦。1月21日，她在寓所会见了刚从美国回国的陈翰笙、顾淑型夫妇。

1956年是孙中山诞辰90周年。10月下旬至11月上旬，为纪念孙中山诞辰，宋庆龄安排上海中山故居整理出一批孙中山的文献和遗物送到北京，包括孙中山《建国大纲》手稿；手札墨迹一本，共60页；孙

① 《宋庆龄书信集》续编，人民出版社2004年版，第230页。

中山在上海亲手绘制的一张中国地图和在上海撰写的《实业计划》英文底稿；孙中山和苏联特使越飞谈话记录，原件一份共 7 页；1923 年孙中山讨伐陈炯明通电及告粤军将士书全文；在上海发表的和平统一通电原稿一份；孙中山革命活动的珍贵照片 100 多张等。

11 月 12 日，毛泽东在《人民日报》发表《纪念孙中山先生》一文，赞颂伟大的革命先行者孙中山先生的丰功伟绩。由毛泽东亲笔题字的“孙中山先生生平事迹展览会”在北京中山公园的中山堂开幕。在展览会上，陈列了 300 多幅照片和许多文物，其中包括宋庆龄从上海送来的一批珍贵文物。这些照片和文物，系统地介绍了孙中山先生毕生从事革命活动的情形。这一年，宋庆龄为纪念孙中山诞辰 90 周年出版的中山先生重要著作——《建国大纲》手稿本和《孙中山选集》题写书名，并手持《建国大纲》在方巾巷寓所欣然留影（图一〇）。

图一〇　1956 年，宋庆龄手持《建国大纲》在方巾巷寓所留影

在这座寓所生活和工作期间，1950 年 11 月 23 日，宋庆龄在第二届世界保卫和平大会上当选为世界保卫和平委员会执行局委员。1951 年 9 月 18 日，她接受 1950 年“加强国际和平”斯大林国际奖金，并把

10 万卢布的奖金全部献出，作为发展中国儿童和妇女福利事业之用。1952 年 3 月 21 日，宋庆龄与郭沫若等人发起召开亚洲及太平洋区域和平会议。同年 10 月，她率领中国代表团参加在北京召开的亚洲及太平洋区域和平会议，被选为亚洲及太平洋区域和平联络委员会主席。

在方巾巷寓所中，她曾经会见多国元首和政要。1955 年 7 月 5 日上午，宋庆龄在寓所会见越南民主共和国主席胡志明，作了 30 分钟的交谈。7 日下午，宋庆龄在北京同毛泽东、朱德、刘少奇、周恩来等参加中越两国政府联合公报的签字仪式。当晚，她和朱德、刘少奇、周恩来等出席毛泽东在中南海为招待胡志明主席和越南政府代表团全体团员举行的宴会。7 月 21 日，宋庆龄同毛泽东、朱德、刘少奇、周恩来等到机场，欢送由胡志明主席率领的越南政府代表团离开北京回国。

1956 年 10 月 3 日晚，宋庆龄在寓所举行家宴，招待苏加诺总统。应邀出席家宴的还有随同苏加诺访问中国的高级官员、印度尼西亚妇女代表和印度尼西亚驻中国大使。刘少奇、周恩来、郭沫若、彭真、陈毅、张闻天、黄镇等出席作陪。宋庆龄在她的花园庭院里迎接苏加诺总统，并请其参观她种的葡萄。苏加诺高兴地摘下几颗熟透的红葡萄，一面吃着一面称赞葡萄很好。接着，宾主到客厅里进餐。客厅里挂着一幅印度尼西亚的名画，这幅画原本挂在印度尼西亚总统府的墙上；还挂着苏加诺的大照片。宋庆龄非常喜欢这架葡萄，当她搬迁新居时，要求工作人员将它一并移植。如今这葡萄生长在后海北沿 46 号寓所，春去秋来，硕果累累，不禁令人回忆起宋庆龄的外交风范。

（九）前海西沿 8 号寓所（1959—1963）

1959 年 10 月，宋庆龄从方巾巷迁往北海西河沿 8 号居住，即今天的西城区前海西街 18 号郭沫若纪念馆。清朝年间这里是恭王府的马号。民国初年，由达仁堂购买了这片地产，修建了现在的庭院。新中国成立以后，这里先是蒙古人民共和国驻华大使馆的馆舍。1959 年 4 月 27 日，宋庆龄在第二届全国人民代表大会第一次会议上当选为国家副主席后，从方巾巷寓所搬迁至此。1963 年，宋庆龄迁往后海居住，郭沫若居住于此。

宋庆龄在这座寓所工作和生活的 5 年间，曾在这里会见多国政要。

1961 年 8 月 17 日下午，宋庆龄在寓所会见巴西合众国副总统若奥·古拉特，进行了亲切友好的谈话。会见时，国务院副总理习仲勋、外交部礼宾司副司长葛步海、美澳司副司长林平在座。

1961 年 8 月 18 日下午，宋庆龄在北京由周恩来陪同，会见加纳共和国总统兼政府首脑克瓦米·恩克鲁玛。同时会见的还有加纳共和国运输交通部长克罗博·埃杜赛、总统事务部长塔韦亚·阿达玛菲奥以及驻中国大使释比纳·克西。会见时，恩克鲁玛告诉宋庆龄，“他至今读过的关于中国的唯一的一本书”是爱泼斯坦写的，并加以盛赞。

1961 年 9 月 30 日，宋庆龄在寓所会见来华访问的比利时皇太后伊丽莎白。在座的有随同皇太后前来访问的玛丽·若泽公主和阿拉男爵。全国妇联主席蔡畅陪同会见。

1961 年 10 月 2 日下午，宋庆龄在寓所会见尼泊尔王国马亨德拉·比尔·比克拉姆·沙阿德瓦国王和王后，进行亲切友好的谈话。会见时，外交部副部长耿飚、我国驻尼泊尔大使张世杰等在座。

1962 年 11 月 12 日，纪念孙中山先生诞辰之际，宋庆龄在这座寓所撰写了题为《孙中山和他同中国共产党的合作》的文章。文中指出：“孙中山为中华民族和中国人民进行的四十年的政治斗争，在他的晚年达到了最高峰。这一发展的顶点是他决定同中国共产党合作，一道进行中国的革命。”①

（十）后海北沿 46 号寓所（1963—1981）

1963 年 3 月 31 日，周恩来前往北京后海北沿 46 号，检查修建完工的宋庆龄北京新居。周恩来和邓颖超赠送湘绣四条屏，祝贺乔迁之喜。此处原为清康熙朝大学士明珠的府邸，嘉庆朝为和坤的别墅，后又转为成亲王永瑆的府邸。光绪十六年（1890），载沣袭爵位成为第二代醇亲王后不久，迁进此府并动工整修，是为醇亲王府花园的一部分。后来载沣的儿子溥仪做了皇帝，载沣被封为摄政王，因此，这里也叫摄政王府花园。民国元年（1912），孙中山曾在此府大书房宝翰堂会晤载沣。

① 《人民日报》1962 年 11 月 12 日，载《宋庆龄选集》下册，人民出版社 1999 年版，第 384—397 页。

1949年，载沣将整座宅院全部卖给了国家，西花园曾经是一所工业学校。60年代初，周恩来总理亲自筹划、选址，在这座王府花园的西侧为宋庆龄建造了一座中西合璧式的二层小楼。园内碧水回环，山石嶙峋，花木荟萃，芳草萋萋，楼堂亭榭，错落其间，浑为一体，是一处娴静典雅的庭园。1963年4月，宋庆龄乔迁于此，直到1981年5月逝世，在这里工作、生活了18年。

宋庆龄对这座寓所很满意，4月1日搬迁进入的当天，她致函德国友人王安娜说："我现在搬到北海（后海）去住了，你知道吗？就是溥仪出生的那个府邸。屋子周围有一条小溪、几座假山，还有一片令人心旷神怡的草地，这在北京是很少的。我认为房子太大了，但他们却一致认为，它能为我提供足够的活动场地，还有新鲜空气。"

在这座寓所工作和生活期间，1965年1月3日，在第三届全国人民代表大会第一次会议上，宋庆龄继续当选为中华人民共和国副主席。1975年1月17日和1978年3月5日，在第四届、第五届全国人民代表大会第一次会议上，宋庆龄连续当选为人大常委会副委员长。在这里，宋庆龄会见了来自美、英、法、加、日、泰国、孟加拉国、菲律宾、巴基斯坦、坦桑尼亚等国的元首、政要和国际友人以及对国家和人民做出贡献的爱国民主人士。

1963年4月22日下午，宋庆龄在寓所会见阿拉伯联合共和国（今埃及共和国）部长执行会议主席阿里·萨布里，同他进行了友好的谈话。会见时在座的有国务院总理周恩来、国务院副总理聂荣臻、全国人大常委会副委员长郭沫若、政协全国委员会副主席包尔汉、国防委员会副主席蔡廷锴、外交部副部长章汉夫、中国驻阿拉伯联合共和国大使陈家康、外交部西亚非洲司司长王雨田、礼宾司副司长葛步海。阿拉伯联合共和国方面萨布里的随行人员以及阿联驻华大使伊马姆也在座。

1963年6月14日，为庆祝中国福利会成立25周年，在这座寓所畅襟斋举行酒会。周恩来、朱德、董必武、何香凝、陈毅、聂荣臻等及各方面负责人邓颖超、康克清、廖承志、徐冰、李德全、张茜、徐平羽、伍云甫、齐燕铭、傅连璋、爱泼斯坦等出席了酒会。应邀出席酒会的还有国际友人雷克和夫人、哥罗安湼和夫人、巴农和夫人、戴尼斯、谭宁邦、魏璐诗、路易·艾黎等。周恩来在酒会上祝酒，热烈祝贺中国福利会成立25周年，并建议为宋庆龄的健康干杯（图一一）。

图一一　宋庆龄在北京后海北沿46号寓所庆祝中国福利会25周年，周恩来总理祝酒

1964年9月26日下午，宋庆龄在这里会见伦敦“亚、非、加勒比侨民团体委员会”主席、《西印度公报》月报主编、特立尼达的克劳迪娅·琼斯等，与他们进行了亲切友好的谈话。会见时，中国人民保卫世界和平委员会常委唐明照等在座。

1965年10月5日下午，宋庆龄在寓所会见历经艰险从海外归来的李宗仁和夫人郭德洁。当天下午，李宗仁和郭德洁在程思远和夫人石泓以及中共中央统一战线工作部部长徐冰和夫人张晓梅的陪同下，拜访宋庆龄。宋庆龄和蔼可亲地接见了他们，并说，你们回来，得到周总理的欢迎，毛主席的接见，这是政府和人民对你们以礼相待的体现，希望你们在党的领导下，与全国人民一道，为社会主义建设和统一祖国大业出力。程思远说，夫人过去为中山先生革命理想而奋斗的伟大精神，给我们以很大的鼓舞。李宗仁接着表示，夫人指出的道路，我们将为此奋斗到底。在喝茶时，李宗仁承认过去曾犯了许多错误：“正因我们犯了错误，一个如旭日东升的新中国诞生了。什么时候，我们曾经有过组织得这么好，而建设规模又宏远的一个新中国呢？”宋庆龄指出：“毛主席对你们说过，中国要真的强大起来，还要经过几十年的艰苦奋斗，我们深信，在中国共产党的领导下，经过十亿多人民的长期努力，一个富强、民主、文明的社会主义现代化中国，一定会出现在世界上。”之后，宋庆龄又陪同他们观赏寓所内的园林。她边走边告诉他们，新中国成立以来，自己除参加国务活动外，几乎以全部精力来推动儿童福利事业。她指着园内的小树说：“儿童，是我们的未来，祖国的希望，我们应像栽培这些小树一样栽培他们。”①

1965 年 11 月 23 日，宋庆龄在寓所会见坦桑尼亚联合共和国第二副总统拉希迪·姆·卡瓦瓦及其随行人员，同他们进行了亲切友好的谈话。会见时在座的有国务院总理周恩来、国务院副总理贺龙、外交部副部长姬鹏飞。坦桑尼亚驻华大使瓦齐里·朱马也在座。

1966 年 2 月 19 日，宋庆龄会见菲律宾自由党参议员玛丽亚·卡劳·卡蒂瓦克夫人。4 月 3 日，她会见日中友好协会理事长宫崎世民。

1972 年 7 月 28 日下午，她在寓所会见美国女作家、历史学家巴巴拉·塔克曼及其女儿阿尔玛·塔克曼，同她们进行了友好的谈话。

1979 年 5 月 23 日，宋庆龄会见由团长朱庆祖率领的美国外交政策全国委员会访华团。6 月 15 日，会见美中友协全国代表大会组织委员会委员贾尼斯·政冈为团长的美国知名妇女访华团。6 月 19 日，会见以美籍日本友人小有吉幸治为团长的美国夏威夷各界领导人访华团。10 月 3 日，会见泰国妇女委员会代表团。10 月 10 日，会见孟加拉事务部长阿米娜·拉赫曼为首的孟加拉妇女代表团。10 月 12 日，会见并宴请西哈努克亲王和夫人，同他们进行了亲切友好的谈话。10 月 16 日，会见巴基斯坦全国妇联主席、已故首任总理的夫人利雅卡特·阿里·汗夫人率领的巴基斯坦妇女代表团。10 月 29 日，会见并宴请英国友好人士、英中贸易协会副主席约翰·凯瑟克爵士和夫人及其女儿、女婿。

1980 年 1 月 28 日，宋庆龄会见美中友协全国委员会会长尤尼塔·布莱克韦尔等美国朋友。3 月 20 日，会见美国亚洲基金会主席威廉姆斯和夫人。4 月 3 日，会见由联合国儿童基金会美国委员会主席查尔斯·劳埃德·贝利率领的联合国儿童基金会美国委员会访华代表团。4

① 《人民日报》1965 年 10 月 6 日；程思远：《饱经忧患坚韧不拔——深切怀念宋庆龄主席》，《人民日报》1993 年 1 月 27 日。

月19日，会见以朱莉·穆恩为团长的“美国报界妇女俱乐部”访华团。5月3日，会见并宴请美国加州科学院访华团团长。6月4日，会见由团长玛丽·爱雷娜·德冈率领的法国妇女代表团。8月15日，会见由加中友协联合会主席格雷菲斯夫人率领的加中友协联合会领导人代表团。9月6日，会见泰国前教育文化部部长蒙銮宾·马拉军和夫人一行。9月22日，会见美国加利福尼亚州州务卿余江月桂女士一行。

据爱泼斯坦回忆，宋庆龄喜欢在家里招待客人，还常常招待以自己家里做的菜。在中国人这方面，这样的家庭式聚会使她同别人的交往——官方的或非官方的——变得温暖和活跃。在同外国人的交往中，这样的聚会为她在人民外交中的作用增添了一个特殊的活动空间。她家的常客是一些完全属于民间的人士，其中有保卫中国同盟和其他团体的老同事，还有外籍或外国血统的朋友，如路易·艾黎、马海德、爱泼斯坦及他们的妻子，还有著名舞蹈家戴爱莲等。她在家里放映电影时，总让身边的工作人员及她相识的人把大一点的孩子带来一同看，因为她喜欢同孩子们在一起。有客人来共餐时，她总是自己订菜单，有时还自己下厨，特别是为一些她知道他们口味的朋友。她请外国人尝中国菜时，如果客人们是第一次吃到这种菜，她就解释给他们听，如杏仁豆腐、杏仁茶，等等。有时应客人的要求，把菜谱及制作方法写出来送给客人。在餐桌上，遇到上一些待别的菜，她会谈起孙中山作为一名医生对营养的注意。孙中山在他的著作中曾写道，烹饪不只是一种技术，还是一种艺术和一种文明进步的标志。孙中山在《民生主义》第三讲中说，“中国有了四千多年的文明，我们食饭的文化是比欧美进步得多，所以我们的粮食多是靠植物。”宋庆龄说，孙中山热心宣传植物蛋白（如豆腐）对人体健康的好处，要是在今天，他就时髦了。

1973年3月10日，中共中央作出《关于恢复邓小平同志的党组织生活和国务院副总理的职务的决定》，1973年7月21日下午，邓小平夫妇及女儿前来后海寓所探望宋庆龄。当年8月，邓小平在中国共产党第十次全国代表大会上当选为中央委员之前，特地前来探望宋庆龄，宋庆龄对他予以大力支持。1978年12月召开中共十一届三中全会前夕，在为这次全会作准备的中央工作会议上，邓小平发表《解放思想、实事求是，团结一致向前看》的讲话，当时宋庆龄就坐在邓小平的身边。

这次全会形成了以邓小平为核心的中国共产党第二代领导集体。1979年9月29日，宋庆龄发表为庆祝国庆三十周年而写的文章《人民的意志是不可战胜的》。文章说："一切野心家、阴谋家都没有能够，也不可能战胜九亿人民的坚强意志……当我看到国际国内形势大好，我们新中国的航船在战胜险遭倾覆的命运之后，又乘风破浪，昂然前进的时候，感到由衷的高兴和无比的幸福。我又看到了祖国的新的光明。我衷心地祝愿我国伟大的人民，在马克思列宁主义、毛泽东思想的指引下，不断加强团结，走向更加光辉的前程。我将非常高兴地同大家一起，并肩前进在这伟大而英雄的行列中。"①

1981年5月15日，中共中央政治局决定，接收宋庆龄为中国共产党正式党员。1981年5月16日，第五届全国人大常委会第十八次会议通过决定，授予宋庆龄同志中华人民共和国名誉主席的荣誉称号。

1981年5月29日，宋庆龄在寓所溘然长逝。1981年10月，宋庆龄后海北沿46号寓所被国家命名为"中华人民共和国名誉主席宋庆龄同志故居"，并被列为全国重点文物保护单位。1982年5月29日，宋庆龄故居正式向公众开放。

目前，宋庆龄故居珍藏着两万多件孙中山、宋庆龄文物，以宋庆龄生平展为基本陈列，同时以原状陈列的形式，保持了宋庆龄生前在此工作、学习、读书、接见、座谈、宴请、休息、娱乐、喂鸽、赏花等生动场景，是集参观、游览、活动、会议为一体的重要场所，被评为全国文明单位、全国青少年教育基地、中央国家机关思想教育基地、北京市廉政教育基地、北京市红色旅游景区、国家3A级景区等，每年迎接20余万国内、外观众前来参观学习，在实现中华民族伟大复兴中国梦的进程中，继续发挥凝心聚力作用。

作者艾多为中国宋庆龄基金会研究中心（宋庆龄故居管理中心）主任，李雪英为中国宋庆龄基金会研究中心（宋庆龄故居管理中心）副研究员、社教部主任

① 《人民日报》1979年9月29日，载《宋庆龄选集》下册，人民出版社1999年版，第586—591页。

铁肩道义千秋名垂　妙手文章万古流芳

——李大钊与北京

刘　洋

李大钊，字守常，他是中国共产主义运动的先驱，伟大的马克思主义者，杰出的无产阶级革命家，中国共产党的主要创始人之一。1889年10月29日，李大钊出生于河北省乐亭县大黑坨村。1927年4月28日，他被奉系军阀张作霖秘密绞杀在北京西交民巷京师看守所后院，牺牲时年仅38岁（图一）。

图一　李大钊（1889—1927）

1840年鸦片战争以后，帝国主义侵略者以坚船利炮打开了中国的门户，使中国逐步沦为半殖民地半封建社会，人民处于水深火热之中。太平天国运动、义和团运动的兴起，体现了中国人民的觉醒，不屈服于帝国主义和清王朝的统治。1889 年（清光绪十五年）李大钊出生，此时的清王朝已经腐朽不堪，李大钊就生活在这样一个民族灾难深重、人民生活艰难的时代。

李大钊生命的最后十年是在北京度过的，这十年也是他最为辉煌、重要的十年，李大钊的革命实践活动和北京联系在一起。李大钊到过北京的很多地方，从天安门广场到胡同小巷，从北京大学到孔德学校，从湘阴会馆到岳云别墅，从圆明园到中山公园……都曾留下了他的足迹，身为乐亭人的李大钊，是怎样与北京结下不解之缘的呢？

一　年少立志　初次来京

乐亭县紧靠渤海湾东北海岸，南临渤海，北与滦县、昌黎县交界。乐亭县尽管位于滦河冲积平原，乍一听此处应该因水资源丰富，成为农业富庶之地，但因地处滦河下游，当时县里却是水患频发，所以，利于耕种的粮田并不多，农业收成得不到保证。于是，到东北做买卖成为乐亭人的主要谋生手段，民间更是有“十万老呔闯关东”的流传。当地出外经商之风渐盛，一方面扩大了乐亭人的眼界；另一方面也因为乐亭人商贾居多，认识到了知识的重要性，多少都掌握些书写计算的技能，这些外因不仅促进了乐亭县文化教育的发展，也使乐亭县自古就有“文化县”之称。

李大钊的亲爷爷叫李如珠，家族排行第二，上有大哥李如珍，下有弟弟李如璧。李如珍因有女无儿，封建社会不孝有三，无后为大，所以按当地习俗，过继二弟李如珠的儿子李任荣为养子来承继门户。李任荣知书达理，写得一手漂亮字。在他 15 岁时，李如珍为他选了外村走马府的姑娘周氏为妻，夫妻两人相敬如宾。遗憾的是，李任荣身体不好，患有严重的肺病，加之当时的医疗条件有限，因此患有此病的人被称为得了“富贵病”，不仅无药可以根治，还需得好吃好喝供其调养身体，且此病也不能过度劳累，即无法从事重体力劳动。

李任荣 21 岁时，乐亭不远处发生了地震。对于这次地震，李大钊的长女李星华在文章里是这样描述的："足足震了四五天，地都震裂了，顺着地缝往上翻黑水，翻了黑水又冒白沙，随后裂缝又合上了。震得东房檐和西房檐挤到一块，随后又分开了。许多房屋都塌坍了。"

由于那次地震发生在夜里，李任荣惊醒后想起生母腿脚不便，因担心生母的安危，一口气跑回生母的住处，一看母亲果然没有出来，就赶紧把母亲背出屋子，刚把母亲放下，就吐了一大口血。请郎中看过之后，郎中开了药的同时还留下了一句话："留后吧。"

经过此次劳累和惊吓，李任荣身体每况愈下，第二年又因为在华严寺写碑文劳累，加重了病情，于春季病逝了。此时夫人周氏已怀有身孕。半年后，李任荣生前和妻子居住的北屋里，一个男婴呱呱坠地，他就是李大钊。李大钊是遗腹子的身世，让他幼年注定坎坷；更不幸的是，李大钊出生后不到2岁，母亲周氏也因丈夫早逝、不堪精神上的重负与世长辞。抚养这襁褓中孤儿的重任落到了已经60多岁的李如珍肩上。正如李大钊在《狱中自述》中所说："在襁褓中即失怙恃，既无兄弟，又鲜姊妹，为一垂老之祖父教养成人。"

李如珍早年也曾闯关东，在长春等地经营商号，有从九品官衔。因家境比较富裕，陆续购置了近百亩田地，亲自设计并修建了一套近千平方米的宅院，还将其称为"鸳鸯居"。从李如珍获有从九品的官衔和经商挣钱便买房置地的举动来看，在他的脑海里，根深蒂固地存在着传统社会的价值观。所以，李如珍对小孙儿期盼甚高，管教甚严，一心要把李大钊培养成能光宗耀祖的读书人，以便日后能够走上仕途。所以，李如珍在李大钊3岁起便教其识字，待李大钊4岁时教其书写，7岁便先后把李大钊送到本村私塾和邻村学馆读书，为其日后能考取功名而努力。

1905年，16岁的李大钊本应该去永平府参加科举考试，恰巧此时，其在中国自隋朝起已经沿袭上千年的科举制度被清政府废除，于是，李大钊进入永平府中学堂（现唐山一中）就读。在这里，李大钊受到新思想教育，学习科学知识和外文。通过勤奋读书，李大钊不仅每次考试都名列前茅，还开始"感于国势之危迫，急思深研政理，求得挽救民族、振奋国群之良策"。

1907年夏季，天津有三所学校招考：北洋军医学校，长芦银行专修所和北洋法政专门学校。可能是自幼受到李如珍影响，李大钊从“好男不当兵，好铁不打钉”的传统观念出发，没有选择去学军医。虽被长芦银行专修所录取，但他认为，“理财致个人所富，亦殊违我素志”。他为实现“急思深研政理”，于1907年9月考入六年制的北洋法政专门学校。这是国内第一所正式的法政专门学校，李大钊接受了系统的政法教育，参加了法政学会的活动，他还把自己的宿舍题名为“筑声剑影楼”，决意用思想真理之剑刺破黑暗，寻求光明之路。

1912年冬，李大钊第一次来到了北京，去找北洋法政学校的创办人之一、在国会请愿活动中几次担任各省咨议局领衔代表的立宪派人物孙洪伊帮忙，筹办北洋法政学会刊物《言治》月刊。《言治》月刊出版后，李大钊成为刊物上最勤奋的撰稿人，他在该刊物上投稿的文章数量最多。后来，国内各报也曾转载《言治》月刊上的文章，李大钊的文字被转载的也最多，李大钊也因此被推举为《言治》月刊的编辑部长。李大钊在《言治》发表的《隐忧篇》《大哀篇》等文章，更是体现了他的爱国热忱。他的文章气势雄浑，见解深刻，被形容为“浑厚磅礴为全校之冠”，并与白坚武、张润之一同被同学们推崇为“法政学校三杰”。

此时，被称为“新学”的资产阶级文化与“旧学”的封建文化间的斗争日益激烈。李大钊广泛接触了“新学”，对复杂的社会问题有了更深的了解，在不断前进的道路上孕育着革命的志向。同盟会的成立，对康有为、梁启超改良主义的驳斥，也极大地拓展了李大钊的政治视野；国势危难更激发起李大钊的勤奋求知、立志报国的决心。

二　应邀办报　再次进京

1913年1月，李大钊和100多名同学参加了天津北洋法政专门学校首届专科生的毕业典礼。7月，李大钊结束了6年的学习生活。离开北洋法政专门学校后，他没有像同学那样或到政府谋职或去从军，而是应邀再一次来到北京，和几个同学创办《法言报》。李大钊曾住在陈翼龙创办的平民学校内，平民学校的校址就设立于湘阴会馆内。湘阴会馆原址位于前兵马街9号，位置大致在现宣武门外南横街陶然亭医院西侧，原宣武区的东南部。这也是存在着争议的一处李大钊在北京的居住地。尽管史料证明李大钊在此居住过，但笔者还是认为，此处只能算是他在北京的一个落脚点，这里不仅居住时间过于短暂，而且没有记载与家人一同居住，因此不算是正式居所。

1913 年秋季，李大钊在凭吊圆明园故址时，曾因“只余破壁颓垣，残峙于荒烟蔓草间”而“感慨系之”。在游览颐和园时，曾写有诗篇《咏玉泉》，其中写道：“只今犹听宫墙水，耗尽民膏是此声!”表现出他对被压迫人民的同情和祖国命运的关注。后因陈翼龙被逮捕，中国社会党被取缔，与陈翼龙有来往的人都被追查，李大钊不得不离开北京。

李大钊因在《言治》月刊期间的努力而被孙洪伊所器重，且在北京《法言报》的工作中而与孙洪伊有了更多的接触，孙洪伊遂将李大钊介绍给了中华民国第一届国会的众议院议长汤化龙。汤化龙对李大钊的才干也十分欣赏，所以，当孙、汤二人得知李大钊接到赴日留学邀请，但苦于经费没有着落的时候，都资助了李大钊。

李大钊东渡日本东京留学，考入早稻田大学，学习政治本科。学习期间，李大钊认识了陈独秀和章士钊。李大钊因学习了日语，且读到了日文版的《共产党宣言》，加之其在永平府中学堂学过英语，这就为其能够读懂马克思主义著作提供了便利。通过不断接触欧洲的社会主义思潮，李大钊开始接受并研究马克思主义。

1915 年 1 月 18 日，日本政府向袁世凯提出灭亡中国的《二十一条》，作为支持其复辟称帝的条件。留日学生群起反对，时任留日学生总会文事委员会编辑主任的李大钊认识到，日本维新时代是走发展资本主义的道路，“然在今日谋中国民族之解放，已不能再用日本维新时代之政策”。以这样的政治理念，李大钊用几个昼夜撰写《警告全国父老书》，呼吁全国人民一致反抗日本帝国主义侵略，挽救祖国危亡。他组织神州学会，号召国人以“破釜沉舟之决心”，誓死反抗压迫。由于开展反对复辟帝制的斗争，李大钊“留东三年，益感再造中国之不可缓，值洪宪之变而归国”。

三 归国长居北京 改造北大图书馆

李大钊弃学归国后，汤化龙准备在北京办一份报纸，遂邀请其主持编辑工作。李大钊也希望借助办报这种方式传播爱国主义思想，他于1916年7月11日从上海启程北上，当月下旬到北京，出任《晨钟》报编辑主任（图二）。《晨钟》报报社地址在北京宣武门外丞相胡同内，因为这个工作经历，也就留下了李大钊与《晨钟》报社同人一起在北京中央公园（现中山公园）合影的一张珍贵照片（图三）。

图二 担任《晨钟报》编辑主任时的李大钊

李大钊长子李葆华回忆父亲工作繁忙，偶尔闲暇，就喜欢写大字练书法。“有一阵，他极好书法，几乎每天都写，写了不少张”。李大钊十分敬仰明代忠臣杨继盛的气节，也很欣赏杨继盛的“铁肩担道义，辣手著文章”这一诗句，便在此句基础上，取陆游《文章》一诗中的“文章本天成，妙手偶得之”的“妙”字，改写成“铁肩担道义，妙手著文章”。李大钊非常喜欢这副对联，曾经多次书写，以此畅抒己志。

图三　《晨钟报》编辑部同人在北京中央公园（今中山公园）合影，前排左起第五人是李大钊

经过一个月的准备工作，《晨钟》报于1916年8月15日创刊。李大钊利用该报作为宣传新思想、新文化的阵地。每出一期《晨钟》报，李大钊都要写上一句警语。李大钊在第六号《晨钟》报上，选刊了“铁肩担道义”作为该期警语。同年9月，李大钊手书此联，送给连襟杨子惠。1924年，李大钊为劝章士钊不要倒向北洋军阀政府，曾借章士钊妻子吴弱男之邀，为其手书对联“铁肩担道义，妙手著文章”，赠予吴弱男。此联是李大钊一生精神风范的真实写照。

按照1927年5月23日《中央日报》附属《中央副刊》（武汉）第60号记载：“时汤化龙在沪，欲招纳人才为己助，并谓守常，誓欲十年在野，专司评政。因创《晨钟》报于北京，托守常与余为编辑。并谓言论绝对自由，不加干涉。”但是，该报发表的文章宣传民主主义思想，介绍民主主义思想家，反对封建专制独裁，揭露当时军阀、官僚和政客们的钩心斗角的行径，这已触动了实际把持《晨钟》报的宪法研究会（研究系）政客。而且因时政原因，汤化龙倒向北洋军阀怀抱，追随段祺瑞政府，均曾经资助过李大钊东渡日本留学的汤化龙与孙洪伊之间，矛盾尖锐。

位于西四的羊肉胡同至今尚存，历史悠久，始自元大都“羊市角头”。“角头”是指人烟聚集的市场。羊肉胡同东西走向，连接太平桥大街与西四南大街。西四一带有米市、面市、马市、羊市、骆驼市等，到明朝时属咸宜坊。

据《白坚武日记》所记，这里有孙洪伊的住所，李大钊曾经不止一次到西四羊肉胡同拜访孙洪伊。1916 年 8 月“13 日晚偕守常、泽民访孙伯兰，谈某项教育”。10 月“1 日星期，晚，赴皮库胡同看守常，同赴羊肉胡同”。“6 日在羊肉胡同候伯兰未至，偕守常至皮库胡同”。“10 日午前同守常到羊肉胡同，与伯兰略谈某议员接洽事”。从 8 月到 11 月，不把会议时相聚计算在内，李大钊访孙洪伊，达 6 次之多。发表于 1916 年 8 月 29 日《晨钟》报的文章《权》，应是写于 8 月 28 日，文中提道，内务总长孙洪伊，因不满国务院秘书长徐树铮的越权干政，“又将辞职”。而孙洪伊提出辞职是在 8 月 30 日，即该文见报后的第二天，这说明，此时李大钊与孙洪伊过从甚密。李大钊与孙洪伊的私交不仅近于其和汤化龙，且李大钊的思想更接近于孙洪伊，所以，李大钊不肯就范于汤化龙用文章攻击孙洪伊，导致李大钊的文章一再被擅加删改，这也令合作难以继续。

李大钊于 1916 年 9 月初辞职，到北洋法政学会《宪法公言》任编辑。《宪法公言》由北洋法政学会主办，李大钊于秋季在便宜坊烤鸭店宴请高一涵、秦立庵、田克苏，谈《宪法公言》主旨。由于该刊物内容针砭时弊、抨击政府，该刊物于 1917 年 1 月出了第 9 期之后被勒令终刊。此前，李大钊已发表《风俗》《国情》《青春》《民彝与政治》等文章，为学界和社会进步人士所知。随后，李大钊受章士钊之聘，编辑《甲寅》日刊。他在刊物上发表的大量文章，更是针砭社会时弊，抨击军阀统治。李大钊成为新文化运动的领军人物。

北京大学的前身是始创于 1898 年的京师大学堂，最初是继承清朝国子监的全国最高学府和全国教育的最高管理机关。1912 年 5 月，根据中华民国教育部令，京师大学堂改称为北京大学校，校址位于沙滩后街的和嘉公主府。府内原有的公主楼，改为大学堂的藏书楼，除中文书籍外，还有不少西文图书，墙上还挂满地图。《辛丑条约》签订后，京师大学堂得以恢复并逐渐扩充，各省的官书局受命将已刻印的经史子集和时务新书，送交京师大学堂。藏书楼不仅中文藏书量大增，还从欧美、日本购进不少科技图书和仪器标本，这一切都为后来的北京大学图书馆奠定了基础。

1917 年年初，曾是民国第一任教育总长的蔡元培应聘北京大学校长，他主张融合中西文化，推动中国思想教育事业的进步。蔡元培提出了思想自由、兼容并包的主张，不仅对学校的教学体制、课程设置、教授方法进行了全面改革，而且对教师聘任采取不拘一格、唯才是用的办法。这就为没有考取功名、在日本早稻田大学留学但没有完成学业便弃学归国的李大钊，提供了进入北京大学的可能。

章士钊曾回忆，他在北大担任教授兼图书馆主任，是为著述查阅提供方便。但他萦心于政治，未能充分利用这个便利条件。章士钊认为李大钊比他优秀，便向北大校长蔡元培建议，由李大钊接替他担任图书馆

图四　担任北大图书馆主任时的李大钊

主任的职务。事实上，校长蔡元培对李大钊也是早有了解的。李大钊曾在《言治》季刊上发表了《美与高》一文，文中整段引用了蔡元培的讲话，在重视教育、振兴中华的观点和志愿上，他们是一致的。因蔡元培和文科学长陈独秀的支持，1918 年 1 月，李大钊正式接替章士钊，担任北京大学图书馆主任一职（图四）。

当时北大图书馆还是在马神庙，李大钊担任北大图书馆委员会委员后，不仅提出“学校财政预算案内添购图书费”，还提出“从速建筑图书馆”。1918 年 10 月，北京大学利用比利时一家公司提供的借款，在学校东操场兴建了“红楼”，图书馆随校总部和文科一同进驻，图书馆从马神庙迁移到沙滩“红楼”新址。李大钊亲自主持了这次搬迁，“红楼”一层全部作为图书馆的藏书室和阅览室使用，图书馆主任李大钊的办公室，就设在“红楼”一层的东头。

李大钊在担任北京大学图书馆主任的时候，从适应北京大学发展需要的实际情况出发，不仅对图书馆的建设进行了大量改革，做出了贡献，而且为北大师生的学习研究提供了良好的服务。一开始蔡元培发现，李大钊对图书馆工作并不熟悉，但他接手工作后“力求改革，深筹伟划”，所以，蔡元培对李大钊改革图书馆的工作全力支持。

尽管当时的北大图书馆规模不能与现在同日而语，但李大钊就职后，对管理体制和管理方式进行了全面改革，完成了从封闭式的藏书楼向开放式的图书馆的根本性改变。李大钊注重发挥图书馆在学校教育和社会教育方面的重要作用，并且提出开办图书馆教育传习所的建议以及增加副本和开架阅览等细节措施。后被美国《ALA 世界图书馆和情报服务百科全书》誉为“中国近代图书馆之父”。

李大钊发布了《图书馆主任告白》，并制定了较为完善的图书借阅条例。他针对图书数量不足，尤其是某些新设学科的图书量偏少问题，压缩了借书期限，限制了孤本书的外借。他要求，藏书量少的图书尽可能不外借，尽量限制在阅览室内查阅。为了方便读者，阅览室也针对性地分设为公共阅览室和专题阅览室，并且延长了开放时间。针对归还时间不严格导致的图书借阅不便，李大钊协调长期借取大量图书的个人甚至国史馆等研究所，如期归还图书。他还针对借阅图书超期不还采取了罚金随超期延长而递增的办法，有效改变了图书流通缓慢的状况。

李大钊对图书馆管理的创新之处，还有号召个人将藏书寄存到学校图书馆，甚至向图书馆捐献书刊，允许其他师生在馆中阅读。他身先士卒，率先垂范，先后向图书馆捐赠中外书刊数百册。通过这些办法，使馆内可参考图书的数量不断增加。他还非常注重外文图书的购藏，直接从德国出版机构订购马克思主义著作在内的大量德文图书。据统计，自1917年12月至1923年9月，北京大学图书馆藏书量猛增，中文书籍从147190册增长到184008册，其中外文书籍增加近1.9万册，从9970册增长到28836册，其中很大一部分是马克思列宁主义理论书籍。

李大钊担任图书馆主任期间，对于报刊的订购和收藏，也是下了一番功夫的。他要求学校各办公室收集所订阅的报刊，每隔一段时间送交图书馆，并与各办公室协商采取分购方式，不仅避免了重复，还扩大了报纸期刊的订阅范围，保证了订阅种类的丰富齐备。

北大图书馆对李大钊来说，有着双重意义。一方面，李大钊是北大图书馆的负责人，挑起了北大图书管理现代化的重任；另一方面，北大图书馆又是李大钊学习并传播马克思主义思想、酝酿并发起中国共产主义运动的阵地。

四　传播马克思主义　投身新文化运动

1917年7月，因躲避张勋复辟的抓捕，李大钊前往上海。1917年11月11日，俄国十月革命的消息传到中国，李大钊从南京回到北京，迎着北来的“春风”，撰写了大量文章，传播马克思主义。

凭借对日文、英文等外语工具的掌握，李大钊在十月革命后仅一年多时间内，认识到十月革命的伟大意义。他通过勤奋不懈地研究，接受了马克思主义，并且对马克思主义有了比较系统的了解。李大钊利用大学讲坛，并通过在报纸刊物上发表文章，有系统地介绍与宣传马克思列宁主义和十月革命的道路。李大钊还最早提出马克思列宁主义要与中国实际情况相结合。李大钊始终投身革命斗争实践，指导群众运动，他的宣传教育、组织发动工作，都是为了中国走上社会主义道路，他阐明只有社会主义能救中国，只有社会主义能够富强中国。

毛泽东从湖南第一师范毕业后来到北京，因谋于生计，找到了杨开慧的父亲，在北大任教授的杨昌济教授，后通过杨昌济介绍，到北大图书馆工作。《西行漫记》第四章记载，毛泽东对美国记者斯诺说：“我在北大图书馆当助理员的时候，在李大钊手下，很快地发展，走到马克思主义的路上。”“1921 年至 1924 年之间，李大钊继续宣传共产主义、唯物史观，是马列主义，实实在在，有书为证。”

1918 年，李大钊还曾到中央公园（现中山公园）做《庶民的胜利》演讲，该文后来发表在《北京大学日刊》上。李大钊也曾携家人同游中央公园。看到刚移放的“公理战胜”牌坊时，李大钊对长子李葆华、长女李星华说：“公理战胜强权”是个有害的谬论。公理战胜不了强权，帝国主义根本不会把公理当一回事，总有一天我们要把这个牌坊拆掉。

1919 年 7 月，李大钊在昌黎五峰山写出《我的马克思主义观》。全文 26000 多字，这是我国最早的系统介绍马克思主义基本原理的重要著作。他把唯物史观、政治经济学、科学社会主义这三个马克思主义的组成部分联系起来加以论述：“这三部理论，都有不可分的关系，而阶级竞争说恰如一条金线，把这三大原理从根本上联络起来。”这篇文章是李大钊成为马克思主义者的重要标志。李大钊在文章中对马克思主义进行介绍和评论，这也意味着他在宣传介绍马克思主义之初，就意识到了应当从中国实际出发运用马克思主义。章士钊评价道：“自后凡全国趋向民主之一举一动，从五四说起，几无不唯守常马首是瞻，何也？守常之强，其诚势之性感人深也。”

1920 年 3 月，李大钊在北京大学发起组织马克思学说研究会，先后参加的有邓中夏、高君宇、朱务善、何孟雄、罗章龙、张国焘、瞿秋白等人。虽然一开始李大钊在北京大学是秘密成立马克思学说研究会，但还是得到了校长蔡元培的首肯。不仅《北大日刊》刊登过成立启事，成立会还是蔡元培校长批准后在校会议厅举行的。蔡元培还到会讲了几句话，并在北大西斋离校长室不远的地方，拨出两间宽敞的房子作为研究会的活动场所，一间当办公室，一间当图书馆。虽然此处有校警卫站岗，闲杂人等不得入内，但在校内是公开的。李大钊在一段时间内常到这里工作，曾和大家一起朗诵诗歌。1921 年 3 月 22 日，马克思学说研究会转为公开活动，登出了活动启事，会员很快发展到全国，很多地方成立了分会。这是第一个学习传播马克思主义的组织。通过有组织的活动，加深了对马克思、列宁主义的了解，并产生了进一步组织起来革命斗争的强烈要求，为后来北京共产党早期组织的成立作了人才的储备，很多会员后来参加了中国共产党。马克思学说研究会的活动一直延续到1925年年底。

“两间宽敞的房子”指的就是“亢幕义斋”。“亢慕义斋”是由德文“共产主义小屋”而来，对内习惯用“亢慕义斋”或“亢斋”称呼，地点设在北京景山东街2号，地名是“马神庙”，也叫“公主府”。“亢慕义斋”室内墙壁正中挂有马克思像，像的两边贴有一副对联：“出研究室入监狱，南方兼有北方强”。还有两句口号“不破不立，不立不破”。这里不仅四壁贴有许多富有革命气息的诗歌、箴言、格言，所有图书都盖上了“亢幕义斋”的戳记。这些书大都是会员之间传看的德文、英文、俄文、日文等多种文字的马克思、恩格斯、列宁的著作。为了进一步推广马列著作，李大钊组织有志于研究马克思主义的青年，带领大家将“亢幕义斋”变成了中国第一个马列书刊的翻译室，认真、准确地翻译马克思、恩格斯、列宁等人的著作，下设英文、德文、法文三个翻译组。罗章龙所在的德文组，曾根据德文本翻译了《共产党宣言》，还出过油印本，后又艰难地完成了马克思《资本论》第一卷的翻译初稿。此外，“亢幕义斋”还先后翻译了马克思的《哲学的贫困》《雇佣劳动与资本》《法兰西内战》，恩格斯的《社会主义从空想到科学的发展》《家庭私有财产和国家的起源》以及列宁的《共产主义运动中的左派幼稚病》《无产阶级革命和叛徒考茨基》《苏维埃政权的当前任务》等经典著作。到1922年4月，“亢慕义斋”已有英文书籍数百册，报刊上百种。

1920年7月8日，北京大学评议会全体通过议定：李大钊为教授兼图书馆主任。此外，李大钊还在朝阳大学、女子师范大学、师范大学、中国大学等高等院校任教，走上了新文化运动的最前线。这一时期，李大钊在北京大学的工作开始从图书馆向教学转移，先后开设多门新课程，有《社会主义与社会运动》《唯物史观》《史学思想史》《史学要论》等，并开设现代政治讲座，指导学生实习。

除正式授课外，李大钊在校内、外举办讲座，宣传马克思主义，还应邀到外地讲学。在石驸马后宅35号居住期间，李大钊外出讲学的足迹还遍及上海、杭州、武汉、天津等地，宣传社会主义思想，壮大党的组织，为中国培养了一批人才，使青年学生受到鼓舞。这些讲演的记录稿，在当地的报纸刊出之后，均反响强烈。天津觉悟社的周恩来曾说："《每周评论》《新青年》都是进步读物，对我的思想有许多影响。""我的思想已从赞成革命走向社会主义。"

1920年12月2日，李大钊指导和支持北京大学社会主义研究会成立。1920年12月4日在《北大日刊》上登出《北京大学社会主义研究会简章》，这个研究会一方面就有关社会主义问题开展研究，另一方面团结吸引那些对社会主义关心的人更多地了解社会主义。李大钊强调社会主义健康发展，要有先进文化的支撑。物质变动引起道德变动与演变，就能避免资本主义那种"恶俗的气氛""商贾的倾向""金钱主义气味"，使文化艺术健康发展，"表现纯正的美"，实现"个人与自由、自由与社会"相协调发展的社会秩序。

五　南陈北李　相约建党

五四运动后，马列主义广泛传播，接受马克思主义的先进分子是初期新文化运动民主和科学思想的继承者和发扬者，同时，他们又开创了一个新的局面，为中国共产党的成立做了思想上的准备，在五四运动中成长起来的共产主义知识分子，为党的成立作了组织上的准备。

五四运动期间，陈独秀对北洋政府对外出卖国家主权、对内镇压人民的恶劣行径深恶痛绝。他热心关注学生运动，接连撰写文章，分析形势，指出方向，呼吁社会各界行动。1919年6月9日，陈独秀与李大钊等人商议后，亲自书写《北京市民宣言》，主张推翻段祺瑞政府，胡适还翻译成英文。6月11日，李大钊、陈独秀等到天桥城南游艺园（建于1918年6月，坐落在香厂路南，即今友谊医院及居民楼所在地。占地面积约两万平方米，内有坤剧场、文明新戏场、魔术场、电影场等，其特点是为坤班演出建立固定演出地点，有助于有才华的女演员成名。刘宝全、金万昌、荣剑尘、焦德海等说唱艺人曾在此演出）去散发《北京市民宣言》传单。部分传单落到了特务手里，特务开始暗查发放传单人员。身着白帽西服的陈独秀发现有特务追查，一着急爬到新世界（1918 年 2 月 11 日，在天桥建成大型游乐场“新世界”，这座环形大楼是仿照上海大世界建筑的，为当时北京城南的大型游乐场所。游乐场里有新旧戏剧、杂耍、电影等，供人游览）屋顶花园，把手中传单撒向下层露台上看电影的群众，陈独秀被捕。李大钊非常着急，立即找学生罗章龙等设法施救，经过四处奔走，当局迫于舆论及各界营救的压力，于 9 月中旬释放了蹲了近九十天监狱的陈独秀，李大钊为此还专门写诗，欢迎陈独秀出狱。此时陈独秀还处于被监视状态，在京的行动尚受约束，警察局更禁止他擅自离京，每月都要填写《受豫戒令者月记表》。

出乎京师警察厅意料的是，1920 年 1 月底，陈独秀应友人之邀前往上海，2 月初又乘轮船到了武昌。此后，陈独秀在武汉演讲的报道频频见诸报端。因此，警察们又紧急出动，围在陈独秀家门口，准备在那里“守株待兔”，把陈独秀重新逮捕。

陈独秀从武汉讲学回到北京，察觉到有警察跟踪，便到北大教授王星拱家中暂避。高一涵和李大钊商量如何保护陈独秀出京，李大钊自愿护送。当时正值阴历年底，是北京一带生意人往各地收账的时候。为了能让陈独秀安全离京，李大钊雇了一辆骡车，把陈独秀化妆成老板，自己打扮成讨账的商人。因陈独秀北方话说得不好，沿途遇到军警检查、住店等，都是李大钊出面对付。一开始想去乐亭李大钊老家暂避，但风声过紧，便转向到天津后购买了外国船票，让陈独秀坐船前往上海。两人在北京至天津的途中分析了中国当时的国情，交换了建党的意见。

北京和上海成为马克思列宁主义在中国的传播中心，经共产国际的鲍立维介绍，俄共（布）党员荷荷诺夫金（出生于哈尔滨，汉语讲得很好，中文名“霍乐勒”是由李大钊所起）来到北大图书馆，找到李大钊。荷荷诺夫金极力赞扬李大钊在中国传播马克思主义的功绩，希望李大钊创建中国共产党。李大钊表示要和上海的陈独秀商量。陈独秀回信同意后，荷荷诺夫金便赶回远东。1920 年 3 月，共产国际代表维经斯基会见李大钊，并经李大钊介绍，去上海会见陈独秀。在共产国际的帮助下，“南陈北李”，相约建党（图五）。

图五　建党时期的李大钊

1920年8月16日，天津觉悟社邀请少年中国学会、人道社、曙光社、青年互助团等团体，在北京陶然亭的慈悲庵，为商讨爱国运动的发展方向和联合斗争问题，举行茶话会。李大钊在茶话会上指出："盖主义不明，对内既不足以齐一全体同志之心志，对外尤不足与人为联合之行动"。

1920年8月，陈独秀领导在上海建立了共产党早期组织。同年10月，李大钊领导张国焘、邓中夏、张申府、罗章龙、刘仁静、高君宇、缪伯英、何孟雄、范鸿劼、张太雷等，成立了北京共产党早期组织，很多活动是在李大钊的石驸马后宅35号住所进行的（图六）。北京共产党早期组织在李大钊的领导下，促进马列主义与工人运动的结合，反对各种反马克思主义的倾向，这就为建党作了积极准备。

1921年3月李大钊发表《团体的训练与革新的事业》一文，指出："我们现在还要急急组织一个团体。这个团体不是政客组织的政党，也不是中产阶级的民主党，乃是平民的劳动家的政党，即是社会主义团体。中国谈各种社会主义的都有人了，最近谈Communism的也不少了，但是还没有强固精密的组织产生出来。""成立一个强固精密的组织，并注意促进其份子之团体的训练，那么中国彻底的大改革，或者有所附托！"

图六　北京李大钊故居院景

李大钊和陈独秀在建党初期，书信来往频繁。关于为党起名的问题，李大钊根据马克思学说原理，将我党的名称定为“共产党”。1921年7月23日，中国共产党第一次全国代表大会在上海召开，李大钊因在北京领导国立高校教职员索薪斗争，难以出京赴会。经研究决定，派张国焘、刘仁静出席中共一大。同样由于公务难以脱身，陈独秀在外地也未能到上海赴会。1921年下半年，中共北京地方执行委员会成立，陈独秀在11月签发《中国共产党中央局通告》，议定李大钊为北方地区党的工作负责人。

六　建立党团组织　领导工人运动

在李大钊关心和支持下，北京社会主义青年团在中国北方广泛发展。河南、河北、北京、天津、山西、内蒙古、山东和东北各地，陆续建立起党团组织。李大钊尽管因年龄和工作关系，并没有在青年团担任主要领导职务，但还是经常参加团组织的活动，而且在处理重大事件时，往往起到领导作用。

建立了党团组织，工作就有了明确的方向。1921 年 1 月 1 日，北京共产党早期组织创办的长辛店机车厂劳动补习学校正式开学，这所学校分为日校和夜校两部分，日校招收工人子弟入学，一般工人在夜校学习。李大钊对办校事宜进行指导，并常去学校视察或讲课。

1921 年 4 月 17 日发出的“一封给铁路工人的信”，是北京共产党早期组织的第一份文告。《工人的胜利》《五一节》《仁声》《劳动音》等，都是向工人宣传社会主义和党的。李大钊创办的指导中国早期工人运动的刊物《工人周刊》，也于 1921 年 7 月创刊。

李大钊遵照中共二大的《宣言》，把开展工人运动作为工作中心。从 1922 年 8 月到 1923 年 2 月，参与发动了京汉铁路工人罢工、京奉路山海关工人罢工、京绥路工人罢工、正太工业研究会传习所工人运动、唐山开滦五矿罢工、京汉铁路全线工人大罢工。尽管二七大罢工以失败告终，但它标志着中国北方工运的第一次高潮。

七 促进国共合作 建立统一战线

李大钊负责党在北方地区的全面工作。中共二大后，李大钊出席了党在杭州西湖召开的中共中央特别会议，确定了与孙中山领导的国民党建立联合战线的方针。1922 年 8 月，李大钊受党的委托，在上海会见孙中山，自此至 1924 年年初，李大钊往返于北京、上海、广州，同孙中山先生进行会谈，商谈国共两党的合作问题。

1923 年 6 月，李大钊出席中共三大。中心议题讨论如何同以孙中山为代表的国民党合作，实现革命的统一战线。会上正确评价了孙中山民主主义的立场，决定与国民党合作，共产党员以个人身份加入国民党，改组国民党成为工人、农民和小资产阶级、民族资产阶级的民主革命联盟；同时，保持共产党在政治上和组织上的独立性。这次大会确定了党关于建立革命统一战线的策略。同一时期，李大钊在广州与孙中山进行了会谈，讨论了统一战线和对外政策问题。

1923 年 10 月 19 日，孙中山写信，请李大钊到上海会商事宜。李大钊对时局的看法深为孙中山所赏识，孙中山曾与之彻夜长谈，非常信赖。宋庆龄曾经回忆说："孙中山特别尊敬和钦佩李大钊，我们总是欢迎他到我们家来。""孙中山欢迎李大钊，孙中山认为李大钊是真正的同志。"在孙中山主盟下，李大钊以个人身份加入国民党，并委以国民党"一大"及改组重任，起草《中国国民党改组宣言》，确立新三民主义。李大钊在《狱中自述》中回忆："先生与我等畅谈不倦，几乎忘食，遂由先生亲自主盟介绍我入国民党。"

1924 年 1 月 20 日至 30 日，中国国民党的第一次全国代表大会，在广州国立高等师范学校礼堂召开。孙中山对李大钊极为看重，李大钊被孙中山指定为国民党一大"五人主席团"成员之一，同时请李大钊担任预算委员会、宣言审查委员会、章程审查委员会、宣传问题审查委员会的委员。李大钊还是大会主席团成员，成为此次大会中职务最多的一位代表。

国共统一战线建立后，李大钊任国民党北京执行部组织部长，所辖京、直、鲁、豫、热、察、绥、奉、吉、黑、内、哈、晋、新等 15 个省区。到国民党二大前夕，党员发展到 1.4 万人，推动了国民党的发展，使我党建立民主联合战线的决议得到落实。李大钊发表《普遍全国的国民党》，指出，那集合在国民党旗帜之下"一个政治革命的党，必须看重普遍的国民的运动。要想发展普遍的国民的运动，必须有普遍的国民的组织"。"反抗军阀与外国帝国主义的民众，是工人、是学生、是农民、是商人，结成一个向军阀与外国帝国主义作战的联合战线"。

1924 年 1 月，李大钊当选为中国国民党中央执行委员会委员，会后，任国民党北京执行部组织部长。此时的李大钊是北方国共两党党组织的领导核心，国民党北京执行部设在东城翠花胡同 8 号。1925 年秋，中共乐亭党组织介绍李运昌去北京找李大钊，准备赴苏联学习。李运昌在翠花胡同找到了李大钊，李大钊看完信后说："赴苏联的船已经从天津开走了，现在黄埔军校派人来北京招生，你去报考黄埔军校吧。在那里要好好学习。"这也体现出李大钊对中国共产党年轻军官培养工作的重视和贡献。

1924 年 6 月，中共中央委任李大钊为中共代表团团长，出席共产国际"五大"。李大钊将介绍信缝在衣袖内，率领代表团顺利到达莫斯科。在此期间，李大钊以"琴华"为名，对《消息报》记者谈"中国内战”，接受《莫斯科工人报》记者的采访，参加“不许干涉中国大会”并发表演说，以大量事实揭露帝国主义对中国的侵略，阐述了中国共产党民族革命运动的领导和发展。会后，李大钊受命留在莫斯科，任中共驻共产国际代表。

1925 年 3 月 11 日下午 2 点，中国国民党在中央公园（现中山公园）来今雨轩，欢迎国民会议促成会全国代表，丁惟汾、李大钊等十余人出席，到者百余人。丁惟汾致欢迎词，李大钊等相继演说。李大钊说明了中国国民党总理孙中山先生提倡国民会议的原因，并希望国民会议促成全国代表大会，接受该党的主义，并主张到广大的民众中间，努力于宣传组织的工作。随后，代表方也相继致谢词，希望该党于形式的欢迎外，予以精神上的指导，以实现真正的国民会议。

1925 年 3 月 12 日，中国近代伟大的民主革命先行者孙中山先生病逝于北京。据《京报》记载，1925 年 3 月 19 日上午 11 时，孙中山灵柩由位于三条胡同的协和医院后门出王府井大街，北转东长安街，直至天安门，入中央公园（现中山公园）社稷坛大殿内。为表示尊敬，孙中山灵柩由国民党员自行抬送，不用杠夫。举柩党员皆为国民党中坚人物，一共 24 人，分三组更替举柩，李大钊被分在第二组。

八 英勇就义 长眠北京

1926 年 3 月，由于大沽口事件和《八国通牒》事件，中共北方区委决定开展群众性反帝斗争，举行反帝游行示威。3 月 18 日，在中共北方区委和李大钊领导下，3 万多群众召开反对“八国最后通牒”示威大会，受到军警开枪镇压，史称“三一八惨案”。李大钊头部受伤，曾一度被捕，只因回答机警才得以脱险。为此，李大钊也登上了段祺瑞政府的通缉令。

在白色恐怖下，李大钊不便在公开场合露面了。1926 年 3 月底，他率中共北方区委机关和国民党北京特别市委党部机关，迁至东交民巷苏联大使馆西院的旧兵营。此间，中共中央曾通知李大钊等人去武汉成立中央分局，但李大钊却回答说：“假如我走了，北京的工作留给谁做？我是不能轻易离开北京的。”

奉系军阀张作霖进入北京后，遂即与帝国主义公使团“完全谅解”，日本、法国使馆还一直与北洋政府共同监视李大钊的活动。荷兰大使欧登科代表公使团表态，认为张作霖的行动是“中国内部之治安问题”。“中国内部之事，应由中国自行处理，使团方面概不过问”。帝国主义对张作霖的支持是明目张胆的。1927 年 4 月 6 日上午 7 时 30 分，京师警察厅总监陈兴亚率领身佩红线为记的警察、宪兵、便衣侦探、消防队员 300 多人，进入东交民巷。10 时 20 分，欧登科签字，大批军警进入苏联大使馆，大逮捕一直进行到晚上 9 时许，包括李大钊一家、北京地区国共两党工作人员及苏方人员共计 60 余人一同被捕。

李大钊被捕后，社会各界人士曾设法营救李大钊，但李大钊拒绝了武力营救的方案。李大钊在狱中没有一句有损党的荣誉、有损革命利益的“供词”，没有向敌人泄露党的任何机密，立场坚定，坚贞不渝，反而利用其国民党党员的身份，保守了党的机密，掩护了同志。李大钊在狱中写就《狱中自述》，阐述了自己的坚定信仰和伟大抱负，宣传了反对帝国主义，改造国家的革命主张。他写道：“钊自束发受书，即矢志努力于民族解放之事业，实践其所信，励行其所知，为功为罪，所不暇计。今既被逮，惟有直言。倘因此而重获罪戾，则钊实当负其全则。惟望当局对于此等爱国青年宽大处理，不事株连，则钊感且不尽矣！”表现了高度的舍己为人的共产主义精神。

有报纸报道李大钊受审讯时，“李着灰长袍，青布马褂。满脸髯须，精神甚为焕发，态度极为镇静”；“态度甚从容，毫不惊慌”。尤其是当时的刊物《社会新闻》这样写道：“有廖仲恺不屈不挠的精神，为人又热情勇敢，有气节，有操守，燕赵自古多慷慨、悲歌之士，李大钊殆其人也。”

1927 年 4 月 28 日，奉系军阀与帝国主义在华公使团勾结，秘密宣判李大钊等人绞刑。张作霖使用从德国进口的绞刑架，将李大钊绞杀在西交民巷京师看守所后院，李大钊第一个走上绞架，牺牲时不满 38 周岁，同时被绞杀的还有路友于等 19 位烈士（图七）。

1927 年 4 月 6 日，夫人赵纫兰和李大钊一同被捕，她护着星华、炎华，在监狱里被关押 22 个昼夜，在法庭上与李大钊仅见一面。李大钊就义后，由于当时反动政府的干涉，灵柩未能安葬。据 5 月 1 日的

图七　李大钊就义前

《晨报》记载：“早上 8 时，李大钊的远族李采言、李凌斗两人，偕星华、炎华一同去了长椿寺。待李大钊的棺木运到后，在停灵屋内重新装殓。妇人赵纫兰因病不能行动，所以入殓时仅有两个女儿在侧。亲友到场照料者有白眉初等数人，情状殊为凄惨冷落。”

随后移厝至宣武门外妙光阁浙寺内长达六年之久，最使赵纫兰心痛。六年后，也就是 1933 年 4 月，赵纫兰带病来到北京，向北京大学提出请求，为李大钊举行公葬。此事得到北大校长蒋梦麟等李大钊生前故友的支持和担保，为此事捐赠钱款。第一次筹得 300 余元；第二次募款，李四光等 30 余人募得 272 元。

1933 年 4 月 23 日，在中共地下组织周密安排下，社会各界决定为李大钊举行公葬，北京广大群众不顾反动军警的镇压，后来甚至形成了一次声势浩大的游行示威活动。最终将李大钊灵柩安葬于香山万安公墓，充分表达了人民群众对李大钊的无比崇敬。

赵纫兰由于日夜操劳和过度悲愤，一病不起。35 天后的 5 月 28 日，即民间所说的忌日“五七”之日，赵纫兰病逝，终年 50 岁。赵纫兰的名字本是取自屈原的离骚名句“纫秋兰以为佩”。她去世那天，恰好是农历五月初五端午节，民间祭奠屈原的日子，真是冥冥之中的巧合。6 月初，赵纫兰与李大钊合葬于北京香山万安公墓。1936 年 6 月，中共河北省委追认赵纫兰为中共党员。

为纪念李大钊烈士，1983 年 3 月 1 日，中共中央决定修建李大钊烈士陵园。陵园位于北京西郊，在风景秀美的香山脚下，坐西朝东，为一传统庭院式仿古建筑，占地 2200 平方米。7 月 18 日，将李大钊和夫人赵纫兰的灵柩一起移葬到新建的陵园。9 月 1 日，中共中央发表《李大钊烈士碑文》，全文 2000 余字，陈述了李大钊烈士的光辉业绩。10 月 29 日，李大钊烈士陵园落成并对外开放。陵园迎面是李大钊烈士雕像，昂首挺胸，展现了伟人风采。雕像背后是李大钊烈士及夫人赵纫兰墓地。墓位在高于地面约 1 米的方形台上，松柏掩映，四周绕以花景。方台西面是用黑色大理石镶嵌而成的烈士墓碑，碑的正面是邓小平同志题写、按邓小平手书墨迹镌刻的“共产主义运动的先驱　伟大的马克思主义者　李大钊烈士永垂不朽”。

九　黄卷青灯　茹苦食淡

李大钊自 1916 年从日本留学归来至 1927 年就义，在北京度过了他一生中最辉煌的时期，北京可以称作他的第二故乡。在李大钊人生这最后十余年内，他不曾为自己购置过房产，先后租住了 8 处住所。最初几年，李大钊仅一人在京，加上工作变动比较频繁，所居住过的地方时间都很短暂，居住时间较长的也不过半年左右。在北京居住期间，李大钊大多租住在西城，一是因为他上下班大多步行，距离位于现五四大街的原北大红楼图书馆较近；二来当时西城租房价格与东城相比，较为便宜。

皮库胡同原是清朝皇家储存裘衣的地方。白坚武在日记中记载，1916 年 9 月 7 日，李大钊移居到西单皮库胡同，直到 1916 年冬，这期间他是和高一涵同住的。高一涵曾回忆，“在失业时心安理得，天天读书和研究问题，意志绝不向境地低头”。

1917 年 1 月，李大钊和高一涵搬到了当时朝阳门内南小街竹竿胡同里一处僻静的宅院，专门从事《甲寅日刊》的撰稿、编辑工作。在张勋复辟事件后，李大钊因抨击时政，被当局注意，7 月初避走上海，此处便由高一涵和胡适同住，所以李大钊回京后，只得另租房屋。

1917 年 1 月 23 日，时值农历元旦，午后李大钊曾和白坚武一同到厂甸买年画。厂甸庙会是指农历元旦至上元十五日间琉璃厂附近一带的市集，此时，长长的东、西琉璃厂大街上，古玩、字画、珠宝、玉器等摆满街头。李大钊买了 4 张油画《猫》，其中 2 张赠送给了白坚武。

1918 年 1 月，李大钊因受聘于北京大学图书馆主任，生活比以前有所改善。他打算把老家的妻子和孩子接到北京同住，租下了回回营 2 号院，大致位于闹市口大街南端。李大钊长子李葆华是这样回忆的："1918 年 7、8 月间，我们全家离开渤海之滨的故乡——河北乐亭大黑坨村，随父亲来到北京。那时候，父亲在北京大学图书馆工作。""1918 年暑假结束后，父亲李大钊由五峰山避暑归来，带母亲和我与星华到北京，在回回营新安了家。"

1920 年春至 1924 年 1 月，李大钊一家在石驸马后宅 35 号（现西城区文华胡同 24 号）居住将近四年。这里是李大钊在北京租住的第四处居所，不仅是他在北京居住时间最长的住所，还是李大钊与家人在故乡之外生活时间最长的一处居所。

石驸马大街是以明宣宗顺德公主与丈夫石璟的府邸命名的。1969 年，为纪念新文化运动，改名为新文化街，石驸马后宅改为文华胡同。李大钊在石驸马后宅这处住所，为民国时期的民居建筑，质朴宁静，现位于西长安街南侧新文化街风貌保护区内，与北侧的民族文化宫相望。小院由北房 3 间，东、西耳房各 2 间，东、西厢房各 3 间，共计 13 间房组成，因为小院没有南房，不成四合院规格，且入院由北门进入，故被称为"倒座的三合院"。除正房是起脊式建筑外，耳房及厢房都是平顶建筑，说明此宅院造价相对低廉。进院以下台阶形式出现，为民间所称"三级跳坑"，一般居住者都是平民老百姓，这与时任北京大学教授兼图书馆主任的李大钊的社会地位形成了极大反差。

此处已命名为"北京李大钊故居"，作为博物馆正式对外开放。院落西侧屹立的李大钊同志半身铜像，庄严凝重，铜像及基座净高 2.07 米，其中胸像部分高 80 厘米，寓意故居于 2007 年在李大钊同志就义 80 周年之际正式对外开放。故居院内两株海棠树，郁郁葱葱，生机盎然，是按文献记载（李大钊在此居住期间，亲手种过两棵开有白色花朵的海棠树），特意移植于此的。

小院的堂屋，是按照当时老北京普通人家的很典型、很传统的陈设方式进行布置的：对着门的是一张八仙桌，两侧各放一把官帽椅。靠北墙的条案两端，各摆着一只掸瓶。中间摆着一台老式座钟，寓意着终生平安。

条案上方悬挂着一幅镶在玻璃框内的中堂画，这是根据李大钊的大女儿李星华的回忆绘制：“记得在我们堂屋的北墙上挂着一幅镶在玻璃框子里的古画，画的是一个年轻妇女坐在高山岭上，怀里抱着一个乐器正在弹奏。在她的周围，四面八方围满了各种各样的飞禽走兽。”此画显示出一种非常和谐的意境。大钊先生曾多次到昌黎五峰山居住、避险，还曾写下《我的马克思主义观》一文，也许，画中山峰的形势和五峰山很像，容易引起李大钊的联想，所以他在家里特意悬挂此画。中堂画两侧，悬挂着李大钊的那幅著名对联——“铁肩担道义，妙手著文章”（图八）。

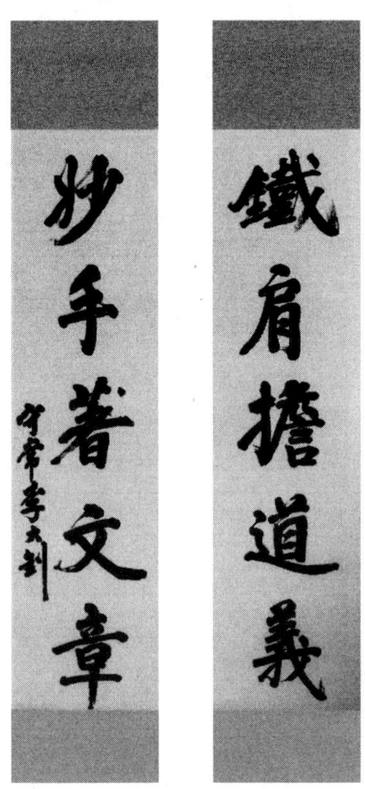

图八　李大钊故居堂屋里的对联

堂屋是李大钊接待客人和家人活动、用餐的场所。在这间屋子里，李大钊曾经接待过陈独秀、邓中夏、梁漱溟、章士钊和吴弱男夫妇等众多同志和友人。在堂屋的西南角，有一部黑色的老式电话。在此居住时，李大钊的已是北京大学教授兼图书馆主任。当时，北京大学教授在社会上的地位很高，家中都配有电话。因老北京的电话分东、西两局，李大钊家的电话号码是西局 2257。

堂屋的西侧便是西耳房，这是李大钊的长女李星华的住室，李星华随父母搬入石驸马后宅 35 号时，刚满 9 岁。李大钊十分喜爱星华，总叫她星儿。李星华在这里居住时，每天都要和哥哥李葆华到北大教授的子弟学校——孔德学校上学，现在东城区的北京二十七中学前身，就是孔德学校。

李大钊在关心青年成长、培养青年成才的同时，也非常重视子女的培养，家庭教育完全体现了新思想、新文化、新伦理。在紧张的教学和工作之余，李大钊经常和孩子们一起下军棋，做文明游戏，给他们讲革命的道理。有时李大钊还为孩子们写儿歌。他曾经给李星华写过一首《强身歌》，现在读起来还朗朗上口。

李星华独自一人住在西耳房。刚满 9 岁的她胆子比较小，天一擦黑就不敢出屋子了，夜里要是听到院子里有什么响动，更是吓得睡不着觉。但当时的北京一年四季总是风沙滚滚，入秋后的一个夜晚忽然起风了，吹得满院树叶沙沙作响，门窗也不停有响动，李星华被惊醒了，她就用被子蒙着头睡，但越蒙头越睡不着，越睡不着就越害怕，最终哭了出来。

李大钊夫妇听到女儿的哭声，连忙进到屋来询问缘由，李大钊看看掉在地上的衣服、袜子，又看看被女儿踹开的被子，在得知女儿是因为听到外面的声音被吓哭后，便让夫人带着星华随他们睡。待夫人安顿好星华的被褥后，李大钊笑着告诉女儿，窗外的声音都是风吹树叶的声音，让她放心睡。李星华迷迷糊糊中听到父亲要求母亲，今后不要再给孩子们讲迷信的故事。从此以后，李大钊也常常教育和鼓励孩子们要胆大，还曾明确地告诉他们："鬼，是没有的。"

一天晚饭后，李大钊把李葆华和李星华叫到书房。孩子们一开始以为是父亲要教他们朗诵古诗，但那天，李大钊却给孩子们讲起他青年时的故事。

永平府离乐亭约有150里路，李大钊在永平府中学堂上学的时候，每逢假期都要一个人步行回家。回家的路一走就是两天，所以每次回家都要遇上天黑走夜路。

有一年放暑假，16岁的李大钊走到离家20余里的地方天就黑了，李大钊独自一人走在前不着村后不着店的荒野里，穿过一片树林后来到一个乱葬岗子里。此时李大钊想起了家乡人常讲的半夜里有妖魔鬼怪出来的故事，心里也不禁打鼓，身上也骤然有些发冷，黑暗中猛一抬头，似乎前面真站着个身穿白衣、头戴白帽的巨人。他本想绕着走，但脚下坎坷不平，不知道哪是路，从怀里摸出火柴盒，发现里面只剩一根火柴了，慌乱中李大钊忽然想起爷爷曾给他讲过："人死后没有鬼，怕神怕鬼都是自己吓唬自己。"于是，他就鼓起勇气往前走，想弄明白前面到底是什么东西。走近后，李大钊小心翼翼地点燃了最后一根火柴一看，原来那高大的巨人，只不过是乱葬岗子里竖的一个大拴马桩。通过这虚惊一场，李大钊更加振奋精神了，最终战胜这场虚惊，顺利回到了家。李大钊通过这个故事，教育和鼓励孩子们要胆大，不应迷信怕鬼。

李大钊希望学生学习要思想灵活。他认为，好学生应当具备各方面的知识，不能一味死读书，对世界上其他事情漠不关心，成为一个"蛀书虫"。他是这样认为的，也是这样教育子女的，他要求孩子们"不要光在课本上兜圈子，也应该学着看一点课外读物，把眼光放远达一些。开扩开扩视野才好"。

在假期或夜晚，每当李大钊闲暇时，便询问孩子们的学习情况，或教孩子们朗诵古诗。每次朗诵完一首诗，他都逐字逐句为孩子们释疑解难。经过父亲的谆谆教诲，久而久之，孩子们都被李大钊朗诵的古诗感染了，只要李大钊有空，孩子们便和他聚在一起谈说古诗、朗诵古诗。孩子们甚至走路时、饭前饭后或是睡觉前，都模仿李大钊的声调喃喃朗诵，有时还把诗句抄在自己珍爱的本子上。尤其是大女儿李星华，不仅喜爱《木兰辞》和《孔雀东南飞》，也喜爱唐诗中杜甫的《石壕吏》和白居易的《卖炭翁》及《琵琶行》。

一个夏天的晚上，院子里的晚香玉开得白一片黄一片的，满院子里飘散着浓郁的花香，李大钊及家人坐在海棠树下乘凉。李大钊心里一高兴，又朗诵起古诗来了。在父亲的带动下，李星华背起了《石壕吏》。李大钊便告诉女儿，《卖炭翁》《石壕吏》《孔雀东南飞》这几首诗都是写实的东西，有很高的价值，分别反映了卖炭人的穷苦生活、官府抓兵的残暴情形和封建家庭的黑暗，让人们看了能了解当时不合理的社会现象，唤起大家去改造社会。

除了教孩子们古诗词，李大钊还买回一些例如《太平天国演义》《义和团演义》这类课外读物给孩子们阅读。李大钊看到孩子们晚饭后在北屋廊下饶有兴致地翻看，便关爱地提醒孩子："黄昏的时候不能看书，会把眼睛看坏的，等一会点上灯再看吧!"李大钊还和孩子们谈论太平天国，从太平天国运动的爆发一直说到失败，并分析最终导致失败的原因，还指导孩子们先看看《清宫演义》。这样一来，不仅便于孩子们更好地理解太平天国革命的伟大意义，还纠正了孩子们以前对太平军革命的错误看法。

1920 年夏天，李大钊曾给女儿李星华读过一篇名为《自然与人生》的散文。李大钊认为，妇女参加赌博、相信天命，都是不合理的社会制度造成的后果，借此文章抨击了封建制度给广大劳动妇女带来的深重苦难。

《回忆我的父亲李大钊》是李星华在双目失明的情况下整理编辑的，于 1979 年李星华病故后不久出版发行。其中《十六年前的回忆》（写于 1943 年）还被编入小学生课本，为后人留下了宝贵的精神财富。

堂屋东侧是李大钊夫妇的卧室。李大钊与夫人赵纫兰于 1899 年结婚。赵纫兰比李大钊大 6 岁，她在老家服侍李大钊祖父，抚养子女，后支持李大钊的革命事业，含辛茹苦。李大钊、赵纫兰共同生活 27 年，婚后一开始，由于李大钊外出求学和工作，两人真正生活在一起的日子多是学校寒、暑假期。在李大钊租住此院时，已经有了稳定的生活和收入，李大钊便想把家人从老家接到北京团聚。所以，他们夫妻在一起生活时间最长久的就是在这院子，这间屋子里。

因李大钊自幼受大爷爷李如珍影响，身上也焕发着那种急公好义的精神。在北大工作期间，他是第一批报名参加由蔡元培发起的"进德会"的甲种会员，而且在成立大会召开前选举组织成员时，就当选为

“纠察员”了。李大钊十分珍视夫妻关系，对妻子总是满怀感激之情。他认为：“两性相爱，是人生中最重要的部分。应该保持它的自由、神圣、崇高，不可强制它、侮辱它、污蔑它、屈抑它，使它在人间社会丧失了优美的价值。”李大钊一生只娶一妻，被称为党史上的一位完人。

穿过李大钊夫妻卧室，便来到了东耳房。一进屋大家会发现，屋内只寥寥摆了几件同时期的家具，因为北京李大钊故居复原陈列是根据李大钊子女回忆和革命人士的回忆录进行布置的。这间屋子当时住的是李大钊几个幼小的孩子，炎华、光华和钟华以及给光华喂奶的老王妈，所以，很少有记录或文献提及屋内情况，布置得就较为简单了。

李大钊一生共有六个孩子：三个儿子，三个女儿。小女儿钟华在一岁多的时候得了白喉，但是医生误诊是肺炎，结果耽误了最佳的治疗时间，使得她早早便夭折了。所以，长大成人的只有李葆华、李星华、李炎华、李光华和李欣华这 5 个孩子。

2006 年北京李大钊故居修缮开工仪式上，李光华再次来到了这个小院儿，激动地说：“回家了，回家了。”原来，他出生在这里，在这个小院子里学会了说话和走路，对这里有感情、有印象。

小院东侧是东厢房，东厢房是由三小间合成的一个大间，最北侧的屋子是李大钊长子李葆华的住室。一般东厢房都是给儿子居住的，因为东方是太阳升起的方向，儿子代表了一家人的希望。1920 年夏天 11 岁的李葆华到北京后便居住在此房间，是他与父亲共同生活时间最长的地方。

1927 年 4 月 6 日李大钊被捕的那天，正好是清明节学校放假，李葆华和同学周丰一到香山一带踏青，才幸免被捕。周丰一的父亲周作人得知了李大钊被捕的消息后，在回家途中拦住了李葆华。后来，李葆华在周作人等北大教授家避难。李大钊牺牲后，李葆华在周作人、沈尹默等北大教授帮助下，东渡日本留学。1931 年，他在日本秘密加入了中国共产党，并且担任中共东京特别支部书记。回国后，他任北平市委书记等职。新中国成立后，李葆华任水利部副部长、党组书记，为新中国水利建设做出非常大的贡献。1962 年，他先后担任安徽省委第一书记、贵州省委第二书记，离休前任中国人民银行总行行长、党组书记等职。李运昌同志多次说过，李大钊的纪念活动，葆华是应邀必到，可是从来不讲话。一生中只写过《回忆父亲李大钊的一些革命活动》一篇回忆文章，也从来不为有关纪念活动题词。

在靠北墙的书架上有一本《呐喊》，非常显眼，它的作者是周作人的兄弟周树人——鲁迅先生。李大钊不仅在北京大学任教，还在朝阳大学、女子师范大学、师范大学、中国大学等高等院校任教，鲁迅此时在女子师范大学任教，所以和李大钊是同事。1923 年，鲁迅的短篇小说集《呐喊》出版后，曾赠给李大钊。鲁迅说，李大钊是永远应该纪念的“站在同一战线的伙伴”。据李星华回忆，李大钊也曾购买过此书，而且十分珍视此书。李大钊注重对子女的教育，希望他们成为“遇山不愁、逢水不惧”的革命者。他特别对孩子们谈论了这本书的价值，让他们认真地读它。

东厢房南侧的房间是作为客房使用的。时常有青年朋友和党内同志来到李大钊的家，住到这里，就和在自己家一样。张太雷的夫人王一知回忆，1922 年冬季，“我在他家中住了近一个月，这是我终生难忘的一段生活”。“他圆圆的脸，面色有点苍白，细细的眼睛，留着胡子。脸上总是露出笑容。他穿着一件灰色的旧棉袍，一点架子也没有”。在这间房里，还曾留下于树德、瞿秋白、邓中夏、陈乔年、赵世炎、罗章龙、高君宇、张太雷、刘仁静、陈愚生、秦德君、邓培等许多人物的生活足迹。

东厢房的对面便是西厢房，这也是由三间组成的一个大通间，这是李大钊同志的书房和会议室。在这里，李大钊主持过党的会议，明确表达自己的意见；在这里，李大钊接待过文化名人、朋友、青年学生；在这里，李大钊写出的文章，涉及历史学、法学、政治学、教育学、伦理学和民族问题、妇女问题以及图书馆建设等，为中国现代文化领域做出了开创性的贡献。这里还是北京共产党早期组织进行革命活动的重要历史见证。现在书房内的陈设，是根据中共“一大”代表包惠僧在《回忆李大钊》一文中的描述，进行原状恢复布置的。

1920 年，包惠僧加入武汉共产党早期组织。1921 年，包惠僧参加了中国共产党第一次全国代表大会。1922 年，他任中国劳动组合书记部长江支部主任。同年初夏，根据革命工作的需要，在武汉区工作的包惠僧依照中央指示，赶赴北京，联系李大钊，由李大钊委派，以“铁路密查员”的名义，做职工运动特派员工作。

包惠僧抵达北京的当天，晚饭后，由邓中夏陪同来到李大钊家。包惠僧与李大钊的第一次会面就是在书房，他回忆道：“这间房子是三小间合成的一大间，靠着三面墙壁陈设着四个大书架，上面摆满了书籍，有中文的，也有外文的。靠窗户的这一面，有一个相当大的写字台，写字台对过有两张条桌，条桌上面堆满了报纸和杂志，也同书籍一样，中国的、外国的都有。”李大钊多年来的生活规律是无论工作怎样繁忙，每天回家都要抽出两三个钟头去读书或是写作，从来没有间断过。看到李大钊丰富的藏书，包惠僧体会到“李大钊对追求学问是如何地肯下功夫”。

石驸马后宅35号这四年，是李大钊同志创作的黄金时期。他撰写各种文字达到179篇，文字总量近50万字，平均起来不到9天就要完成一篇。其中，1920年3至12月共计34篇，1921年共计49篇，1922年共计49篇，1923年共计42篇，1924年1月共计5篇，占《李大钊全集》收录文章总量的近三分之一。

李大钊家庭生活作风简朴，且是租房居住，所以经常去宣武门内头发胡同小市这类专卖旧货的地方，淘一些旧家具和旧书。连李大钊最喜欢和孩子们做的文明游戏——军旗，都是自己画棋盘，亲手做棋子。李大钊曾对孩子们说：“自己做的军棋玩起来是不是更有意思呢？其实这套军棋要是在外面买也花不了多少钱，但是可以做出来的又何必去买呢？在任何小事上面去节省，余下来以后想必可以去做更大的事。”这一切均体现出了李大钊简朴的生活作风。

推开书房的屋门，首先映入眼帘的是一架黑色旧风琴，仿佛让人们穿越时空，将思绪拉回到90余年前，感受那段激情荡漾的历史岁月，看到李大钊一家在此居住时的生活情景。一天吃过晚饭后，李大钊带着孩子们来到头发胡同旧货市场，从一家拍卖行里买回来一架旧风琴。回到家后，李大钊便把这架旧风琴安放在了书房西墙壁，并亲自到厨房舀了一盆水，用抹布擦了又擦。几经擦拭后，这架旧风琴便漆黑锃亮、焕然一新了。有了这架风琴，在紧张的工作之余，李大钊常将子女召集到书房，教他们唱歌。

一天傍晚，一家人正在院子里乘凉，李大钊在书房里隔着窗子喊孩子们，孩子们在父亲的召唤下雀跃着跑进书房。李大钊先让李星华唱一首小时候就学会了的《小动物》，李星华比手画脚地唱了一遍后，不解地问父亲，为何让她唱这首早在乐亭小学校就已经学会的歌。原来，大钊先生还记得女儿曾说过，小的东西最可爱，他觉得，听女儿唱童年时代的歌很有意思。

接着，大钊先生又让孩子们唱一唱现在最喜欢的歌，李葆华和李星华站得直直的，用嘹亮的歌声扬扬得意地给父亲唱了一首最熟悉的《校歌》，本以为这首歌会得到父亲的夸奖，李大钊却根据自己每天路过北河沿时所见的泡着死猫、烂狗臭烘烘的情景，指出了歌词的不真实。他认为，歌词的内容只不过是一种愿望，并说："要建设称得起青春的花园、美丽的王国这样合乎理想的学校，在今天的社会里根本做不到。只有将来实现了社会主义、共产主义，我们的孩子们才可以进那样青春的花园、美丽的王国！"

随后，李大钊便教孩子们唱《国际歌》和《少年先锋队歌》。李大钊一边弹琴，一边用低沉的声音唱着，仿佛体味着歌曲里蕴藏的为了美好的理想而奋斗的力量，并且要用它来感染孩子们。李大钊一边教，一边给孩子们讲歌词的含义，其间还穿插一些小故事，通过列举一些实例，让孩子们理解歌词的内容，以加深印象。孩子们第一次听到这两首歌，很新奇，也很兴奋，只学了几遍，就都会唱了，同时也被歌曲中蕴藏的力量深深地感动了。李大钊当时还告诉孩子们，不能唱得声音太高，以免被街上的警察、暗探听见抓人。所以李大钊一家平日唱歌、学歌总是声音低低的。但每逢下雨天，琴声和歌声便比较嘹亮，因为李大钊常常用雨声和琴声掩盖他教孩子们唱革命歌曲的声音，防止敌人听到，用雨声、用琴声，掩盖他们召开重要会议的声音，防止敌人窃听。

书房不仅是李大钊和青年朋友谈心的地方，更是同志们的聚会地。李大钊是"少年中国学会"发起人之一，学会的宗旨是有志青年振兴中华。因为经常要与会员联系，联系地址总要及时告诉大家。李大钊一家搬至石驸马后宅居住的消息，就刊登在学会机关刊物《少年中国》第 2 卷第 4 期上，时间为 1920 年 10 月。这条消息成为李大钊一家在此居住的最有力证据。

岳云别墅位于原宣武区盆儿胡同55号，原为浙江鄞县会馆西馆。1919年7月1日成立的“少年中国学会”，10日曾在这里召开庆祝会。1920年为庆祝学会成立一周年之际，李大钊和少年中国学会部分会员邓中夏等在此合影（图九）。9月初，少年中国学会在中央公园（现中山公园）来今雨轩开茶话会，通过《改造联合约章》的草案。其他四团体对改造联和的宣言和约章，都讨论通过。

图九　少年中国学会成立一周年时，北京部分会员在岳云别墅合影，右起第三人为李大钊

1921年5月15日出版的《少年中国》第二卷第十一期的文章中这样写道：少年中国上海会员恽震、吴保丰因参观北京、唐山等处工厂北上。1921年4月8日到李大钊家开会，向李大钊陈述少年中国学会会务工作的情况和意见，北京部分会员参加了这次谈话会。1922年4月1

日出版的《少年中国》第三卷第九期，刊载了恽震的《北游初恋》一文，记录了当时的情景：李大钊“出语诚恳忠实，与人和蔼，会上既谈了会务问题，又谈了青年的婚姻和自杀问题，谈话至十一点半尽兴而散”。1921 年 5 月 20 日，少年中国学会北京部分会员也曾在李大钊书房举行临时会议，当时参加会议的有李大钊、黄日葵、高尚德、刘仁静等 8 人。

书房不仅是李大钊和青年朋友聚会的地方，更是北京共产党早期组织活动的发源地。在陶然亭慈悲庵成为我党召开会议的固定地点之前，党所有的会议都是在这间屋子里召开的。罗章龙在《椿园载记》中记录，1921 年 12 月 11 日，天气晴朗，李大钊邀罗章龙等人召开北京区委全体会议，李大钊主持会议。会议前，厨子老李做了一顿白菜饺子，大家饱餐后开会。由罗章龙汇报陇海路罢工情况，大家谈了意见。为了庆祝罢工胜利，大家弹琴、唱歌、讲故事、说笑话。这种情况，一直到后来党组织在陶然亭有了聚会活动的地点才改变。

1923 年 3 月 30 日，共产国际代表荷兰人马林也曾在李大钊家里召开会议，讨论解决党内的一些工作问题，张太雷等人也参加了这次会议。马林本名亨德立克斯·斯内夫利特（Hendricus—SneeVliet），1883 年 5 月 13 日出生于荷兰的鹿特丹，17 岁时走上了革命的道路。为了革命工作的需要，他有许多个化名，主要有马林（Maring）、马灵（Marling）、马伦（Mareng）、孙铎（Sun-tuo）、倪恭卿（GniKong-Ching）、西蒙博士（Dr. Simon）、菲利普先生（Mr. Philip）、布罗维尔（Brouwer）、安得烈森（And. resen）、乐文松（JohVanSon）等。在中国期间，他常用的化名是“马林”和“孙铎”，中国人习惯称他为马林。1921 年 6 月至 1923 年 10 月，马林是共产国际派驻中国的正式使者。马林对于中国革命有两大贡献：一是帮助创建了中国共产党，促成了一大的召开；二是提出国共两党间的合作政策，促成了两党的党内合作政策。

李大钊的这处居所作为中国共产党及其创始人的重要活动地，在党的历史上有着重要的历史地位和文物价值，也是李大钊简朴生活和高尚道德情操的真实写照，具有厚重的文化内涵。那么，李大钊是如何住进这里的呢？

李大钊有个同乡叫黄裕培，字鲁沂。在天津北洋法政专门学校时，二人既是同窗也是挚友，因爱好相近且志趣相投，他们以兄弟相称。李大钊在《狱中自述》中曾写道：“钊在该校肄业六年，均系自费。我家贫，只有薄田数十亩。”黄氏家族可以称得上是旺门大户，除经营农业外，还经营着药店等多处买卖，因家景殷实，经济上曾对生活拮据的李大钊给予一定帮助。

1913年他们从天津北洋法政专门学校毕业后，黄裕培因经常和李大钊等思想进步的同学在一起，思想上也淡漠田财，倾向革命，不但没有听从父命回家乡经营家业，反而主动向家人声明，“家中财产分文不取，留在北京谋取适当职业”。

黄裕培的夫人叫马实华，满族人。她的家族在北京是比较有名的读书世家，是清贵族后裔。马实华在北京女子师范大学肄业后并未从教，在家专攻笔墨丹青，擅长工笔重彩。李大钊租住的石驸马后宅35号，原本是马实华父母的家产。

黄裕培和马实华相识后，马实华父母见黄裕培为人敦厚诚实，并写得一手好文章，因此对黄、马二人的结合并无异议。但黄裕培对终身大事态度谨慎，虽然和马实华相处中相互敬重，志趣相投，但相处三年，迟迟未作最后决定。李大钊担任《晨钟》报编辑期间，黄裕培特意安排马实华与其相见，得到李大钊肯定后，黄裕培确定了和马实华的终身大事。李大钊还以证婚人的身份，参加了黄裕培和马实华的婚礼。黄裕培和马实华婚后，石驸马后宅35号便归他们夫妇居住。

1920年，李大钊被北大评议会评为教授兼图书馆主任，还兼任朝阳大学、女子高等师范大学、师范大学、中国大学等高等院校的教授，每月收入可以达到200至240多块银圆。有了稳定的工作和收入后，李大钊便想把家人从老家接到北京团聚。1920年年初，李大钊已是3个孩子的父亲，租住的回回营2号显得有些拥挤了。黄裕培和马实华商量后，就搬到了小口袋胡同，将石驸马后宅35号租给了李大钊。李大钊为李葆华、李星华安排好在京上学的事情后，暑假后便回老家，把家人接来此院长住，从此开始在北京有了稳定的家居生活。

据李大钊的学生张尔岩回忆，先生身兼几所大学的教授，每月可收入240块银圆。可是他每天上下班不坐车，中午不回家吃饭时，自带干粮，有时是一张大饼，有时是两个馒头或窝头，就点小菜和白开水下肚。他不吸烟，很少喝酒。我对此很不理解，建议他多注意营养。先生对我说："美味佳肴人皆追求，我何尝不企享用？你想没想时下国难当头，有许多同胞食不果腹，衣不遮体，面对这种局面，怎奈只因个人享受，不思劳苦大众疾苦呢？"

1920年中秋后的几天，刘静君在张国焘和宋惟民的带领下，第一次拜见李大钊。李大钊待他们非常亲切诚恳，因想让他们和夫人赵纫兰见面，就让他们在书房坐等。刘静君等人便隔着玻璃窗看到北屋卧室中的情景，李大钊帮夫人换衣服、扣扣子，还替夫人把衣服抻抻扯扯使之平整，打扮好了，陪着一位看似乡下老婆婆的人走来，丝毫没有嫌弃夫人的意思。

刘静君觉得李大钊可亲，愿意常常接近他。刘静君第二次去李大钊家是一个人白天去的，看见了李大钊的次女，五六岁的李炎华，穿红粗布小棉袄，外套蓝粗布小褂，前大襟嘴巴下边和两只袖子上，全是黑灰和鼻涕，看李炎华那服装和神气，完全像个乡下孩子。李大钊有着令人钦佩的简朴作风，对他挚爱的女儿，也保持淳朴生活。李大钊一回家，走进屋门，连眼镜都来不及摘，就抱起孩子。他的意思可能有两方面，一方面是爱孩子，另一方面也是为了安慰夫人一人照顾家务及孩子的辛劳，分担一些麻烦的工作。这次以后，刘静君还去过几次，李大钊总是留下吃饭，添一个菜，也总是炒鸡子，刘静君也未客气过，好像异乡的亲人。

一年冬天，有位革命青年受组织委派到远方工作，来李大钊家向他告别。李大钊发现这位青年身着单衣，爱抚地说："这样怎么能过冬？"便去里屋和夫人商量，把给儿子做的新棉衣送给那位青年。赵纫兰为人厚道慈祥，从来都对丈夫非常支持，但这次却犹豫了。原来，这件新棉衣是做给李大钊长子李葆华的。赵纫兰说："葆华的棉衣早就破得不能再穿了，这件新棉衣还没上身呢！"李大钊见状有些急："人家马上就要去远方工作了，没有棉衣怎么行？快拿出来吧！"就这样，新棉衣穿在了这位革命青年身上，李葆华依旧穿着那件破棉衣过冬。

据李葆华回忆："到北京后，母亲又接连生下弟弟光华、妹妹钟华。""在我的印象中，父亲从来没有抽过烟，酒喝一点，但不多。……他很乐于助人，手头只要有钱，谁急需就送给谁，不讲究还不还。自己也不讲究吃，不讲究穿，家里的日子够过就行。”

李大钊的表姑薛范氏在他幼年时，就经常哄着自幼孤苦的李大钊，二人之间有着很深的感情，加上薛范氏和赵纫兰还有着亲戚关系，可谓亲上加亲。李大钊去日本留学，表姑一家还曾资助他学费。李大钊也不忘表姑的恩惠，1920 年春天，李大钊把家眷接到北京团聚后，便和夫人邀表姑薛范氏到北京去住，薛范氏盛情难却，便住进了石驸马后宅 35 号。

薛范氏回忆道：“各屋里都没什么像样的家具，唯独书房里有四个新制的一丈来高的大书架，架上摆满了书。生活上的花销他总有打算，遇到好书，他不吝惜花钱。他一生好学、爱书。所以他积累了很多书。在书房靠窗户有一书桌，上边总是摞着老厚的文稿。大钊一回家就扎进这屋里，不是备课，就是写稿。他对家中的生活安排的很简朴。他对自己的生活要求可严。”

罗章龙形容李大钊“自奉俭约，非常刻苦。居室简陋，食不兼味，服饰简单，‘大布之衣，大帛之冠’以革命为家，支持党的事业不遗余力。守常家住石驸马后宅一所简陋平房内，去李大钊家开会时间久了，李大钊留他们吃饭，亲自烙葱饼招待同志”。“李大钊平日一如北方人的简单生活，一个大饼，一根葱，粗茶淡饭就满足了。”旅俄期间，李大钊仍如往常在国内一样，保持朴素生活，着普通衣，穿桦皮鞋（苏联人以桦树皮做的便鞋），自己打扫房间，接待各国来访客人，经常谈至深夜，待客人走后，埋案继续写文章和通讯，生活非常清俭。李大钊和罗章龙还应邀出席国家剧院 Opera 筹募苏联红军孤儿院基金大会，他们即席倡议出席代表厉行节约，把代表团生活节约的费用全部捐献给红色孤儿院，博得全场的热烈赞扬。

1924 年第一次国共合作以后，大钊同志除了主持中共北方区委工作外，还在国民党驻北京执行部任组织部长，有时一次拨给经费就是几万元。可以说他手中的钱是不少的，权也可谓不小，可他从不浪费一分一文，由于他一生艰苦朴素，清正廉洁，广大民众和同人都给予了极高评价。据后来统计，李大钊每月近三分之二的收入都用于党的活动经费，剩下的一部分经常接济贫困的进步学生，有时令夫人赵纫兰巧妇难为无米之炊，为每日买米买菜的最低生活开支而发愁。校长蔡元培知道此事后，要求学校会计科课（科）的同事，每月将李大钊的一部分薪水直接交给赵纫兰，以便她安排度日之用，防止家里揭不开锅。尽管如此，李大钊还是生前没有任何积蓄，身后极其萧条。李大钊被捕后，对自己所管理的国民党经费使用情况进行了清晰的说明。“仅存一块银元”，这就是《晨报》关于李大钊牺牲后家庭生活情况的真实报道。

1927 年李大钊被捕时，河北乐亭同乡白眉初、李时等 300 多人联名上书陈情，请求军方保全李大钊的性命，并先行释放赵纫兰母女。陈情书里这样形容李大钊：“生长僻壤，游学津门，黄卷青灯，茹苦食淡，冬一絮衣，夏一布衫，所受之辛苦，有非笔墨所能形容者，如是者数载。”

石驸马后宅 35 号这处居所，见证了李大钊传播马克思主义、创建中国共产党、领导北方工人运动、促进第一次国共合作等一系列最具代表性的革命实践活动。那么，李大钊又是怎么搬离这处居所的呢？

二七大罢工后，李大钊受到敌人的注意，家人也受到敌人的骚扰。1923 年李大钊离开家不久，有一天李葆华在门口玩，胡同里忽然冲出一伙流氓，围住李葆华就是一顿痛打。李大钊外甥赵希增看见了，急忙跑回家，抄起李大钊从小市买的带有铜人头的紫檀木手杖出去还击。因为院门打开了，流氓们便趁机蜂拥而入，闯入李大钊的书房乱翻一阵，把书架上、书柜里的书和文件翻检了一地，捣乱以后，他们就溜走了。

这件事后不久的一天夜里，刮起了大风，和李大钊次子李光华同住在东耳房的奶妈听到屏风门的响动，出来看个究竟。她刚打开屏风门，一只恶狗便闯了进来，半夜里全家人都起来打狗。万幸的是，恶狗没有咬伤李大钊次女李炎华和次子李光华，但奶妈和家里养的 3 只小狗被咬伤了。令人后怕的是，那几只小狗 3 个月后相继疯死了，可见那条恶犬是只疯狗。由于李星华每日随奶妈到首善医院治疗打针，奶妈得以安然无恙，否则后果不堪设想。

这之后，匪徒还曾盗窃李大钊家的东西。1923 年冬天的一个黄昏，天刚一擦黑，李大钊夫人赵纫兰到东耳房去照看李光华，李葆华和李星华在北房的里间屋玩。因为院子里的夹竹桃被风吹得叶子哗啦啦作响，李葆华和李星华感到害怕了，由邻居带领去东耳房找妈妈，待到赵纫兰同孩子们回到北屋的时候，只见报纸和杂志散落一地，虽然赵纫兰特意向家里帮忙做饭的雨子妈询问缘由，但大家都误以为是孩子们嬉闹造成的，并没有发现家里的一只白皮箱子已被偷走了，自然也没有联想到这些报纸和杂志是匪徒从北屋搬走箱子时从箱盖上掉下来的，更不会对失窃予以警觉了。赵纫兰只是提醒今后要关严屋门以防意外，李星华在书中回忆此事时，用了句俗语形容——“贼走了，才关门。”

第二天一早，奶妈抱着李光华玩时，发现在常年没人住的门房里的土炕上摆着一只白皮箱子，立刻告诉了赵纫兰。赵纫兰还不相信箱子是家里的东西，打开箱子发现，里面已经空空如也了，只留下了两顶帽子，其中一顶是李星华的黑地印着彩花的法兰绒帽子。赵纫兰发现这确实是家里的箱子后，连忙把失窃的事情报告了派出所。虽然来了两个警察，但他们只是哼哈着应付赵纫兰向他们讲述的失窃经过，而且还埋怨家里没有关好门。最终那两个警察一去不复返，派出所也没有解决被盗案件，这事也就不了了之了。

这以后，家里人经常在天一擦黑就听到房顶上有沉重的脚步声，这些现象逐渐引起了李大钊家人的警觉。赵纫兰逐渐意识到，被扔在门房的白箱子不是普通的偷窃，赵纫兰的弟弟赵小峰回想起警察可疑的态度，也觉得这里面大有文章，并建议搬家，但赵纫兰苦于年底搬家不宜。就在赵纫兰和赵小峰商量搬家时，只听“咚”的一声，一个人从西耳房跳到书房的屋顶上去了。李葆华、赵小峰等人拿着棍棒从北屋闯出来，顺着响动追过去，边跑边喊：“捉贼！捉贼！”赵纫兰在北屋里护着李星华，对院子里喊：“放他走吧！不要把他打伤呀！”话音未落，东耳房的屋顶上砸下一块大石头，将房檐下一个绿釉洗衣盆砸了个粉碎，赵小峰闻声带着李葆华等人回到院子当中，向着北房屋顶质问为何骚扰他们一家。尽管此次驱走了匪徒，但此后匪徒依然天天夜晚到家里捣乱，报警后任凭怎么详细地向派出所报告，警察依然不闻不问。眼看年关将至，赵小峰也打算回老家过年，苦于这种情况，赵纫兰最终决定搬家。

1924 年 1 月下旬，赵小峰帮助李大钊家人搬到了铜幌子胡同甲三号的住所。赵纫兰通过书信，将新家的地址告诉了正在广州参加国民党第一次全国代表大会的丈夫，所以李大钊从广州回到北京后，没有再回到石驸马后宅的住所，直接从车站雇车去了新居——铜幌子胡同甲 3

号，在这里住到9月份。

李大钊和家人团聚后，听得家人叙述的他不在家时发生的种种事件，也觉得“这不能简单地看成是一般的偷盗，那些流氓暗探找人打架，又放疯狗进家咬人，他们是串通一气的”。

1924年5月，李大钊受到北洋政府通缉后，军警曾经到铜幌子胡同甲3号这处住宅搜捕，李大钊及家人已经提前回了乐亭故乡。

后来，李大钊还曾在北闹市口的邱祖胡同住过（民国初年，邱子胡同易名为邱祖胡同）。1956年7月道路改造，拆除了邱祖胡同的房屋，就没有邱祖胡同了。

府右街后坑朝阳里是现在的西城区后达里胡同。据李葆华回忆，他们一家当时居住的门牌号是3号。1924年9月初至12月，李大钊一家在这里住了不到四个月。1924年12月至1926年3月，李大钊家人又在这里断断续续住了不到四个月。

李大钊同志一生历任北京五所大学的教授，他是一位学贯中西的学者，一位文化名人、思想巨匠，在中国近现代史上占有重要地位。李大钊对中国革命道路理论的研究和探索，以及他在哲学、经济学、文化教育、伦理道德等方面的思想理论，是留给后人的宝贵遗产，他为中国革命培养了一代精英，成为中国人民的精神财富。

李大钊对中国人民的解放事业，对马克思主义的信仰和中国革命的前途无限忠诚，他的光辉业绩、崇高风范、高尚品德，将永远铭记在中国共产党人和全国各族人民心中，他的精神品格令后人致敬和缅怀，他为在中国开创和发展共产主义的大无畏献身精神，永远是一切革命者的光辉典范，是中华民族永远的丰碑。

作者刘洋为北京李大钊故居管理处馆员

参考书目：

1. 《李大钊文集》（1—5卷），人民出版社2006年版。
2. 朱志敏：《李大钊传》，红旗出版社2009年版。
3. 李星华：《回忆我的父亲李大钊》，上海文艺出版社1981年版。
4. 张次溪：《李大钊先生传》，北京宣文书店1951年版。

5. 王洁主编：《李大钊北京十年》交往篇，中央编译出版社 2010 年版。

6. 徐铁猊：《名人与图书馆》，国家图书馆出版社 2008 年版。

7. 朱文通主编：《李大钊年谱长编》，中国社会科学出版社 2009 年版。

8. 北京大学图书馆、北京李大钊研究会编：《李大钊史事综录》，北京大学出版社 1989 年版。

9. 中共河北省委党史研究室、唐山市李大钊研究会编：《李大钊人格风范》，红旗出版社 1999 年版。

10. 罗章龙：《椿园载记》，生活·读书·新知三联书店 1984 年版。

11. 中国社会科学院近代史研究所编，杜春和、耿来金整理：《白坚武日记》，江苏古籍出版社 1992 年版。

鲁迅在北京的日常生活

钱振文

一 饭和饭局

（一）

鲁迅有鲁迅的怪脾气。他一生厌恶虚伪，因此，常常辞谢那些无谓的饭局。许寿裳是鲁迅一生最好的朋友，他说鲁迅“生平游览极少，酬应最怕，大抵可辞则辞”①。类似这样的话，和鲁迅过从甚密的林语堂、孙伏园等人也说过。当然，和许寿裳这样的老朋友一起吃饭不算应酬，也不在“可辞则辞”的范围。

1912 年至 1919 年鲁迅住在南城绍兴会馆的时候，还是完全的单身生活，吃饭不方便，因此，在饭馆和人吃饭的时候很是不少，但聚会的对象总是很固定的几个人，如许寿裳、齐寿山、钱稻孙、戴螺舲、许季上等，这些人都是教育部里和鲁迅最要好的同事，也大都住在相距不远的各个会馆。

离开绍兴会馆搬到八道湾后，鲁迅过上了相对稳定的大家庭生活。偏僻的八道湾的住宅，远离会馆和饭馆众多的南城，和同事们聚餐的时候就少了起来。但是，1920 年 8 月鲁迅在北京大学担任中国小说史课程之后，和北京大学国文系教授们的往来多了起来。鲁迅日记中多次记载了与北大同事们的宴饮情形。如 1921 年 8 月 22 日：“晚尹默在中央

---

① 许寿裳：《我所认识的鲁迅》，鲁迅博物馆编《鲁迅回忆录》（专著上册），北京出版社 1999 年版，第 468 页。

公园招饭，并晤士远、玄同、幼渔、兼士及张君凤举，名黄。”① 9 月 1 日：“晚马幼渔招饭于宴宾楼，同席张凤举、萧友梅、钱玄同、沈士远、尹默、兼士。”② 随着周氏兄弟文名的鹊起，八道湾 11 号逐渐成了以北大教授为主的文人学士们经常聚集的社交中心。如 1923 年元旦，鲁迅做东邀请徐耀辰、张凤举、沈士远、尹默、孙伏园午饭。2 月 17 日即农历正月初二，周作人做东邀请郁达夫、张凤举、徐耀辰、沈士远、沈尹默、沈兼士、马幼渔、朱逿先等，吃饭谈天。

（二）

1923 年 7 月中旬，几十年来一直亲密无间的鲁迅和周作人两兄弟，因为莫名其妙的原因突然闹翻了，事情过后仅仅几天，鲁迅就从八道湾 11 号这个自己亲手打造的原打算兄弟三人一起住下去的相当宽绰的大宅子搬了出来。临时租住的地方是西四砖塔胡同 61 号院的三间小房子，和宽敞的八道湾 11 号相比，这里就寒酸和逼仄了许多。虽然有活泼可爱的绍兴小老乡俞氏三姐妹——俞芬、俞芳、俞藻在这里做伴居住，但她们也是这里的房客。再加上鲁迅夫妇搬出来后，母亲鲁瑞也无心在八道湾长住下去，而砖塔胡同的房子只能容纳他们夫妇两人各住一间。鲁迅知道在这里住下去不是长久之计。从 8 月 16 号开始，他就隔三岔五地到附近看屋。看过十二三处屋子后，9 月 24 日，终于看好了在前桃园的一处屋子，买卖双方却因为对签署契约的程序意见不合，最后不欢而散。从这天开始，鲁迅终因兄弟分手造成的内心抑郁和连续多日的奔波劳顿而肺病复发。鲁迅这次发病很是沉重，很长时间只能喝得下米汁和鱼汤。但鲁迅并没有停止到各处看房子。半壁街、德胜门内、针尖胡同、阜成门内、达子庙，这些都是鲁迅奔走过的地方。到了 10 月 30 日，终于在阜成门内三条胡同“买定第廿一号门牌旧屋六间，议价八百，当点装修并丈量讫，付定泉十元”③。鲁迅很是兴奋，第二天晚上就绘制了三张未来新居的布局图。

---

① 《鲁迅全集》第 15 卷，人民文学出版社 2005 年版，第 440 页。

② 同上书，第 441 页。

③ 同上书，第 485 页。

接下来的好几个月，鲁迅在这个未来的庄窠上耗费了大量的精力。毕竟，他很需要一个安稳的巢穴来安顿疲弱的身心。房子的过户注册和拆旧建新都是繁琐的事情，不过，鲁迅是个不惮琐细事务的人，而且在这一过程中，还有崇拜鲁迅的教育部的同事李慎斋，一直热心地帮他操持。

在砖塔胡同的9个月，是鲁迅一生中情绪和身体的低潮期。和门庭若市的八道湾相比，这里就冷清多了。除了孙伏园、宋紫佩、许钦文这样熟稔的绍兴老乡和新认识但一见如故的北大同事郁达夫等人，几乎没有其他的访客。过去新年的时候，八道湾总会邀请一大帮北大的教授吃饭谈天，做竟日之乐。而1924年在砖塔胡同度过的春节，就只能他一个人喝闷酒了。《鲁迅日记》载，2月4日："旧历除夕也，饮酒特多。"① 6日："夜失眠，尽酒一瓶。"② 除了过年，平时这种"失眠"和"饮酒特多"的时候也还有过好几次。

这个时期的鲁迅不愿见人是可以理解的。1923年10月23日孙伏园给鲁迅写信，说到想介绍北京大学的章廷谦和他的夫人孙斐君到家里拜访鲁迅。鲁迅的许多比自己年轻的好朋友都是经过孙伏园介绍认识的，如李小峰、许钦文、章衣萍等，但这一次鲁迅却给孙伏园回信说："昨函谓一撮毛君及夫人拟见访，甚感甚感。但记得我已曾将定例声明，即一者不再与新认识的人往还，二者不再与陌生人认识。我与一撮毛君认识大约是在四五年前，其时还在真正'章小人nin'时代，当然不能算新，则倘蒙枉顾，自然决不能稍说魇话。然于其夫人则确系陌生，则见之即与定例第二项违反，所以深望代为辞谢，至托至托。此事并无他种坏主意，无非熟人一多，世务亦随之而加，于其在病院也有关心之义务，而偶或相遇也又必当有恭敬鞠躬之行为，此种虽系小事，但亦为'天下从此多事'之一分子，故不如销声匿迹之为愈耳。"③ 当然，后来章廷谦的夫人孙斐君还是和鲁迅认识了，而且，章廷谦和夫人孙斐君此后不久都参加了语丝社。1927年以后，章廷谦又紧随鲁迅到厦门大学任教，鲁迅每次给章廷谦写信的时候，都会亲切的问候他的夫人斐

---

① 《鲁迅全集》第15卷，人民文学出版社2005年版，第500页。

② 同上。

③ 《鲁迅全集》第11卷，人民文学出版社2005年版，第436页。

君。但从这封信还是可以看出，本来就讨厌交际的鲁迅，在 1923 年兄弟分手后是多么的“不愿有虚应酬”①。

当然，在砖塔胡同也并不全是让人郁闷的事情。1923 年 8 月，他的第一本小说集《呐喊》在新潮社出版了。年底，他在北大的讲课《中国小说史略》也在同一个出版社出版了。他把两本自己的新书都寄给了过去经常聚会的老朋友们。但是直到 1924 年年底，《呐喊》的效应才显示出来，越来越多的年轻人到西三条 21 号鲁迅的新居拜访鲁迅，川流不息、熙来攘往的热闹景象，又和冷冷清清的砖塔胡同形成了鲜明的对比。

（三）

张罗了一个冬天，到第二年春暖花开的时候，西三条的房子终于建成了。1924 年 5 月 25 日是个星期天，鲁迅正式移居西三条 21 号（图一、图二）。

图一　西三条胡同旧貌

① 孙伏园：《鲁迅先生二三事》，鲁迅博物馆编《鲁迅回忆录》（专著上册），北京出版社 1999 年版，第 116 页。

图二　从西三条胡同鲁迅旧居看到的白塔寺白塔

西三条的院子与八道湾 11 号相比要小了很多，但是和砖塔胡同 61 号租住的院子比，却是规规整整的四合院。鲁迅前一年才认识的小老乡许钦文，在搬家那天下午就过来看鲁迅。他后来回忆说："我从宫门口进去，在西三条胡同找到了二十一号的门牌，觉得台门不高不大，敲门进去以后轮眼向院子里一探望，就觉得台门并不矮小，正相称，因为院子里的房屋也是不高不大的。是个四合房的样子，只是规模不大。可是一片新气象，是很令人喜欢的。"① 搬进新家的鲁迅显然心情大好，开始时常不断地参加孙伏园等熟人置办的酒席。星期天的时候，鲁迅和母亲也开始邀请孙伏园、许钦文、俞氏三姐妹以及在女子师范读书的许羡苏、王顺亲等绍兴老乡来家里吃饭。1925 年的春节转眼到了，这是鲁迅搬到西三条新居的第一个但也是最后一个春节，1 月 25 日正月初二，鲁迅在日记中记道："治午餐邀陶璇卿、许钦文、孙伏园，午前皆至，

① 许钦文：《〈鲁迅日记〉中的我》，鲁迅博物馆编《鲁迅回忆录》（专著下册），北京出版社 1999 年版，第 1256 页。

钦文赠《晨报增刊》一本。母亲邀俞小姐姊妹三人及许小姐、王小姐午餐，正午皆至也。”[①] 和前一年春节一个人“尽酒一瓶”相比，这算是一个热热闹闹、有滋有味的春节了（图三）。

搬到西三条的鲁迅逐渐不再坚持过去“不再与新认识的人往还”和“不再与陌生人认识”的定例。“在寂寞的家中，先生当时很需要热闹，虽然这热闹，很耽误他的工作，但先生诚恳的欢迎来客了。”[②] 除了接待过去熟识的老友，鲁迅也开始接待一些他兼职教课学校的正式或非正式的学生，如世界语专门学校的张目寒、荆有麟，北京大学的尚钺、鲁彦，女子师范大学的陆秀贞（即陆晶清）、吕云章、许广平等等，其中的几个人如张目寒、荆有麟、高长虹、许广平，逐渐成了鲁迅家的常客，并发展出非同一般的信任关系。慢慢的，这些人又介绍他们的朋友进入鲁迅的圈子。如张目寒介绍他的一帮来自安徽霍邱的小学同学李霁野、韦丛芜、韦素园、台静农认识了鲁迅。这些人大概就是鲁迅在给许广平的信中所说的“几个不问成败而要战斗的人，虽然意见和我并不尽同，但这是前几年所没有遇到的”[③]。在鲁迅所说的“破坏论者”的“生力军”差不多成型的时候，鲁迅开始构筑自己进行“壕堑战”的“阵地”。4 月 11 日，“夜买酒并邀长虹、培良、有麟共饮，大醉”[④]。这次聚饮，确定了创办《莽原》周刊。8 月 30 日，“夜李霁野、韦素园、丛芜、台静农、赵赤坪来”[⑤]。这次聚会没有饮酒，但同样非常重要，从这天开始，鲁迅发起组织了“未名社”。

女子师范的毛丫头中，和鲁迅来往最早的并不是许广平。但是从 3 月 11 日鲁迅收到许广平的第一封信开始，他们之间的关系迅速升温。在和高长虹、向培良、荆有麟他们商定创办《莽原》的第二天，许广平和同学林卓凤第一次在西三条 21 号见到了鲁迅。除了那些“乳毛还未退尽”的男孩子们，许广平是女生当中“但愿作一个誓死不二的

① 《鲁迅全集》第 15 卷，人民文学出版社 2005 年版，第 549 页。

② 荆有麟：《鲁迅回忆断片》，鲁迅博物馆编《鲁迅回忆录》（专著上册），北京出版社 1999 年版，第 169 页。

③ 《鲁迅全集》第 11 卷，人民文学出版社 2005 年版，第 32 页。

④ 《鲁迅全集》第 15 卷，人民文学出版社 2005 年版，第 560 页。

⑤ 同上书，第 578 页。

图三　西三条 21 号鲁迅家的饭桌

‘马前卒’”的人。除了志趣的相投，豪爽、果决的性格，也是许广平能走进鲁迅内心而不光是走进“老虎尾巴”的一个重要原因。6 月 25 日是端午节，这天鲁迅邀请许广平、许羡苏、俞芬、俞芳同游白塔寺庙会，然后一起吃饭饮酒。鲁迅日记中没有更多记载，但从他和许广平的来往信件中可以看出，鲁迅在这天的饭局中大概是很饮了不少酒，以至过后他向许广平辩解说：“又总之，端午这一天，我并没有醉，也未尝‘想’打人；至于‘哭泣’，乃是小姐们的专门学问，更与我不相干。”① 显然，这次饭桌上的鲁迅，在这些小娃儿们面前还真的是放下了教师的架子。

1925 年大概是鲁迅在北京最为忙碌的一年。高长虹后来说，1925 年，“鲁迅在生活上虽然也受到了一点损失，不过同他的收获比较起来，那就是很小很小的了。他在思想界几乎做了一时的盟主。韦素园在一个新开广告上把他称做思想界的权威者，在当时进步的青年界当中抱反感的人是很少的。而在这以外，他又获得组织新家庭的机会和便利。

① 《鲁迅全集》第 11 卷，人民文学出版社 2005 年版，第 499 页。

这在一年以前也许是连他自己都没有想到的事”①。

1926 年鲁迅的饭局中，一个集中的时段就是离开北京前往厦门前的 6 月和 8 月。6 月的饭局主要是为前往厦门大学的林语堂饯行，8 月的饭局则是其他人为即将前往厦门大学的鲁迅饯行。当然，这个时候又正好赶上许广平所在的女子师范大学毕业生的送别会和谢师宴。8 月 13 号中午，鲁迅参加了陆晶清、许广平、吕云章的谢师宴，16 日，鲁迅回请陆晶清、许广平、吕云章午饭。15 日他给许广平的请柬是这样的：

景宋“女士”学席：程门
飞雪，贻误多时。愧循循之无方，幸
骏才之易教。而乃年届结束，南北东西；虽尺素之能通，
或
下问之不易。言念及此，不禁泪下四条。吾
生倘能赦兹愚劣，使师得备薄馔，于月十六日午十二时，假宫
门口西三条胡同二十一号周宅一叙，俾罄愚诚，不胜厚幸！
顺颂
时绥。

师鲁迅 谨订 八月十五日早

鲁迅的请柬，是对许广平她们前几天发给鲁迅的请柬的模拟和戏仿，对鲁迅的这封请柬，许广平解释说：

良以学校久经波折，使师长们历尽艰辛，为我们学子们仗义执言，在情在理，都不忍使人恝置，因此略表微意，由陆晶清、吕云章和我三人具名肃帖，请各师长，在某饭店略备酒馔，聊表敬意。其后复承许寿裳及鲁迅先生分别回请我们，而鲁迅先生的短笺，却是模拟我写的原信，大意如下：

××先生函丈程门

① 高长虹：《一点回忆——关于鲁迅和我》，鲁迅博物馆编《鲁迅回忆录》（散篇上册），北京出版社 1999 年版，第 195 页。

立雪承训多时幸

循循之有方愧驽才之难教而乃年届结束南北东西虽尺素之能通或

请益而不易言念及此不禁神伤吾

师倘能赦兹愚鲁使生得备薄馔于月×日午十二时假西长安街××饭店一叙，俾罄愚诚不胜厚幸！顺颂

钧安

陆晶清
学生 许广平 谨启
吕云章[①]

善于发现一切僵硬可笑的东西并对之进行模拟和戏仿，是鲁迅一贯的特色和特殊的本领。这样的例子，在鲁迅的杂文和书信中俯拾即是。如他给钱玄同的信和给许广平的其他书信中，就多有拟戏的句子。但同样的文字技巧，意义却并不完全相同。对钱玄同的模拟，更多的是挖苦和讽刺；但对许广平的模仿，却是一种调侃和游戏。

二 吃零食和吸烟

（一）

鲁迅是个有嗜好的人。

关于鲁迅的嗜好，熟悉的鲁迅的人有种种说法。许寿裳在《亡友鲁迅印象记》中说："关于他的饮食，除饮茶和吸烟外，并无嗜好。"[②]鲁迅的表兄阮和森曾经对许广平介绍鲁迅在绍兴工作时候的情形说："鲁迅在绍兴有四好（四样喜欢的）：莫尔登糖，茶，双刀牌（注：强盗牌）香烟，牛肉干。"[③] 1926 年和鲁迅一起在厦门大学任教的老朋

① 《鲁迅全集》第 11 卷，人民文学出版社 2005 年版，第 539 页。

② 许寿裳：《亡友鲁迅印象记》，鲁迅博物馆编《鲁迅回忆录》（专著上册），北京出版社 1999 年版，第 292 页。

③ 同上书，第 226 页。

友沈兼士说："先生的嗜好有三种：就是吸烟，喝酒和吃糖。"① 鲁迅在西三条居住时的常客高长虹说："烟，酒，茶三种习惯，鲁迅都有，而且很深。"② 综合各种说法，烟、茶、酒、糖都是鲁迅的嗜好。文人嗜好烟、酒、茶是很普通也很好理解的事，而嗜好吃糖却极为少见。所以沈兼士说："糖，一般儿童都爱吃，但几十岁的成年人不太有这种嗜好，先生则最喜欢吃糖。吃饭的时候，固然是先找糖或者甜的东西吃，就是他的衣袋里也不断装着糖果，随时嚼吃。"③ 周家的老仆人王鹤照就曾经回忆过鲁迅在绍兴教书时候爱好吃糖的细节："鲁迅先生还喜欢吃一种叫'马尔顿'的糖，四个角子一瓶，糖五颜六色的，形状圆的，一瓶糖吃一个星期，这种糖只有教友会馆对面的一爿店里才买得到。"④ 除了爱吃糖果，鲁迅也爱吃含糖的各种甜食，如日本的鸡蛋方糕、杭州的条头糕、北京的萨其马以及饼干、花生等各色零食。许羡苏在回忆鲁迅西三条二十一号时期的日常生活时说到了鲁迅大买洋点心的盛况：

> 大概每月从北大领薪水的时候，要路过一个法国面包房，他就买两块钱的洋点心，一块钱二十个，上面有奶油堆成的各种形状的花，装在两个厚纸盒里，拿回来一进门，照例叫一声"阿娘！我回来者"，接着把点心请老太太自己选择放进她的点心盒里，然后他又把点心拿到朱氏房里请她也选留，最后把选剩的放在中屋大木柜内，也把一小部分放在朝珠盒内留作自己用，这是每月一次，平常则吃点小花生或者别的点心如"萨其马"之类。⑤

① 沈兼士：《我所知道的鲁迅先生》，鲁迅博物馆编《鲁迅回忆录》（散篇上册），北京出版社 1999 年版，第 98 页。

② 高长虹：《一点回忆——关于鲁迅和我》，鲁迅博物馆编《鲁迅回忆录》（散篇上册），北京出版社 1999 年版，第 191 页。

③ 沈兼士：《我所知道的鲁迅先生》，鲁迅博物馆编《鲁迅回忆录》（散篇上册），北京出版社 1999 年版，第 98 页。

④ 王鹤照：《回忆鲁迅先生》，鲁迅博物馆编《鲁迅回忆录》（散篇上册），北京出版社 1999 年版，第 22 页。

⑤ 同上书，第 316 页。

当然，和鲁迅一起享受这些美食的不光是他的“阿娘”，很多到过西三条“老虎尾巴”的年轻人都受到过鲁迅的慷慨招待。1924 年 9 月 28 日，曙天女士（即吴冕藻，又名吴曙天）和章衣萍由孙伏园介绍，到西三条21 号拜访从陕西暑期讲学回京不久的鲁迅。1925 年 1 月 18 日《京报副刊》刊发了关于这次访问的生动记录《访鲁迅先生——断片的回忆》，其中写道：

> 鲁迅先生端出一匣饼干来了。
>
> “刚吃过饭。”我说。
>
> “吃过饭便不能吃饼干么?”鲁迅先生说。然而孙老头儿和 S 哥已经开始大嚼了。[①]

1924 年冬天的一个下午，李霁野在小学同学张目寒的带领下，第一次拜访鲁迅西三条寓所。几个月前，李霁野翻译的安特列夫的小说《往星中》由张目寒送给了鲁迅，请同样喜爱安特列夫的鲁迅给看看。他们这次去拜访鲁迅的目的，就是想当面听取鲁迅对翻译稿的意见。在鲁迅家，不抽烟的李霁野对“不断吸烟”的鲁迅和那间“早早就充满了浓馥的烟了”的小屋留下了深刻的印象。在这次初访之后，李霁野和他的“安徽帮”老乡们成了鲁迅家常来常往的团伙之一，“总隔几天去访他一次”，在“浓馥的”香烟缭绕下吃各种小零食就成了经常不断的事情。年轻人总是不敢太多耽误鲁迅宝贵的时间，坐一阵子后就会找各种说辞告退，但往往是被谈兴正浓的鲁迅拦下来。有一次，年轻的李霁野就被鲁迅家的大糖盒缴了械：“先生是爱吃糖食和小花生的，也常常用这些来款客；有一次随吃随添了多次，他的谈兴还正浓，我料想两种所存的不多，便笑着说，吃完就走，他说，好的，便随手拿出一个没有打开的大糖盒。”[②]（图四）

---

① 曙天女士：《访鲁迅先生——断片的回忆》，鲁迅博物馆编《鲁迅回忆录》（散篇上册），北京出版社 1999 年版，第 87 页。

② 李霁野：《在北京时的鲁迅先生》，载《鲁迅先生与未名社》，人民文学出版社 1984 年版，第 203 页。

图四 鲁迅的书房“老虎尾巴”

关于招待客人们吃点心，鲁迅自己在《马上日记之二》中有一段描绘，比所有人在回忆录中的记载都要幽默风趣得多：

> 我时常有点心，有客来便请他吃点心；最初是“密斯”和“密斯得”一视同仁，但密斯得有时委实利害，往往吃得很彻底，一个不留，我自已倒反有“向隅”之感。如果想吃，又须出去买来。于是很有戒心了，只得改变方针，有万不得已时，则以落花生代之。这一著很有效，总是吃得不多，既然吃不多，我便开始敦劝了，有时竟劝得怕吃落花生如织芳之流，至于逡巡逃走。从去年夏天发明了这一种花生政策以后，至今还在继续厉行。但密斯们却不在此限，她们的胃似乎比他们要小五分之四，或者消化力要弱到十分之八，很小的一个点心，也大抵要留下一半，倘是一片糖，就剩下一角。拿出来陈列片时，吃去一点，于我的损失是极微的，“何

必改作”?①

在西三条居住的两年多时间里，上门拜访鲁迅的年轻人总是络绎不绝，用于招待客人的饭食对鲁迅来说，算不上负担，但肯定是小小的麻烦。荆有麟在《鲁迅回忆断片》中就说：“因为《呐喊》出了版，使先生在青年界，引起了广大的访问者，烟哩，茶哩，点心咯，酒饭咯，也得时时招待。”荆有麟就是鲁迅在上文中所说的“怕吃落花生”的“织芳”。荆有麟 1924 年在北京世界语专门学校学习，听鲁迅讲《苦闷的象征》，在写作和翻译问题上经常到鲁迅家上门求教，逐渐建立起密切的私人关系。鲁迅在西三条 21 号生活的两年多时间里，按荆有麟自己的说法，“常常——几乎是每天，出入于先生之门”。从鲁迅日记可以看出，在那段日子里，荆有麟经常不断地给爱吃零食的鲁迅带去一些水果、食品，如“瓯柑”“饼饵”。鲁迅在《马上日记》和《马上日记之二》中，用两段日记描述了织芳（荆有麟）给他送“霜糖”的故事：

六月二十六日

晴。

上午，得霁野从他家乡寄来的信，话并不多，说家里有病人，别的一切人也都在毫无防备的将被疾病袭击的恐怖中；末尾还有几句感慨。

午后，织芳从河南来谈了几句，匆匆忙忙地就走了，放下两个包，说这是“方糖”，送你吃的，怕不见得好。织芳这一回有点发胖，又这么忙，又穿着方马褂，我恐怕他将要做官了。

打开包来看时，何尝是“方”的却是圆圆的小薄片，黄棕色。吃起来又凉又细腻，确是好东西。但我不明白织芳为什么叫它“方糖”？但这也就可以作为他将要做官的一证。

景宋说这是河南一处什么地方的名产，是用柿霜做成的；性凉，如果嘴角上生些小疮之类，用这一搽，便会好。怪不得这么细腻，原来是凭了造化的妙手，用柿皮来滤过的。可惜到他说明的时

① 《编年体鲁迅著作全集》，福建教育出版社 2006 年版，第 146 页。

候，我已经吃了一大半了。连忙将所余的收起，豫备将来嘴角上生疮的时候，好用这来搽。

夜间，又将藏着的柿霜糖吃了一大半，因为我忽而又以为嘴角上生疮的时候究竟不很多，还不如现在趁新鲜吃一点。不料一吃，就又吃了一大半了。

七月八日

……

午后，密斯高来，适值毫无点心，只得将宝藏着的搽嘴角生疮有效的柿霜糖装在碟子里拿出去。……

密斯高是很少来的客人，有点难于执行花生政策。恰巧又没有别的点心，只好献出柿霜糖去了。这是远道携来的名糖，当然可以见得郑重。

我想，这糖不大普通，应该先说明来源和功用。但是，密斯高却已经一目了然了。她说：这是出在河南汜水县的；用柿霜做成。颜色最好是深黄；越是淡黄，那便不是纯柿霜。这很凉，如果嘴角这些地方生疮的时候，便含着，使它渐渐从嘴角流出，疮就好了。

她比我耳食所得的知道得更清楚，我只好不作声，而且这时才记起她是河南人。请河南人吃几片柿霜糖，正如请我喝一小杯黄酒一样，真可谓“其愚不可及也”。

茭白的心里有黑点的，我们那里称为灰茭，虽是乡下人也不愿意吃，北京却用在大宴席上。卷心白菜在北京论斤论车地卖，一到南边，便根上系着绳，倒挂在水果铺子的门前了，买时论两，或者半株，用处是放在阔气的火锅中，或者给鱼翅垫底。但假如有谁在北京特地请我吃灰茭，或北京人到南边时请他吃煮白菜，则即使不至于称为“笨伯”，也未免有些乖张罢。

但密斯高居然吃了一片，也许是聊以敷衍主人的面子的。到晚上我空口坐着，想：这应该请河南以外的别省人吃的，一面想，一面吃，不料这样就吃完了。[①]

① 《编年体鲁迅著作全集》，福建教育出版社2006年版，第146页。

（二）

鲁迅真正让人叹为观止的嗜好是吸烟。从在东京宏文学院学习的时候开始，香烟就是鲁迅离不开的精神食粮。许寿裳在《亡友鲁迅印象记》中，回忆鲁迅在日本时“爱吸烟草”的一段趣事：“有一次，他从东京出发往仙台，付了人力车钱，买了火车票之后，囊中只剩银币两角和铜板两枚了。因为火车一夜就到，他的学费公使馆已经直寄学校留交了，他便大胆买了两角钱的香烟塞在衣袋里，粮草已足，扬长登车。不料车到某站，鲁迅看见有一个老妇人上来，便照例起立让坐。这位妇人因此感激……送给他一大包咸煎饼。他大嚼一通，便觉得有点口渴，到了一站，便换买茶，但是立刻记起囊中的情形了，只好对卖茶人支吾一声而止。”① 1909 年 6 月鲁迅从日本回国，在浙江两级师范学堂任生理学、化学教员。那时候差不多每天晚上去和鲁迅谈闲天的同事夏丏尊回忆说：“周先生的吸卷烟，是那时已有名的。据我所知，他平日吸的都是廉价卷烟，这几年来，我在内山书店时常碰到他，见他吸的总是金牌、品海牌一类的卷烟。他在杭州的时候，所吸的记得是强盗牌。那时他晚上总睡得很迟，强盗牌香烟，条头糕，这两件是他每夜必需的粮。服侍他的斋夫叫陈福，陈福对于他的任务，有一件就是每晚摇寝铃以前替他买好强盗牌香烟和条头糕。我每夜到他那里去闲谈，到寝铃的时候，总见陈福拿进强盗牌和条头糕来。星期六的夜里备得更富足。”②

像夏丏尊一样，很多鲁迅的朋友们对鲁迅吸烟的牌子印象深刻。如厉绥之回忆鲁迅在日本时抽的是便宜的樱花牌，夏丏尊和阮和森都说鲁迅在杭州和绍兴时抽的是强盗牌。在北京、上海时期鲁迅吸烟的品种比较多，但在郁达夫和常惠的回忆中，都说鲁迅在北京常吸的是哈德门。鲁迅吸烟品牌的变化总会被敏感的人们注意到。如王余杞回忆在上海拜访鲁迅时注意到的一个细节：“边问我何时到的上海，边给了我一支卷烟。一点小小的改变被我注意到：记得他在‘北京’（在没称‘北平’

① 许寿裳：《亡友鲁迅印象记》，鲁迅博物馆编《鲁迅回忆录》（专著上册），北京出版社 1999 年版，第 292 页。

② 夏丏尊：《鲁迅翁杂忆》，鲁迅博物馆编《鲁迅回忆录》（散篇上册），北京出版社 1999 年版，第 55 页。

以前）时专吸‘翠鸟牌’，如今已改吸‘阿坡罗’了哩。”①正如人们观察到的，鲁迅吸烟并无固定的品牌，大体来说，由于用量巨大，平常所吸总以廉价的为多。而每当鲁迅突然改吸好烟的时候，往往说明他的生活境遇发生了某个重大的变化。如1925年8月，鲁迅被教育总长章士钊非法免职，鲁迅所吸的烟就改成了平常不吸的海军牌。尚钺回忆说：“我燃着烟，抽的时候觉得与他平常的烟味两样，再看时，这不是他平时所惯抽的烟，而是海军牌。‘丢了官应该抽坏烟了，为什么还买这贵烟?’‘正因为丢了官，所以才买这贵烟。’他也看着手中的烟，笑着说，‘官总是要丢的，丢了官多抽几支好烟，也是集中精力来战斗的好方法。’”②

关于鲁迅吸烟的数量，按许寿裳的说法是大概每天五十支：“关于他的饮食，除饮茶和吸烟外，并无嗜好。茶用清茶，烟草用廉价品，每日大概需五十支。早上醒来便在卧帐内吸烟，所以住会馆时，他的白色蚊帐熏成黄黑。”③一般人并不一定说得上来鲁迅每天吸烟的数量，但从现象来看也是很令人吃惊的。如常惠说：“先生生活简朴，有时吃饭时稍稍喝一点酒，而烟却抽得很多，抽的是廉价的‘哈德门’烟，用一支竹烟嘴，一支未完又接上一支，一次连续吸几支。”④ 鲁迅1923年在砖塔胡同租住和1924年搬迁到西三条新居后，作家郁达夫都曾不止一次到鲁迅家拜访，他不仅注意到了鲁迅的烟瘾之大，而且观察到了鲁迅吸烟时特有的手势动作：“鲁迅的烟瘾，一向是很大的；在北京的时候，他吸的，总是哈德门的十支装包。当他在人前吸的时候，他总探手进他那件灰布棉袄的袋里去摸出一支来吸；他似乎不喜欢将烟包先拿出来，然后再从烟包里抽出一支，而再将烟包塞回袋里去。他这脾气，一直到了上海，仍没有改过，不晓是为了怕麻烦的原因呢，抑或是怕人家

① 王余杞：《悲愤——因鲁迅先生逝世而做》，《鲁迅先生纪念集》，上海书店1979年版，第111页。

② 尚钺：《怀念鲁迅先生》，鲁迅博物馆编《鲁迅回忆录》（散篇上册），北京出版社1999年版，第143页。

③ 许寿裳：《亡友鲁迅印象记》，鲁迅博物馆编《鲁迅回忆录》（专著上册），北京出版社1999年版，第292页。

④ 常惠：《回忆鲁迅先生》，鲁迅博物馆编《鲁迅回忆录》（散篇上册），北京出版社1999年版，第432页。

看见他所吸的烟，是什么牌。”①

但是，并非所有的人都能从正面理解吸烟对于鲁迅的意义，或者简单地把它当作是一种鲁迅特有的风度，某些不了解鲁迅的俗人只见鲁迅不修边幅的外貌和发黄的牙齿，甚至把他当作吸食鸦片的烟鬼。张辛南在回忆鲁迅在西安讲学时说：“鲁迅先生讲演几次之后，许多人认为他吸鸦片烟。有一位先生向我说：‘周先生恐怕有几口瘾吧！’我说，‘周先生吃香烟。’还有一位军人问我道：‘学者也吸鸦片烟么？’我说：‘哪个学者？’他毫不犹豫的武断道：‘周鲁迅满带烟容，牙齿都是黑的，还能说不吃烟么？’”② 也曾经有不相干的人劝鲁迅少吸烟，他反而吸得更多。吸纸烟不过瘾，还吸起了雪茄。鲁迅这种脾气是一贯的。鲁迅和周作人的私塾老师寿洙邻说过鲁迅的一件故事：“鲁迅不事修饰，发久不理，途遇理发师告之曰，君发如此种种，宜稍理矣。鲁迅勃然曰：‘吾发与汝何干？’其对人真率，类皆如此。”③ 也有弟子如许钦文，为鲁迅吸烟辩解，认为鲁迅吸烟其实并不像人们所认为的那样多：“我总觉得，鲁迅先生只是在有人去看他的时候才点起香烟来一边谈话一边吸借以休息，并不像有些人说的一天到晚都在吸烟的。”④

当然，和鲁迅更亲近的家人们，对鲁迅的吸烟有更深刻的体验。

1945 年 10 月 23 日上海《文萃》发表许广平纪念鲁迅逝世九周年的文章，题目就叫作《鲁迅先生的香烟——纪念鲁迅先生逝世九周年》。许广平从 1925 年 4 月 12 日第一次到西三条拜访鲁迅，一直到 1936 年 10 月 19 日鲁迅逝世，在俩人密切接触和生活在一起的日子里，鲁迅的吸烟肯定是一个总在缭绕着的背景，因此也自然会成为许广平挥之不去的记忆。关于北京西三条时期鲁迅的吸烟，她说：

---

① 郁达夫：《回忆鲁迅》，鲁迅博物馆编《鲁迅回忆录》（散篇上册），北京出版社 1999 年版，第 155 页。

② 张辛南：《追忆鲁迅先生在西安》，鲁迅博物馆编《鲁迅回忆录》（散篇上册），北京出版社 1999 年版，第 201 页。

③ 寿洙邻：《我也谈谈鲁迅的故事》，鲁迅博物馆编《鲁迅回忆录》（散篇上册），北京出版社 1999 年版，第 8 页。

④ 许钦文：《在老虎尾巴的鲁迅先生——许钦文忆鲁迅全编》，上海文化出版社 2007 年版，第 31 页。

> 凡是和鲁迅先生见面比较多的人，大约第一个印象就是他手里总有一支烟拿着，每每和客人谈笑，必定烟雾弥漫。如果自己是不吸烟的，离开之后，被烟熏着过的衣衫，也还留有一些气味，这就是见过鲁迅先生之后的一个确实证据。
>
> ……
>
> 我头一次到他北京寓所访问之后，深刻的印象，也是他对于烟的时刻不停，一枝完了又一枝，不大用着洋火的，那不到半寸的余烟就可以继续引火，那时住屋铺的是砖地，不大怕火，因此满地狼藉着烟灰、烟尾巴，一天过了，察看着地下烟灰、烟尾巴的多少，就可以窥测他上一天在家的时候多呢，还是外出。一直到第二天出外了，然后女工才来打扫，否则除非等他高兴离开那间斗室，或走开到别的房间。①

面对不断吸烟的鲁迅，一般人也只是震惊于鲁迅的“风采”，但许广平在和鲁迅接触一段时间后产生了感情，鲁迅的吸烟对她来说，就不只是可以欣赏和叹服的男人风度。尤其是这年 9 月以后，鲁迅的肺病又一次发作，看病的医生和关心鲁迅健康的知心人开始干涉鲁迅吸烟。这些人当中最主要的就是许广平。在《鲁迅先生的香烟——纪念鲁迅先生逝世九周年》的最后，许广平说到了这次干涉鲁迅吸烟的经历：“为了和段、章辈战斗，他生病了。医生忠告他：‘如果吸烟，服药是没有效力的。’因此我曾经做过淘气的监督和侦查、禁制工作。”② 在许广平的另一篇回忆文章中，更详细地说到了这次禁制吸烟的经过：“经医生诊看之后，也开不出好药方，要他先禁烟、禁酒。但细查先生，似乎禁酒还可，禁烟则万万做不到。那时有一位住在他家里的同乡，和我商量一同去劝他，用了整一夜反覆申辩的功夫，总算意思转过来了，答应照医生的话，好好地把病医好。”这里说到的“住在他家里的同乡”就是许羡苏。许羡苏 1924 年从女高师毕业后，在外边总是住不安稳，从

---

① 许广平：《欣慰的纪念》，鲁迅博物馆编《鲁迅回忆录》（专著上册），北京出版社 1999 年版，第 395 页。

② 许广平：《鲁迅先生的香烟——纪念鲁迅先生逝世九周年》，鲁迅博物馆编《鲁迅回忆录》（专著上册），北京出版社 1999 年版，第 397 页。

1925 年暑假到这年年底一直住在鲁迅家里的南屋。鲁迅当然能够理解许广平和许羡苏的无限爱意，而且，当鲁迅面对的不是敌对的人或俗人的时候，他是非常坦诚可亲的。即使如此，真正要实行禁止吸烟则是很难很难的事情。在 11 月 8 日给许羡苏的哥哥许钦文的信中鲁迅写道：“我病已渐愈，或者可以说全愈了罢，现已教书了。但仍吃药。医生禁喝酒，那倒没有什么；禁劳作，但还只得做一点；禁吸烟，则苦极矣，我觉得如此，倒还不如生病。”① 1926 年 12 月 3 日，即将从厦门转地广州的鲁迅，在给许广平的信中还提到了一年前的这次禁吸烟：“我现在身体是好的，能吃能睡，但今天我发见我的手指有点抖，这是吸烟太多了之故，近来我吸到每天三十支了，从此必须减少。我回忆在北京的时候，曾因节制吸烟而给人大碰钉子，想起来心里很不安，自觉脾气实在坏得可以。但不知怎的，我于这一事自制力竟会如此薄弱，总是戒不掉。但愿明年能够渐渐矫正，而且也不至于再闹脾气的了。”② 从这段话可以看出，因为许广平的禁止吸烟，鲁迅当年是向她发过脾气的。但是，许广平的关爱还是有效果的，虽然没有完全禁吸，但减少吸烟显然成为鲁迅在此后的日子里可以接受并尽可能实行的观念。毕竟，爱情的力量是巨大的。

但鲁迅还是把他吸烟的习惯保持到了最后。在上海，内山书店的老板内山完造还是被鲁迅不断吸烟的“风采”所震惊：“初次见到鲁迅先生，首先就会震惊于他底风采。到我的书店里来时，常常会被中国顾客错当作是个店员，而向他问书的定价，但先生是毫不在意的。先生耸动肩膀笑着，拿住短短的烟嘴，把香烟从这支手的手指移到那支手的手指间，一歇也不停的吸着。”③ 但在鲁迅生命的最后两年，鲁迅多次发病，直到 1936 年 3 月以后再次罹患肺结核、肋膜炎、支气管性喘息、心脏性喘息等多种病症。吸烟和这些病症都有直接的关系，减少吸烟又一次成为鲁迅需要面对的难题。主治医生须藤五百三说：“今年三月他的体重只有三十七公斤，所以常常述说关于饮食的意见，和谈论香烟的害处

① 《鲁迅全集》第 11 卷，人民文学出版社 1982 年版，第 458 页。

② 同上书，第 228 页。

③ ［日］内山完造：《回忆鲁迅先生》，国家出版事业管理局版本图书馆研究室编《鲁迅思想研究资料》下册，第 497 页。

及不适之点，但他说惟有吸烟一事要减也减不了。香烟和自己无论如何是离不了的。到后来，结果减至每天吸十五支。”但最后，各种努力并没有能够挽回鲁迅的生命。须藤医生这时候反为曾经强劝鲁迅减少吸烟而后悔：“要是我知道他死得这么快的话，我真不该强要他限制他所最喜欢的香烟的。现在他死了，想起来我还觉得很抱歉！”①

（三）

鲁迅是个有嗜好的人，但嗜好并非人人都有。

所谓嗜好，一般是指负面的爱好，起码是指那些无所谓的、可有可无的爱好。所以“嗜好”几乎等同于“不良嗜好”，却从来没有“优良嗜好”之说。古往今来，大凡在某一领域成就一番事业者，都是有某种嗜好的人，一无所好的人往往也是一无所成的人。

但这却并不是说有嗜好的人必是或必将是有成就的人，嗜好和成就之间并没有这样的因果关系。成就和嗜好的关系只是在于，成就事业者往往是那些做事情不求名利、不计得失、不顾后果的人。鲁迅在《〈呐喊〉自序》中关于在“S 会馆”抄古碑和“老朋友金心异”很有名的一段对话很能说明问题：

> “你抄了这些有什么用？”有一夜，他翻着我那古碑的抄本，发了研究的质问了。
>
> “没有什么用。”
>
> “那么，你抄他是什么意思呢？”
>
> “没有什么意思。”②

对于鲁迅说的“没有什么用”的“用”和“没有什么意思”的“意思”，鲁迅的弟弟周作人有深刻的见解。在《关于鲁迅》中，周作人说，鲁迅从 1910 年归国到 1925 年去职这一段“工作中心时期”，

① ［日］须藤五百三：《医学者所见的鲁迅先生》，《鲁迅先生纪念集》，上海书店 1979 年版，第 21 页。

② 《编年体鲁迅著作全集》，福建教育出版社 2006 年版，第 468 页。

“期间又可分为两个段落，以《新青年》为界，上期重在辑录研究，下期重在创作，可是精神还是一贯，用旧话来说可云‘不求闻达’。”对鲁迅的“不求闻达”，周作人举了两件小事作例子，一个是鲁迅在“辑录研究”方面的第一个成绩《会稽郡故书杂集》。周作人在介绍了鲁迅对辑录古籍的爱好和《会稽郡故书杂集》的成书过程后说：“但是另外有一点值得注意的，叙文署名‘会稽周作人记’，向来算是我的撰述，这是什么缘故呢？查书的时候我也曾帮过一点忙，不过这原是豫才的发意，其一切编排考订，写小引叙文，都是他所做的，起草以至誊清大约有三四遍，也全是自己抄写，到了付刊时却不愿出名，说写你的名字吧，这样便照办了，一直拖了二十余年。现在觉得应该说明了，因为这一件小事我以为很有点意义。这就是证明他做事全不为名誉，只是由于自己的爱好。这是求学问弄艺术最高的态度，认得鲁迅的人平常所不大能够知道的。”①

要说“有什么用”，吸烟、喝酒、吃糖、喝茶，尤其是吸烟，比抄碑更“没有什么用”，当然也更“没有什么意思”，他只是不停的吸烟、喝酒、吃糖、喝茶而已。就像康德每天下午准时溜达到朋友家聊天一样，“没有什么用”。除了这些明显的嗜好，鲁迅在日常生活中也有许多固定不变的习惯。阮和森回忆鲁迅在绍兴吃糖的嗜好时说：“他因为喜欢买糖食，而且总是那一两样，长久了，时常一踏入店门，不等开口，老板就已经指挥店伙，叫把店上层搁起来的莫尔登糖拿下来等待出售了。”许广平进一步补充说，鲁迅不光是嗜好刻板，做事也如此：“当他在教育部办公的时候，每天也是一定准时走过，所以沿路店家，时常看他的车子走过就说：‘可以做饭了。’简直拿他做时钟看待，可见他出入也有定时。”② 许钦文到西三条访问鲁迅的次数很多，也就观察出来每当客人来访时鲁迅的习惯性动作：“有去访的人到了以后，照例先把稿子放进抽屉里；我去的时候也这样，宁可停息重行拿出来递给我看。在谈话的时候，当初他总仍然坐在他的圈背藤椅上，只是连带椅

① 周作人：《关于鲁迅》，国家出版事业管理局版本图书馆研究室编《鲁迅思想研究资料》下册，第313页。

② 许广平：《鲁迅故居和藏书》，北京鲁迅博物馆编《鲁迅回忆录》（散篇上册），北京出版社1999年版，第226页。

子旋转一点身子。不过有人去同他谈话了，他照例要点起烟卷来抽。”[①]“照例”“总”“还是”是人们说到鲁迅时总是说到的词汇。1926 年 8 月，鲁迅从北京前往厦门，途经上海，见到了当年在浙江两级师范学堂的老朋友夏丏尊。夏丏尊看到鲁迅还是穿着 16 前就爱穿的“洋官纱”——长衫。俩人的对话是：“‘依旧是洋官纱吗？’我笑说。‘呃，还是洋官纱！’他苦笑着回答我。”[②] 对于做事情时投入热情和执着的意义，鲁迅有一段著名的话是：“无论爱什么，——饭，异性，国，民族，人类等待，——只有纠缠如毒蛇，执着如怨鬼，二六时中，没有已时者有望。”[③]“吸烟”是比这里的“饭”还更看起来不起眼的事情，但也能看得出鲁迅做人和做事的态度，就是许寿裳所说的“鲁迅做事，不论大小，总带一点不加瞻顾，勇往直前的冒险意味”[④]。

但无论如何，吸烟毕竟危害身体健康，也不能算是值得学习的优秀品质，甚至毋宁说是鲁迅身上的一个缺点。所以许广平也说：“并不希望我们的文坛志士因热爱他而全盘模仿。”[⑤] 但对于一个伟大人物如鲁迅来说，吸烟即使是缺点吧，也是如厨川白村在《出了象牙之塔·缺陷之美》中所说的“beautiful spot（美人的黡子）”：“在真爱人生，而加以享乐，赏味，要彻到人间味的底里的艺术家，则这样各种的缺陷，不就是一种 beautiful spot 么？”[⑥]

法国作家巴尔扎克和美国作家爱伦·坡都不吸烟，巴尔扎克甚至在《论现代兴奋剂》里用一章的篇幅来声讨烟草。但是，巴尔扎克却钟情咖啡；爱伦·坡嗜好喝酒。最后，这两个人分别被咖啡和酗酒要了性命。但如果没有咖啡和酒，也就没有巴尔扎克和爱伦·坡。波德莱尔在

---

① 许钦文：《在老虎尾巴的鲁迅先生》，上海文化出版社 2007 年版，第 31 页。

② 夏丏尊：《鲁迅翁杂忆》，鲁迅博物馆编《鲁迅回忆录》（散篇上册），北京出版社 1999 年版，第 55 页。

③ 鲁迅：《杂感》，《编年体鲁迅著作全集》第二卷，福建教育出版社 2006 年版，第 299 页。

④ 许寿裳：《我所认识的鲁迅》，鲁迅博物馆编《鲁迅回忆录》（专著上册），北京出版社 1999 年版，第 490 页。

⑤ 许广平：《欣慰的纪念》，鲁迅博物馆编《鲁迅回忆录》（专著上册），北京出版社 1999 年版，第 387 页。

⑥ 厨川白村：《出了象牙之塔》，《鲁迅译文全集》第二卷，福建教育出版社 2008 年版，第 310 页。

《埃德加·爱伦·坡的生平及其作品》中，为爱伦·坡的酗酒辩护道：

> 他的风格的纯净和完善，他的思想的明晰，他的工作的热情，从未受到这种可怕的习惯的损害。他的最好的东西的大部分都是在醉意陶然的前后完成的。发表了《吾得之矣》之后，他就迁就了他的这种爱好。在纽约，发表《乌鸦》的那天早晨，诗人的名字有口皆碑的时候，他趔趔趄趄地走过了百老汇大街。请注意“前后”这个词，这意味着，酒醉既可成为刺激，也可成为休息。①

一个吸烟的写作者，不会像爱伦·坡在写作的“前后”喝酒一样，在写作的“前后”才吸烟。虽然许钦文认为，鲁迅只在有客人来访时才吸烟，但许广平说过的“工作越忙，越是手不停烟，这时候一半吸掉，一半是烧掉的”，大概更符合鲁迅写作时的状态。可以肯定的是，鲁迅的所有作品，都是在香烟的刺激和陪伴下写出来的。

在《秋夜》《一觉》《藤野先生》中，鲁迅都写到了吸烟的“我”。《秋夜》的最后一段是：“我打一个呵欠，点起一支纸烟，喷出烟来，对着灯默默地敬奠这些苍翠精致的英雄们。”《一觉》的最后一段中有：“我疲劳着，捏着纸烟，在无名的思想中静静地合了眼睛，看见很长的梦。”《藤野先生》的最后一段说道：“每当夜间疲倦，正想偷懒时，仰面在灯光中瞥见他黑瘦的面貌，似乎正要说出抑扬顿挫的话来，便使我忽又良心发现，而且增加勇气了，于是点上一枝烟，再继续写些为‘正人君子’之流所深恶痛疾的文字。”这些文章中的主体部分，或者是描写在屋外后院看到的天空景象，或者是关于两三年前和青年作者交往的经过，或者是对遥远过去的老师藤野先生的回忆，总之都是在自己身外远距离时空中发生的事情。在这几篇文章的最后，作者都把视野从身外的现实返回到了当下的自己，发现“点上一枝烟”的自己，正是作者回到“此时此刻”的征象。作者在前边的写作过程中并不一定没有吸烟，但那时候的吸烟和作者写作活动本身，都只是隐匿不障的背景。到文章的末段，写作活动本身成为写作的对象，通过此一视点的转

① ［法］波德莱尔：《1846 年的沙龙》，广西师范大学出版社 2002 年版，第 164 页。

换，现实中的身体的疲倦和吸烟的快感突出地显现出来。除了吸烟，鲁迅还有吃糖、喝酒、喝茶的嗜好，但这些嗜好都没有成为艺术反映的对象，只有吸烟，摆脱了日常生活的链条，在鲁迅的作品中得到真实的、清晰的显现。这时候，吸烟的鲁迅意识到了自我，自我的疲惫和自我的力量都在点起一支烟的过程中得以释放和重新凝聚，就像农民在辛劳的耕作后满意地收拾自己的农具，在这个动作过程中，既有对一天劳作后的自我欣赏，也为即将到来的下次出工积蓄好了能量。

三　鲁迅爱好的植物和他栽过的树

（一）丁香和白杨

西三条新居落成的时候，院子里还是光秃秃的，所有的植物只是前院的一棵枣树和后院的一棵杏树。不过，鲁迅对如何绿化这个自己亲手打造的宅子早有系统的想法。1924 年 6 月 8 日是鲁迅搬来新居的第二个星期天，正在女高师读书的绍兴老乡许羡苏、王顺亲和原来一起在砖塔胡同 61 号居住的俞氏三姐妹俞芬、俞芳、俞藻一起来西三条看望鲁迅先生。鲁迅兴致勃勃地带领这伙小丫头参观自己的新居，顺便介绍了自己在前、后院种树的规划：前院打算种植紫、白丁香各两株，碧桃树一株，榆叶梅两株，后院的土质不如前院，“打算在北面沿北墙种两株花椒树，两株刺梅，西面种三株白杨树。白杨树生长力强，风吹树叶沙沙响，别有风味”①。因为过了最好的植树季节，直到第二年春天，鲁迅的种树计划才得以落实。1925 年 4 月 5 日是中华民国时候的植树节，鲁迅请著名的花木店——云松阁来家种树，这天的鲁迅日记有“云松阁来种树，计紫、白丁香各二，碧桃一，花椒、刺梅、榆梅各二，青杨三”②。现在是鲁迅请人来家种树整整 92 年后的 2017 年，当时种植的树木，如碧桃、刺梅及两株紫丁香和三棵杨树都没有了，但剩下的两株白丁香却依然茂盛，树干粗壮，树冠如盖，成为这个小院最引人注意的

① 俞芳：《我记忆中的鲁迅先生》，鲁迅博物馆编《鲁迅回忆录》（专著下册），北京出版社 1999 年版，第 1508 页。

② 《鲁迅全集》第十五卷，人民文学出版社 2005 年版，第 559 页。

景观。每到 4 月，浓郁的花香就开始漫溢缭绕在院墙内外，不管是慕名来访还是偶尔经过，人们无不为这里随风袭来的阵阵花香而如醉如痴。到了夏天，小院里则是枝叶纷披，浓荫匝地，自成一清凉世界。京城历史上欣赏丁香花最久负盛名的地方是南城的法源寺，就在鲁迅曾经住过 7 年的绍兴会馆附近，但我们在那里，却很难看见像这两株丁香树一样的老树（图五）。

图五　鲁迅故居前院的丁香树

鲁迅对丁香和白杨的喜爱是一贯的。早在新街口八道湾 11 号居住的时候，鲁迅就在自己房前亲手种植过两株丁香树和一株大叶杨。当时在北京大学读书的常惠回忆自己拜访鲁迅的经过时，有一段关于杨树的回忆。他说："他把我们让进屏门外南屋，这是先生的书房，又坐下来谈话。过了一会儿，就听院子里响起哗啦啦的声音，我们赶紧站起来告辞说：'坐的时间久了，把雨都等来了。'先生笑了起来，说：'这哪儿是雨呀！你们没有见屏门外那棵树吗？是树上叶子响。那是棵大叶杨，叶子大，刮小风就响，风大了响声更大，像下雨一样。这棵树是我栽的，大叶杨有风就响，响起来好听，我喜欢这树。’”[①] 对这棵“有风就响”“响起来好听”的白杨树，章廷谦也曾说过：“以前在八道湾住宅的室前，有一棵青杨，笔挺的耸立在院中，俯瞰众芳，萧萧常响的，就是他所栽种也是他所心爱的。”[②] 白杨树不仅是鲁迅心爱的树，也是周作人喜欢的树。周作人 1930 年写过一篇《两株树》，其中也说到常惠和章廷谦回忆中的那株鲁迅栽的白杨树。不过，在《两株树》中，周作人却说是他在前院种了一棵白杨树。其实，他们弟兄俩到底谁种了这棵杨树并不重要。关于白杨，周作人说道：

> 树木里边我所喜欢的第一种是白杨。小时候读古诗十九首。读过“白杨何萧萧，松柏夹广路”之句，但在南方终未见过白杨，后来在北京才初次看见。谢在杭著《五杂组》中云：
>
> “古人墓树多植梧楸，南人多种松柏，北人多种白杨。白杨即青杨也，其树皮白如梧桐，叶似冬青，微风击之辄淅沥有声，故古诗云，白杨多悲风，萧萧愁杀人。予一日宿邹县驿馆中，甫就枕即闻雨声，竟夕不绝，侍儿曰，雨矣。予讶之曰，岂有竟夜雨而无檐溜者？质明视之，乃青杨也。南方绝无此树。”
>
> ……
>
> 这样看来，似乎大家对白杨都没有什样好感。为什么呢？我不大说得清楚，或者因为它老是簌簌的动的缘故罢。听说苏格兰地方有一种传说，耶稣受难时所用的十字架是用白杨木做的，所以白杨自此以后就永远在发抖，大约是知道自己的罪孽深重。但是做钉的铁却似乎不曾因此有什么罪，黑铁这件东西在法术上还总有点位置的，不知何以这样的有幸有不幸。……我承认白杨种在墟墓间的确很好看，然而种在斋前又何尝不好，它那瑟瑟的响声第一有意思。我在前面的院子里种了一棵，每逢夏秋有客来斋夜话的时候，忽闻

① 常惠：《回忆鲁迅学先生》，鲁迅博物馆编《鲁迅回忆录》（散篇上册），北京出版社 1999 年版，第 431 页。

② 川岛：《和鲁迅先生相处的日子》，《鲁迅先生二三事——前期弟子忆鲁迅》，河北教育出版社 2002 年版，第 307 页。

淅沥声，多疑是雨下，推户出视，这是别种树所没有的好处。[①]

对植物的喜爱也许是人的天性，我们每个人都有自己在儿童时期的“百草园”和在自己的“百草园”中与某几种身边的植物对话的深刻记忆。鲁迅小的时候就喜欢植物。在绍兴老家读私塾的时候，在业余时间鲁迅喜欢玩的两件事情：一是看“花书”，就是有画的书；二是种花。看“花书”还算是普通的爱好，每个时代的孩子们都爱好看“花书”，在没有电视机的20世纪七八十年代，孩子们的主要业余读物和乐趣就是看“小儿书”。但鲁迅的看“花书”也不一般，他不光是看，还照着描画，就是用一种又薄又透的“荆川纸”覆盖在花书上，把下边的图案很逼真地影写下来，然后装订成册。鲁迅的第二种爱好则不太一般了。周建人回忆说：鲁迅“空闲时也种花，有若干种月季，及石竹，文竹，郁李，映山红等等，因此又看或抄讲种花的书，如《花镜》，便是他常看的。他不单是知道种法，大部分还在要知道花的名称，因为他得到一种花时，喜欢盆上插一条短竹签，写上植物的名字”[②]。不但种花，还要弄清和标记各种花的名称，这看起来的确不像是一般的玩。所以周建人说：“鲁迅先生小的时候，玩的时间非常少，糊盔甲，种花等，可以说玩，但也可以说不是玩，是一种工作。”[③] 后来，鲁迅到南京陆师学堂学采矿，到日本仙台医专学西医，后又转到日本东京弄文学，心力集中，小时候的业余爱好也就无暇顾及。但1909年鲁迅从日本回国后，在杭州浙江两级师范学堂做教员的时候，又有机会捡拾起来小时候对植物的爱好。那时候他的一项工作是给日本教师的植物学课程做翻译，每到星期六下午便带领学生到西湖边采集植物标本。这些经历和他到北京以后在自己的宅子里种植树木是一脉相承的。

（二）槐树和枣树

以上关于鲁迅对植物的喜爱都是从当年和他接近的人们的回忆中得

---

① 周作人：《两株树》，《周作人小品　恬适人生》，花城出版社1991年版，第233页。

② 乔峰：《略讲关于鲁迅的事情》，鲁迅博物馆编《鲁迅回忆录》（专著中册），北京出版社1999年版，第738页。

③ 同上。

到的，对于大多数无由亲炙鲁迅的我们来说，对鲁迅和树的关系的认识，更多来自他的作品，其中最为人们所熟悉的是《〈呐喊〉自序》中的那棵槐树和《秋夜》中的两棵枣树。

在《〈呐喊〉自序》中，鲁迅生动描绘了“老朋友金心异”（其实就是钱玄同）一次次来绍兴会馆，催促鲁迅为创刊不久的《新青年》写稿时的情形：

> S会馆里有三间屋，相传是往昔曾在院子里的槐树上缢死过一个女人的，现在槐树已经高不可攀了，而这屋还没有人住；很多年，我便寓在这屋里钞古碑。客中少有人来，古碑中也遇不到什么问题和主义，而我的生命却居然暗暗的消失了，这也是我惟一的愿望。夏夜，蚊子多了，便摇着蒲扇坐在槐树下，从密叶缝里看那一点一点的青天，晚出的槐蚕又每每冰冷地落在头颈上。
>
> 那时偶或来谈的是一个老朋友金心异，将手提的大皮夹放在破桌上，脱下长衫，对面坐下了，因为怕狗，似乎心房还在怦怦的跳动。①

人们由这段文章深深记住了那棵曾经“缢死过一个女人”的槐树。当然，这棵槐树的重要并不在于曾经有一个官僚的姨太太吊死在上面，而是这棵在常人看来不太吉利的槐树和由此不被人们看好的冷僻小院，正好见证了鲁迅在袁世凯复辟时期消极退隐的生活状态和心如古井的寂寞心态。据周作人回忆，钱玄同1917年张勋复辟失败后隔三岔五来找鲁迅聊天的时候正是盛夏8月，他们两个关于退隐和出山的辩论，其实不是在屋子里，而正是在那棵可以乘凉的槐树下进行的，其结果便是第二年5月以“鲁迅”为名发表在《新青年》上的《狂人日记》。因此，这棵槐树又见证了“鲁迅”的诞生。

1924年9月15日，在搬入宫门口西三条21号新居不到四个月的时候，鲁迅写了散文诗《秋夜》，12月1日发表于《语丝》周刊第三期。《秋夜》是鲁迅5月25日搬入西三条新居四个月以来的第一篇创作。

① 《编年体鲁迅著作全集》，福建教育出版社2006年版，第468页。

几个月以来，他的身体一直很虚弱，刚搬过来不久的七八月，又到西安参加西北大学举办的暑期讲演。因此，除了教育部的例行公事和几个兼职学校的讲课，他在“本业”上的成绩就只有《嵇康集》的校对。但从《秋夜》开始，鲁迅进入了又一个创作的高峰期（图六）。

图六　《秋夜》插图

《秋夜》是鲁迅创作中并不多见的状物写景之作。开首第一段就是：“在我的后园，可以看见墙外有两株树，一株是枣树，还有一株也是枣树。”从自己身边的景物写起，这是鲁迅对自己还算满意的新据点的地理定位和心理定位。正屋中间向后院突出来的小小书房和大块玻璃窗户后面隐蔽和静谧的后院，就成为鲁迅蜷缩和安置自己疲惫心灵的安乐窝。1925 年 4 月 12 日，鲁迅在女高师的学生许广平、林卓凤，第一次来西三条拜访鲁迅。16 日许广平给鲁迅的信中说：“‘尊府’居然探检过了！归来后的印象，是觉得熄灭了通红的灯光，坐在那间一面满镶玻璃的室中时，是时而听雨声的淅沥，时而窥月光的清幽，当枣树发叶结实的时候，则领略它微风振枝，熟果坠地，还有鸡声喔喔，四时不绝。”[①] 4 月正是春寒料峭的时候，枣树还没有发芽，当然不会有什么“微风振枝，熟果坠地”，因此，许广平的“印象”大概也只是想象，而想象的媒介大概就是《秋夜》。

《秋夜》后来被编入中学语文课本，“一株是枣树，还有一株也是枣树”这个奇特的句式给所有的中国人留下了难忘的印象。实际上，早在 20 世纪 50 年代，鲁迅的学生许钦文就在回忆鲁迅的文章中说：“‘一株是枣树，还有一株也是枣树。’这已成为大家爱颂的句子。”[②]虽然是“爱颂”的句子，但很多人并不能真正理解这个特别的遣词造句的讲究到底何在，因为大多数当年的中学语文老师也并不能说清楚这个问题。

台湾的一本针对中学生的现代散文导读《课堂外的风景》对这个“大家爱颂的句子”的解释，就准确和清楚得多。该书收录了 45 篇现当代作家的散文名篇，第一篇就是《秋夜》。其中对“一株是枣树，还有一株也是枣树”这个特别句式的注释是：“为强调两株枣树不屈的形象，作者刻意以‘视点移动’的效果来描写。”进一步的解释还有：“文章开头‘一株是枣树，还有一株也是枣树’，历来引起众多讨论，其实这两句乃实写普通且平常的现况，从用字遣词来看，显得朴拙，甚至重复冗赘。背后的语境则隐含作者孤独寂寥的情绪，借以使欲赞颂的枣树形象鲜明凸出。难怪叶圣陶指出：‘还有一株也是枣树’是不寻常的说法，拗强而特异，足以引起人家的注意。”

鲁迅搬入西三条那年的冬天，年轻的李霁野在同样年轻的小学同学张目寒的带领下去看早就崇拜的鲁迅先生。在漫长的聊天中，鲁迅告诉他们说：“他的文章里找不出两样东西，一是恋爱，一是自然。”[③] 在鲁迅的文章中，对鲁迅说的“自然”即现实环境中的风景的描写，大家熟知的只有两个，一个是《〈呐喊〉自序》中那个 S 会馆里曾经“缢死

---

① 《鲁迅全集》第十一卷，人民文学出版社 2005 年版，第 49 页。

② 许钦文：《在老虎尾巴》，《在老虎尾巴的鲁迅先生》，上海文化出版社 2007 年版，第 62 页。

③ 李霁野：《忆鲁迅先生》，鲁迅博物馆编《鲁迅回忆录》（散篇上册），北京出版社 1999 年版，第 104 页。

过一个女人”的槐树，另一个就是西三条21号院后墙外的两株枣树。但令人遗憾的是，这两处地方的槐树和枣树，都在不知道什么时候的时候就消失了。这两处早已不在场的风景都在北京的西城，距离并不远。几十年来，无数慕名参观绍兴会馆和鲁迅博物馆的游人，在走进著名的“槐树院”和“西三条21号院”的时候，都会不由自主地寻觅那个在脑海深处贮藏许久的大槐树和两株枣树。当他们得知大槐树和两株枣树早已不复存在的时候，无一例外都会流露出难以掩饰的惋惜和叹息。在得知这个令人扫兴的事实的时候，大多数人都会无可奈何地表示接受。毕竟，树木也是生命，也有生老病死。但有的人对这个事实难以接受，甚至表现出痛苦和愤怒。毕竟，槐树和枣树不是什么珍稀植物，而是北京的常见树种。在北京老城区的四合院中和胡同边上，到处都可以看见百年树龄的老槐树和老枣树。为什么偏偏消失的是鲁迅先生看见的那两株枣树?

（三）不在场的在场：早已消失但总被人念念不忘的两株枣树的故事

四五年前，一位外地的鲁迅迷潘卫华先生在第一次访问鲁迅故居并得知那两棵枣树“早已枯死多年”后，就曾经“痛心疾首，扼腕叹息”。在此之后，他三番五次地专程到北京，研究和考证鲁迅在《秋夜》中所写的两株枣树，最后写出了很长的文章《谁动了鲁迅故居的枣树?》。在这篇文章中，潘先生得出的结论是：“我要大声地告诉人们，先生笔下的那两株枣树并没有枯死，它们仍然健在！仍在倔强而茂盛地生长着。”得出这个结论的过程是，当潘先生踯躅在鲁迅故居后小院时：“回头望去时，分明有两株高大的枣树，映入我的眼帘。一株位于前园的西墙外，一株位于过道的西墙外。‘那最直最长的几枝’，分明正‘默默地铁似的直刺着奇怪而高的天空’。”潘先生发现的两棵枣树，一棵位于从前院通往后院的夹道，另一棵位于故居的西邻院，当年住在这里的是曾经帮助过鲁迅的姓白的木匠。这两棵枣树的确是潘先生请植物学专家论证过的“树龄至少应在百年以上”的老树。鲁迅博物馆的工作人员每年都会在大枣成熟的时节上树打枣吃，当然不会不知道这两棵枣树的存在。当然，把这两棵枣树当作是鲁迅看到的“两株枣树”的并不只有潘先生一人。鲁迅博物馆的老专家叶淑穗就曾经发现，

2013 年 6 月 23 日《北京晚报》上的一篇文章《北京名人故居中的古树》，也同潘先生一样，把这两棵活着的枣树当作是《秋夜》中的两株枣树。就在我写这篇文章的同时，《河北日报》的记者原付川（他前些日子来鲁迅博物馆采访鲁迅收藏正定隆兴寺观音像的事情）还打来电话，询问《秋夜》中的那两株枣树到底是不是现在院子里的这两棵枣树。

实际上，故居前后院夹道里的这棵枣树的确引人注意。早在 1949 年 10 月 19 日鲁迅逝世纪念日也是鲁迅故居对外开放的第一天，《人民日报》就发表了记者柏生的文章《访鲁迅故居》，文中写道："大门里是一个小而雅致的院子。院子当中有一株枣树，在前院通往后院的门外墙角边还有一株枣树。一九二四年，鲁迅先生在这所屋子写了《秋夜》一文，提到在他的后园墙外有两株枣树。所以这两株枣树是很令人注意的。它们端庄地矗立着，它们的枝干仍像往日一样地刺向天空。"① 文里所说的院子里的一棵枣树，大概也是鲁迅先生搬来之前就有的。1925 年 6 月 8 日到西三条新居看望鲁迅的俞芬、俞芳她们首先注意到的，就是院子里的两株枣树："院子的东南角有株枣树，西北角也有一株枣树，两株枣树遥遥相对。太师母说这两株树结的枣子的滋味还没尝过，如果好吃，一定请你们来吃；万一味道不好就做蜜枣，还是好吃的，也要请你们来吃。"② 1925 年初，作家章衣萍和他的年轻妻子吴曙天第一次来这个新落成不久的小院访问鲁迅，在随后发表的文章中，也提到"院里有一棵枣树，是落了叶子的。"③ 很显然，当时，鲁迅故居院子里还没有现在枝繁叶茂的，鲁迅在 1925 年 4 月亲自栽种的丁香树。这棵在前院东南角位置栽种的枣树，鲁迅故居上一点年岁的工作人员也是见过的，当然，也在不知道什么时候的时候死掉了。而俞芳所说的"西北角"的那棵枣树，大概就是现在前、后院夹道里的枣树（图七）。

北京人很早就有在院子里种植枣树的传统，新中国刚成立的时候，

---

① 柏生：《访鲁迅故居》，《人民日报》1949 年 10 月 19 日。

② 俞芳：《我记忆中的鲁迅先生》，鲁迅博物馆编《鲁迅回忆录》（专著下册），北京出版社 1999 年版，第 1506 页。

③ 曙天女士：《访鲁迅先生——断片的回忆》，鲁迅博物馆编《鲁迅回忆录》（散篇上册），北京出版社 1999 年版，第 87 页。

图七 位于前、后院夹道和院墙外的枣树

长安街以北的东城、西城，几乎每个院子里都有一棵枣树。现在南城白纸坊一带，还有枣林前街、枣林后街的地名，这两个街道的名字来源于早已经消失了的唐代古刹崇效寺。据说在明代的时候，崇效寺周边有一千多棵枣树，于是崇效寺又俗称“枣花寺”。关于北京人爱在院子里种枣树，郁达夫的一篇文章《回忆鲁迅》也可以为证。1923 年鲁迅从八道湾 11 号搬到西四砖塔胡同 61 号租房居住的时候，郁达夫在这一年的冬天正在北京大学做经济学教授，有一天去看鲁迅，就发现：“一个三四丈宽的小院子，院子里长着三四棵枣树。”① 现在，从鲁迅博物馆的北院墙往外看，也可以看到邻院里的两三株枣树，如果你去鲁迅博物馆外西二环路边上的街边公园转一转，就会发现许多棵比鲁迅故居院子里的枣树还要粗大的老枣树，这些枣树肯定也是原来的四合院拆迁后保留下来的。

但是，所有的这些枣树都不是鲁迅在《秋夜》中所看到的枣树，那两棵枣树的确是在很早的时候就没有了。

---

① 郁达夫：《回忆鲁迅》，鲁迅博物馆编《鲁迅回忆录》（散篇上册），北京出版社 1999 年版，第 149 页。

正如叶淑穗老师所说："这两株枣树，解放前已经枯死。1956 年 10 月鲁迅博物馆建馆后几经补种，均未成活。现今从鲁迅故居后院的墙外，已看不见这两株枣树了。"[①] 就在《人民日报》记者柏生的文章中，也写到了这两株枣树："有人问起后院墙外的两株枣树，现在已经看不见了，许先生用脚踢着一根已经干枯了的枣树根说：'这里原有一株枣树，不知后来被谁锯掉了。'我们已经看不见鲁迅先生所说的那些野草，更看不见小红花在那里做梦了。"[②] 文里的"许先生"就是许广平，新中国成立后担任中央人民政府政务院副秘书长，在百忙当中积极进行的一件重要的事情，就是北京和上海两地鲁迅旧居的整理和对外开放。两地旧居中的许多事情，她都是当事者和见证者。1950 年 3 月，许广平把宫门口西三条 21 号鲁迅旧居和全部鲁迅遗物捐献给国家，文化部文物局给她颁发了褒奖状。5 月，文物局派人去故居进行文物清点工作，许广平亲自指导。在清点工作的最后一天，许广平说到了这两棵枣树："最后，她无限深情地来到了后园，仰望着后墙，良久，她说：'很可惜那两棵枣树没有了，1946 年我来时，就没有了。当年，我们在'老虎尾巴'与鲁迅先生谈话时，确实看见墙外的这两棵枣树。'矫庸也补充说：'观众中不少人都问这两棵枣树到哪里去了？"[③]（图八）

不知道是许广平的这次清点工作中对两棵不在现场的枣树的观望发生了作用，还是故居管理员矫庸对不少观众"都问这两棵枣树到哪里去了"的重视，总之是在这不久，故居后院院墙外就补种上了两棵枣树。鲁迅博物馆前副馆长王士菁回忆自己 1951 年 7 月第一次参观鲁迅故居时说："故居前院的丁香是鲁迅手植的，后院的一簇簇丛生在井边的刺梅也是鲁迅亲自买来的，墙外两棵生长在邻家院内的枣树，那是后来补栽的。"[④] 但是这次补栽显然没有成功，因为，根据叶淑穗老师和鲁迅博物馆当年的记载，都说在 1956 年鲁迅博物馆建馆的过程中，又补栽过一次。根据当年的记者孙世铠在 1956 年 10 月 19 日鲁迅博物馆开馆前的报道，这次补栽的两棵枣树中的一棵还是没有成活："文中所

---

① 叶淑穗：《〈秋夜〉中的两株枣树》，《鲁迅研究月刊》2013 年第 12 期。

② 柏生：《访鲁迅先生》，《人民日报》1949 年 10 月 19 日。

③ 罗歌：《我要把一切还给鲁迅》，《鲁迅研究动态》1986 年第 9 期。

④ 王士菁：《杂忆》，《鲁迅研究动态》1986 年第 9 期。

图八　北京鲁迅故居后院

指的枣树早已被邻人砍去，1956 年又补种了两株（一株已死，现剩一株）恢复了往日的情景。”[①] 不知道这次补种之后是否又曾补种。根据曹聚仁编辑的《鲁迅年谱》，可以肯定的是，到十年后的 1966 年，这里仍然生长着两棵补种的枣树。在《鲁迅年谱》中，编者说：“编者最近去看了一回，那两株枣树，原已砍去了，而今又补种出来了。”[②] 至于后来这两株枣树是什么时候没有的，就没有说法了。

几十年来，人们对找到散文诗《秋夜》中所描述的两株枣树的对应原物的审美冲动，一直没有消停。最近几年，鲁迅博物馆围绕鲁迅故居风貌复原的话题，不断产生再次在原址补栽《秋夜》中两株枣树的想法。但到了时过境迁的今日，补栽的意义其实并不大。即使有两棵年轻的枣树生长在原来的地方，也早已经不是当年许广平他们看到的枣树，更不是鲁迅在那个秋夜看到的那两株枣树了。

---

① 孙世铠：《鲁迅在北京住过的地方》，北京出版社 1957 年版，第 5 页。

② 曹聚仁：《鲁迅年谱》，生活·读书·新知三联书店 2011 年版，第 47 页。

其实，在鲁迅故居周围的各个地方并不缺少枣树，但“野渡无人舟自横”，并没有人对这些普通的自然物多看上几眼，更不会产生文化的联想。鲁迅所看到的那两棵枣树本来也只是普通的枣树，只是因为鲁迅把它纳入到了自己的主观观照和意义框架中，才让它们产生了符号的动能和象征的意义。

当然，如果那两株鲁迅观照过的枣树还在的话，它们肯定也不是普通的自然物，而是充满意义的符号。只是，由于符号和意义之间距离遥远，我们普通人对它的欣赏，不一定能够解读出鲁迅所说的“而最直最长的几枝，却已经默默地铁似的直刺着奇怪而高的天空”。倒是 20 世纪 70 年代，在没有了实物的情况下，画家周元亮、陆燕生等根据鲁迅作品创作的画作《秋夜》中的枣树，更接近鲁迅所看到的那两株枣树。

其实，那两株枣树在鲁迅写完《秋夜》的时候，就已经完成了自己的历史使命。虽然不在现场，但当许广平和所有来鲁迅故居参观的人们，在后院向后墙外眺望的时候，脑海中分明涌现出两株桀骜不驯、冷硬不屈、和其他在场的枣树迥然不同的枣树。正因为不在现场，才让人们几十年来持续不断地对它述说和描绘，以填补两株缺席的枣树所留下的空白。

“但识琴中趣，何劳弦上音。”

那两株枣树其实没有死，它们就在那儿——在鲁迅的《秋夜》中活着。

作者钱振文为北京鲁迅博物馆研究馆员

看罢牡丹看秋菊　四时佳气永如春
——郭沫若与北京

张　勇

提及郭沫若，可能我们第一个印象便是他是四川乐山人，乐山于他有着天然紧密的关系，他的文艺表现方式、言语特征等，无不是巴蜀文化的集中展示。第二个印象便是他早年在日本留学，中途又因为政治原因被迫流亡日本十年之久，他的文艺思想、语言特色甚至是治学理念等，无不受到日本文化的浸染。但是除了四川乐山和日本九州之外，郭沫若与北京还有着一段不解之缘，北京在郭沫若的一生之中，具有重要的意义和价值。

一　郭沫若的北京足迹

1914 年，郭沫若离开故乡乐山，远渡重洋留学日本，直到 1949 年到达北京，期间一直过着颠沛流离的生活。日本的九州、中国的上海、武汉、重庆、香港和沈阳等，都留下了他的足迹。但真正生活时间最长、留下印记最多的还是北京。1949 年郭沫若到达北京后，便开始了稳定的生活，直至 1978 年去世，郭沫若在北京生活了 29 年之久。北京对郭沫若来讲，是具有重要影响的地理坐标。在这里他迈出了走向世界的第一步，开启了全新的人生历程，完成了人生重要的转变；又是在这里，他度过了自己最后的人生时光，书写了绚丽多彩而颇具争议的晚年岁月。而郭沫若对北京来说，更是留下了深深的印记，在北京的最著名的名胜古迹，处处可以看到他题写的牌匾和诗文，因此我们时时能够感受他的存在。甚至有可能你深入其中，却毫不知晓。比如，你在中国银行办理金融业务，“中国银行”便是由郭沫若题写的；你在中国书店买书阅读，“中国书店”便是郭沫若题写的；你要参观故宫，“故宫博物院”也是郭沫若题写的，这一切无不说明，北京与郭沫若是一个双位一体、你中有我的存在了。那么，在北京，郭沫若留下来的最重要的足迹有哪些呢？

（一）吹帚胡同

1913 年，郭沫若离开了生活 20 余年的巴蜀，来到天津，参加军医学校的招生考试，也希望能够从此走向不一样的人生旅途。考试结束后，郭沫若并没有返回四川，而是来到了距离天津不远的北京，一来探望在此做官的哥哥郭开文，另外也希望哥哥能够对自己未来的人生给予指点和帮助。这是他第一次与北京结缘。非常不凑巧，哥哥郭开文此时有事没在北京，因此，住在吹帚胡同的郭沫若，只好一人开始漫长的等待。虽然北京有着众多名胜古迹和小吃杂耍，但是这些都没有能够吸引年轻的郭沫若，他在看书阅读之余，只是偶尔去前门大栅栏的茶园里闲坐，打发闲散的时间。在这些等待的日子里，郭沫若面对积贫积弱的民族，面对国内的混乱局面，一直在思考着自己未来的道路究竟应该往哪里发展。正在他苦闷彷徨之际，大哥郭开文和一个朋友偶然的聊天，使得郭沫若获得了到日本留学的机会，这也开启了他辉煌不凡的新生命的大门。

（二）京奉铁路

北京是郭沫若走向世界的出发地，更是他人生迈出的最关键的一步。1913 年，郭沫若在前门坐上京奉铁路的火车，驶向日本（图一）。怀揣着梦想、饱含着激情的郭沫若，走向了学习医学的实业救国的道路，日本的东京便是他此次旅途的终点。临行前，郭沫若暗暗在心里下定决心：“此去日本，如果半年之内考不上官费，我要跳进东海去淹死，我没有面目再见江东父老，没有面目再见大哥。”正是这样决绝不回的态度和永不服输的气质，使他投身到了民族解放的伟业之中，利用诗歌创作的激情、历史剧演出的启示和历史学理论的智慧，郭沫若很快成为“革命文化的班头”，他的命运和生活又一次与北京结缘，也使他日后登上了天安门城楼，见证了新中国成立的伟大而庄严的时刻。

图一　京奉铁路第一信号所遗址

（三）西四大院

新中国成立后，担任多种国家领导职务的郭沫若定居在了北京。他最初居住的地点是在西四大院胡同 5 号，这里曾经是郭沫若搬至前海西街 18 号前在北京的住所，他在这里生活了 13 年之久。现在，郭沫若当年在此居住时的建筑都已经拆除，门牌也改为了 9 号，所有的格局都已经物是人非，但是，从院子的规模还可以依稀感觉到郭沫若住在此处所享受到的不同寻常的待遇。在这里，郭沫若完成了从一个“五四”文化学者向新中国政治领导身份的转变，政务院副总理、中国保卫世界和平大会主席、中国科技大学校长等多种身份的叠加，也彰显了他在新中国政治舞台上举足轻重的地位。这里曾经是他的居所，也是他办公的场域，在这里他接待过日本友人中岛健藏和西园寺公一等人，为中日民间外交的开展以及后来中日邦交关系的恢复做出了重要的贡献。在这里，他经常与傅抱石、徐悲鸿等朋友互相唱和，创作出了《题万马奔腾》

等大量的题画诗。虽然担任了繁重的社会职务，但是郭沫若在西四大院胡同 5 号居住期间，依然完成了《百花齐放》《文史论集》《武则天》《奴隶制时代》等不同学科领域的创作，彰显了一个文化学者本有的使命（图二）。

图二　郭沫若在西四大院胡同 5 号寓所的书房

（四）荣宝斋

位于北京市和平门外琉璃厂西街的荣宝斋，依然保有着古色古香的风格，现在悬挂于荣宝斋店门上方的牌匾，即为郭沫若当年所书写，这里也是郭沫若在北京生活期间最经常光顾的地方。新中国成立后，郭沫若在繁重的政务工作和忙碌的创作活动之余，走访古玩市场。探寻民间珍品成为他闲暇时间最大的爱好，荣宝斋当然是必去之处。荣宝斋在多年的经营和发展中，形成了“以文会友”的风格和传统，这里便成为书画家们的聚集之处。以诗文书法见长的郭沫若，因此与荣宝斋结下了不解之缘。1950 年荣宝斋公私合营之际，郭沫若为荣宝斋写下了《荣宝斋新记》一文，记载了荣宝斋在新的历史环境中新的面貌和美好未来。在荣宝斋里，郭沫若谈古论今，品鉴瑰宝。每当荣宝斋经理将别人索要郭沫若题字的便条拿出来的时候，他都认真地给每一个人题字作诗，这也凸显了他独有的文人雅士之风。郭沫若的平易近人、有求必应，使得他们与新中国艺术家们结下了深厚的友谊，并且与荣宝斋的员工也非常熟悉。他对荣宝斋在新中国建设初期的转型、发展和繁荣起到了重要作用，因此，郭沫若题写的“荣宝斋”牌匾，当之无愧地悬挂于大门之上。

（五）北京人民艺术剧院

郭沫若晚年在北京生活期间，完成了《蔡文姬》《武则天》等经典历史剧的创作。短短 5 天时间内完成了《蔡文姬》的创作，更是被传为佳话，同时也彰显了他作为文学创作者敏锐的艺术感悟力和渊博深厚

图三　1962 年 6 月，《武则天》在人民艺术剧院上演

的历史文化知识。随着《虎符》《蔡文姬》和《武则天》（图三）三部历史剧在北京人民艺术剧院先后公演成功，并成为人艺的保留剧目，郭沫若与人艺也具有了千丝万缕的关联。郭沫若是著名的历史剧作家，在不同历史时期创作出多部传世的经典剧目。他创作的历史剧，融传统知识、舞台艺术、语言表现、社会内涵等多个方面于一体，既突出了中国历史变革转型期的社会矛盾冲突，又展示了中西戏剧艺术的美学特征。人艺排演郭沫若三部历史剧时，只要时间允许，郭沫若都亲临现场，与演员、导演等人员切磋交流，提出了很多真知灼见的戏剧理论和创作方法，最大限度地呈现出这些剧目的艺术价值和美学风范。新中国成立后，正是借助于郭沫若、老舍和曹禺等人的戏剧创作和舞台演出，才形成了人艺特有的艺术魅力和美学风格，也筑就了人艺在现代中国经典的艺术品位。

（六）前海西街 18 号

1963 年 11 月，郭沫若由北京西四大院 5 号迁入到位于什刹海畔的前海西街 18 号寓所，至 1978 年 6 月 12 日病故，他在这里度过了生命的最后 15 年。郭沫若在此完成了《李白与杜甫》《英诗译稿》等重要作品的创作和翻译工作。

郭沫若纪念馆是一个占地面积 7000 多平方米的庭院式两进四合院，原为中医世家乐氏达仁堂私宅的一部分，始建于 20 世纪 20 年代，50 年代以来，先后做过蒙古国驻华大使馆和宋庆龄寓所。郭沫若纪念馆绿树参天，环境宜人，园中郭沫若生前种植的花木茂密葱茏。垂花门内，古朴典雅的四合院中，郭沫若的办公室、客厅、卧室和夫人于立群的写字间依然如故，保持着他们在世时的原貌。院子里还摆放着郭沫若生前所收藏的古钟、石狮子和石墩等物件，映照了他作为历史学家和考古学家的身影。

在前海西街 18 号院内，郭沫若所留下的最鲜活的印记，便是他所亲手栽种的各种绿植，林林总总不下十余种。郭沫若是个爱花爱树、喜欢亲近自然的人，自从他搬进这个院落后，他就亲手种植下了很多花木，有黄色报春的连翘，粉红色的热热闹闹开满一树的西府海棠，猩红的铁杆海棠，雍容华贵的牡丹。特别是长于假山之上的二月兰，年年自

图四　郭沫若纪念馆雪景

生自长，开起花来一片淡淡的紫色，这野花不光好看而且味道清香，春分时节，它们便成为郭沫若每天餐桌上的美食。特别是全院十几棵银杏，在秋阳下粲然辉煌，浑如十只金孔雀展开它们华美的尾翼，把收获的季节装点得隆重喜庆。银杏是郭沫若最喜爱的一种树。在他长期生活过的地方，无论是流亡日本时坐落在市川市偏僻小巷深处的寓所，还是抗战岁月中重庆乡间文化工作委员会的所在地，都有银杏笔直的躯干和繁茂的树冠与之相伴。

在北京的古建筑中，郭沫若纪念馆所在四合院的历史并不算特别长，还不足百年。但是走进郭沫若纪念馆，立刻会被浓郁的文化氛围所吸引。一尊在银杏树下郭沫若的铜像，会给你带来无限的遐思；一面郭沫若书法的墙壁，会给你带来艺术的感染；一本本泛黄的郭沫若作品，会给你带来文学的感悟；一张张历史的图片，也会带给你长久的回忆。这就是郭沫若纪念馆，这便是积淀着历史、文学、艺术、现实、未来的老北京四合院丰富内涵的体现，同时，这也是郭沫若在北京生活轨迹的定格与归宿（图四）。

二　前海西街 18 号中的郭沫若

秋季的什刹海微波荡漾，在它的西侧，有个院落里铺满了黄色的银杏叶，对于深秋的北京，别有一番风味在其中，这就是坐落于前海西街 18 号的郭沫若纪念馆。无论它最初由恭王府地产的一部分到乐氏达仁堂私宅的转换，还是新中国成立后由蒙古大使馆到宋庆龄寓所的更迭，最终却是因郭沫若晚年在此居住而成为现今的状貌。

1963 年 11 月，郭沫若由北京西四大院 5 号迁入，至 1978 年 6 月 12 日病故，他在这里度过了晚年。这 15 年里他有过欢乐，也有过悲伤，有着辉煌，也有着低落。在很多人的心目中，最后 15 年的郭沫若留给世人的，更多是付诸报刊版面上以国家领导人面目示人的形象，而他作为一名普通人的存在，被我们忽略了。因此，现在多数人更愿意谈论的，是郭沫若在中国近现代史上最混乱时刻所做出的文化和人生选择，和由此产生的各类言行，而忽视了他作为一名父亲、一名丈夫和一名普通文化人所呈现出不同社会角色的样态，进而将新中国成立后的郭沫若单一化、平面化和绝对化，而忽视了他的丰富性、复杂性和矛盾性。

（一）前海西街 18 号：一个被政治空间挤压的郭沫若

前海西街 18 号是一个占地面积 7000 多平方米的庭院式两进四合院，能够入住其中，也是郭沫若被主流意识形态认可的一个重要标志。搬进这所院子之前，郭沫若不是没有犹豫过。据现存资料记载，起初郭沫若自己并不愿来此居住，因为他觉得院子太大了，住宅条件太好了，在他心中，自己不应享有如此高的待遇，最终周恩来总理出面劝说，说明这座宅子并非简单供郭沫若私人居住，也是考虑他作为人大副委员长、政协副主席、科学院院长办公和接待国内外友人的需要，才分配给他使用的。如此郭沫若才改变初衷，同意搬来居住。这也许是个比较合理的理由。但我更愿意相信，郭沫若的犹豫并不仅仅是因为如此，他何尝不知道，如果搬进这所院子，他将作为一个国家政治形象、一个社会文化代表而存在，这必将与过去的那个充斥着个性自由呼喊、天马行空想象的郭沫若告别。

事实情况也印证了郭沫若的这种担心，虽然这所院落宽敞精致，但在这里真正属于郭沫若个人思考和活动的空间却寥寥无几，甚至都有些小得可怜。现在按照郭沫若生前的原貌保存下来的原状展厅，便清晰地印证了这些。透过展厅的玻璃窗你会发现，会客室、办公室兼书房、卧室被分隔地清晰明确，在这明晰的分隔中，郭沫若个人的空间其实已经被压缩地所剩无几了。从空间的维度上看，从会客室到办公室兼书房，再到卧室的面积空间是逐步缩小的，单就完全属于个人空间的卧室来讲，这里的布置相对于前两者已经十分简朴，甚至朴素得不能再朴素了。一张棕床、一张单人沙发、一套衣柜，一整套带木盒的《二十四史》，单就这几件简单的物品，已经让本来就已狭小的卧室显得更加局促了。

在这里，唯一能够体现出郭沫若个人性情的，便是这套《二十四史》。我们可以想象得到，每当处理完各种繁杂的政务和公文后，一天归于平静的时候，郭沫若自己一人安静地躺在床上，顺手拿起《二十四史》中的一本认真研读的场景，再无喧嚣和吵闹，再无无绪的争斗，更多地恢复到了自我沉思的空间，但这属于自我的空间，又是那么的狭小和短暂。

相对于个人空间的狭小，作为会客室和办公室的公共空间却是非常宽大。这个会客厅是郭沫若用来会见重要客人的场所，面积有卧室面积的三倍还要大些。

因为新中国成立后，郭沫若担任了国务院副总理、全国人大常委会副委员长、中国科学院院长等重要职务，所以，他要经常会见来自各方的不同客人。在这间会客厅里，马蹄形摆置的沙发占据了绝大多数空间，靠墙角摆放着钢琴。前面的单人沙发是郭沫若接待友人时习惯的座椅，最尊贵的客人在他左手的位置上。沙发后面的墙壁上，悬挂的是傅抱石专为郭沫若“量墙定作”的巨幅山水画《拟九龙渊诗意》，描绘的是郭沫若笔下朝鲜金刚山九龙渊的美景。总之，这件会客厅中摆设的物品，都追求着“大”的原则。细看一下，这里所有的摆设和陈列，与其他人的会客厅别无二致，更多的是为了待客之道，属于自己的空间几乎没有（图五）。

图五　郭沫若纪念馆会客厅

在客厅和卧室之间，略显奢侈的大房间就是郭沫若的书房了，更确切的说，是他的办公室。屋内西侧一排高大的书柜倚墙而立，满满排列其上的中外文书籍，暗示了主人贯通古今中西的学识。书房窗台上满布的一堆堆科学院科学考察报告、国情社会调查资料、待批阅的各类文件，诉说着主人公务的繁忙。

正是如此，作为一位文化巨匠，郭沫若寓所中这块写作空间，显现出“书房”与“办公室”的双重特性，这恰恰是这一时期郭沫若社会身份的反映。从新中国成立起，郭沫若就不再仅仅是一位文坛斗士，此时的他更多了一重国家领导人的角色。迁入前海西街 18 号寓所，恰恰是对他这一身份的认定。自此以后，不管愿不愿意，他都以这间办公室为书房，在其中阅读、写作、处理公务。这个房间也见证了他人生的最后一段时光。

（二）前海西街 18 号：一个青春诗性依旧的郭沫若

如果说郭沫若纪念馆里有什么样的特殊景观，放置在草地中的一对石狮子应是其一，这也是郭沫若纪念馆内一个往往被很多人忽略的重要物件。一进郭沫若纪念馆大门的右手边有一片草地，草地上放置着一对威武的石狮子。你也许非常惊讶，为什么这对石狮子被放在了草地上呢？因为按照中国传统的思维模式和文化习俗，石狮子应该是放置在住宅大门两侧，起到震慑的作用，并凸显出宅子主人的威严。但是在郭沫若的心目中，石狮子也应该是一个动物，既然是动物，那就应该把它们放置在自然之中，恢复动物原有的本性，这样才能让它们在本真的状态中去生活，由此折射出郭沫若内心中本有的童心思维和他对青春诗性的向往和追求。

青春和童趣何尝不是郭沫若此时的向往呢？因为特殊的社会政治环境，郭沫若只能将这种向往深深地埋在内心之中。《英诗译稿》的翻译，便是在此种境遇中产生的，也是郭沫若晚年隐曲心境最典型的体现。《英诗译稿》是郭沫若翻译的最后一部诗歌作品，也是被研究者们所忽视的一部译作。在郭沫若翻译作品中，《英诗译稿》无论是翻译的时间、方式以及内容等方面，都显示了非常多的独特性。这部诗歌译作和之前所翻译的作品的心境是完全不同的。郭沫若在《英诗译稿》中所选取的诗歌，都是“英美文学中平易，有趣的，短的抒情诗，是早有定评的世界著名的部分诗人的佳作”[①]。因此，《英诗译稿》中所译的诗歌，几乎都是对春天的歌颂和向往以及对人类原始生命活力的追寻和灵魂拷问式的诗歌，如“青春的热情尚未衰逝，愉悦的流泉但觉迟迟，有如一道草原中的绿溪，静悄悄地蜿蜒着流泻。……当快感失去了花时和吸引，生命本身有如一个空瓶，当我快要临到死境，为什么退潮更加猛进”的诗句。[②] 这何尝不是久经情绪压抑、渴望自由生活的郭沫若的典型心声呢？

《英诗译稿》在郭沫若生前并没有出版，就内容而言，在当时的政治环境下也没有出版的可能，它成了郭沫若为数不多的一部生前已经完成，但却没有出版的著作。如果从翻译的方式、心境和作品的选择来看，其实郭沫若翻译这部作品的初衷，也许本就不是为了出版而译的。

① 成仿吾：《英诗译稿·序》，人民文学出版社 1980 年版，第 1 页。

② ［英］妥默司·康沫尔著：《生命之川》，《英诗译稿》，郭沫若译，人民文学出版社 1980 年版，第 1 页。

郭沫若之前所翻译的作品大多是有目的性的，或为学习而译，或为生活而译，但是，《英诗译稿》是为内心而译。从现存的资料可以看到，《英诗译稿》中诗歌的翻译，几乎就是“随手写在书页四周的空白处……留在书页上的手迹”[①]。现在在1981年版的《英诗译稿》的插图中，清晰地看到郭沫若译此诗歌的手稿形式，在原诗空白处密密麻麻地写满了汉语译文，时而涂改，时而增删。这种随感式翻译的方法，更加凸显了郭沫若此时的心境，那就是渴望创作的冲动，渴望情感的抒发，渴望青春的重现。这何尝不是一次再创作呢？

正如译稿中所译的“我的灵魂是阳春，踊跃狂饮爱之醇；万事万物皆有情，渴望，缠绵理不清”[②]。这不正是“五四女神”时期诗歌创作中对青春的颂扬，对生命的赞叹的重现吗？它是已年迈的郭沫若内心中永恒的青春激情不自觉的流露。

（三）前海西街18号：一个复杂灵魂存在的郭沫若

每个人都是复杂的，郭沫若当然也并不例外，复杂性伴随着他一生的选择。特殊的社会环境，使得他晚年岁月中的复杂性表现得更加明显。在前海西街18号居住的15年中，他既有过挥斥方遒的豪迈情怀，也有过内心彷徨的低回苦闷；既有过与友人诗词唱酬的文情雅趣，也有过痛失爱子的悲哀无助。

郭沫若纪念馆内悬挂了很多书画作品，有傅抱石赠送的巨幅山水画《拟九龙渊诗意》，也有郭沫若题字、傅抱石画石、郁风画花、许麟庐画鹰合作完成的作品。在众多书画作品中，有一幅最为独特，这就是悬挂在郭沫若书房西墙的毛泽东手书的《西江月·井冈山》。这幅作品原是郭沫若为在井冈山修建黄洋界保卫战胜利纪念碑而请毛泽东书写的。这幅作品的独特之处在于，现在黄洋界保卫战胜利纪念碑上所刻写的作品中，“鉋”改为了“炮”。这究竟是怎么回事呢？

1965年7月1日，郭沫若到毛主席旧居、井冈山革命博物馆、黄

---

① 蔡震：《郭沫若画传》，江西人民出版社2011年版，第214页。

② ［英］约翰·格斯瓦西：《灵魂》，《英诗译稿》，郭沫若译，人民文学出版社1980年版，第77页。

洋界哨口等处参观，适逢该地正在修建纪念碑，于是郭沫若答应，请毛泽东手书《西江月·井冈山》，然后镌刻在上，于是便有了这幅字。据推测，毛泽东这幅手书的《西江月·井冈山》应该作于1965年7月到1966年7月，郭沫若得到这幅作品之后，第一时间发现了“鉋”和“炮”的差异，并请毛泽东将此字修改过来。

此后，郭沫若还专门给井冈山负责同志就这幅字写过一封信，信中主要强调：

> 请照碑式勾勒，并且适当放大为荷。
>
> 如以主席原式，则当成横披形，已建立碑又须改建。如何之处，请酌量处理，寄件收到后，望回一信。

从郭沫若一贯的性情以及他作为书法家的禀赋来讲，其实将“鉋”写为了“炮”也无可厚非，但是，郭沫若还是坚持让毛泽东将“鉋”改为了“炮”。另外，从上述信件的内容上看，郭沫若还是强调对于毛泽东这幅手书《西江月·井冈山》如何进行复制刻写的事情。此后，郭沫若便将这幅存在错别字的毛泽东的手书《西江月·井冈山》，悬挂在了自己办公室兼书房的西墙上。

通过这一字的修改，我们可以清晰地看出郭沫若晚年对于毛泽东亦友亦神的复杂情感。作为与毛泽东诗词唱和的多年挚友，郭沫若是真诚相待的；而毛泽东作为新中国的领袖，郭沫若也是真心崇拜的。按照人的基本情感，挚友和领袖的关系很难兼容，甚至是矛盾的，正是这种矛盾性，形成了郭沫若一生中最复杂的存在，但也是真实的存在。1966年5月，“文化大革命”已经开始，国内的政治局势非常紧张，郭沫若不能不看到这一切，也不能不知晓其中的利害关系。这种时局的变化是他凭一人之力所不能左右的，也是改变不了的。郭沫若晚年在如此复杂情感支配下的存在，这何尝不是当时众多知识分子情感的集中体现呢?

由此，我们也可以联想到在郭沫若书房书桌的案头摆放着他誊抄的两个爱子的日记本，这更是他在耄耋之年复杂心理的呈现。即使是再谨慎，郭沫若在“文化大革命”之初便遭到了沉重的打击。1967年4月，郭沫若在部队服役的年仅23岁的儿子郭民英在苦闷中辞世。1968年4

月，在北京农业大学上学的才华出众的儿子郭世英，惨遭造反派非法绑架，直至死亡，年仅 26 岁。这样的丧子之痛，对于他是多么大的精神打击啊！可以想象忙碌完一天的工作后，一个年近八旬的老人，用颤抖的双手，满含热泪抄录已经逝去亲人日记的悲情场景。他每天用工整的小楷字体一页一页地抄下来，共抄录了整整 8 本，以寄托自己的哀思。在这场非理性的政治运动中，任何的努力都显得过于苍白无力，任何的挣扎最终都会被无情地泯灭。这种无声的抗战更加凸显了郭沫若此时复杂内心的存在。

前海西街 18 号的秋天依旧美丽如画，落满一地的银杏叶将这个院落装点的格外具有诗意。那尊在银杏树下郭沫若的雕像，一直注视着远方，他仿佛是在思考，又仿佛是在述说，思考着曾经一段过往历史的现场，诉说着一段青春永恒的追忆。

三　郭沫若的银杏情节

“文学永远在提供着文学以外的记述、勘测、考证等等所不能提供的东西，即活生生的‘人的世界’，这世界的丰富性、其中蓄有的感性力量。”[①] 文学家笔下所描绘的世界，也正是我们走入他们的内心，探究他们存在的丰富的一把重要的钥匙。

自然界的生物物种，在现代作家笔下都发散出熠熠生辉的光芒和寓意。正如鲁迅对枣树、茅盾对白杨的特有情感，郭沫若则对于银杏情有独钟，银杏不仅影响了他的创作情感，而且还折射了他的价值选择。在文学世界中，郭沫若往往以银杏为题进行创作。在抗战烽火燃烧的激情岁月，1942 年 5 月 23 日，郭沫若完成了题为《银杏》的散文创作，并发表于 5 月 29 日重庆的《新华日报》上。在文章中，郭沫若高度赞扬银杏：“你没有丝毫依阿取容的姿态，而你也并不荒伧；你的美德象音乐一样洋溢八荒，但你也并不骄傲；你的名讳似乎就是‘超然’，你超在乎一切的草木之上，你超在乎一切之上，但你并不隐遁。”1961 年，郭沫若在游览泰山时，更是以银杏为题，吟出了“亭亭最是公孙树，

① 赵园：《城与人》，北京大学出版社 2002 年版，第 76 页。

挺立乾坤亿万年。不去云来随落拓，当头几见月中天”的优美诗句，从此可见郭沫若对于银杏的深厚感情。

在现实生活中的一系列行为，更能印证郭沫若对于银杏独有的情愫。特别是在前海西街 18 号的郭沫若纪念馆，一进门之处便可看到一株被郭沫若称为“妈妈树”的高大的银杏树，这不仅是郭沫若在北京晚年生活的精神寄托，更是他不断适应新的生活环境，永葆青春的生命之喻。但是对于郭沫若的银杏情节及其寓意，以往我们很少关注，这便造成了对郭沫若认识的缺失。

（一）郭沫若心目中的银杏

每个人都有一定的精神寄托和情感追求，郭沫若也不例外，纵观他的一生，银杏成为不同时期都陪伴在其左右的重要事物，并内化为一种精神气质和生命比附。从流亡隐居的东洋日本，到硝烟弥漫的陪都重庆；从新中国成立后西四大院 5 号的胡同小院，到前海西街 18 号的王府深宅，无论是顺境时的激扬文字、挥斥方遒，还是逆境时的蛰伏思考、奋笔疾书，银杏成为这些不同时期郭沫若生活、写作和思考的重要精神寄托。无独有偶，在重庆沙坪坝郭沫若纪念馆和北京郭沫若纪念馆的馆舍内，都有一株十分高大的银杏树。在重庆沙坪坝郭沫若纪念馆的银杏树下，郭沫若完成了著名的《甲申三百年祭》和气势磅礴的经典历史剧，在北京的郭沫若纪念馆的银杏树下，郭沫若同样完成了《青铜时代》等一系列史学名篇。如果你了解郭沫若的人生轨迹，便会发现，银杏已经内化为郭沫若内心的一座“生命的纪念塔”，并对他的生命存在和生活情感都具有特殊的意义（图六）。

追溯郭沫若与银杏的结缘，有迹可查的资料定格于 1928 年他在日本流亡时期。此时郭沫若处于政治避难之时，不得不隐姓埋名，东躲西藏。但就在这样艰难的环境中，郭沫若非但没有沉沦下去，反而在历史学、古文字学、自传文学以及翻译文学等方面取得了即便是常人在正常环境下都无法取得的辉煌成就。他为什么能够在这些领域取得如此高的成就？内在的动因是什么？

对于这些问题的解答，我们以往多从他个人的知识积累等方面来阐释，而对于他的生存环境很少关注。特别是郭沫若此后生活场域的情

图六　郭沫若纪念馆内秋天的银杏树

形，有一个关联始终的细节是我们以往忽略的，那就是银杏树的存在。处于政治流亡时期的郭沫若，即使在如此残酷的生存环境中，也不忘记在自己居住寓所的周围种下几株银杏树。那么，郭沫若对于日本的银杏是如何认定的呢？他说："我到过日本，日本也有你，但你分明是日本的华侨，你侨居在日本大约已有中国的文化侨居在日本的那样久远了吧。你是真应该称为中国的国树呀，我是喜欢你，我特别的喜欢你。"① 由此可见，郭沫若基本上是以民族主义的视野来界定银杏的，把银杏定义为"中国的国树"，也寓意着他在艰难环境中借助外在的事物支撑自己内心的情感。银杏已然内化为郭沫若生命的"诺亚方舟"，成为他生活下去的强大民族精神支柱。为此，郭沫若投身到中国古代历史研究，完成了《中国古代社会研究》《殷商青铜器铭文研究》《金文丛考》《卜辞通纂》《殷契粹编》等多部有关中国古代社会、中国古文字等方面的学术专著。他的研究为我们复原了中国古代社会"历史的真实"，

① 郭沫若：《银杏》，《郭沫若全集·文学编》第 10 卷，人民文学出版社 1985 年版，第 270—271 页。

展示了中国古代辉煌的历史，特别是通过对甲骨文和金文的研究，发现了一个隐蔽于历史视野之中璀璨的商代文明，这无疑像一剂兴奋剂，注入到此时已经积贫积弱的中国民众的内心，增强了他们的民族自尊心和自信心，更为重要的是，也激发了处于政治低潮期的郭沫若特有的民族生命力。因此，银杏在不觉间作为“生命的纪念塔”，高高耸立于郭沫若的内心世界。

相似的境遇出现在了战时的陪都重庆，同样的精神也延续自此。战时的陪都重庆被失利的阴霾所笼罩，战败论不时叫嚣于耳。此时，作为国民政府军事委员会政治部第三厅厅长的郭沫若，也随同一起撤退到了重庆，他在重庆期间居住时间最久的，便是沙坪坝区西永镇赖家桥全家院子了。无独有偶，在这一建于清末的四合院内，也有一颗树龄高达200多年的银杏树。这棵银杏树见证了抗战时期郭沫若特有的文化情怀，那就是对生命的热情讴歌，对情感的真情颂扬。

院子里的银杏树已经成为郭沫若此时写作生活的一部分，每当郭沫若“写得疲倦时，便开门去庭院里漫步一会儿，当头的明月将清辉洒满银杏和他的身上，光影迷离，颇觉舒适凉爽”①。在全家院子的银杏树下，郭沫若完成了《屈原》《棠棣之花》《虎符》《孔雀胆》《南冠草》《聂嫈》《高渐离》七部经典历史剧，历史名篇《甲申三百年祭》，历史研究巨著《青铜时代》和《十批判书》，多产的成果像这棵百年银杏结出的累累硕果一样光彩夺目。也正是借助于银杏的生命品格，郭沫若赋予了历史剧创作新的内涵。

以往我们对于郭沫若创作于20世纪40年代的历史剧，更多是从戏剧创作手法和剧本社会功能等角度展开论述，从而也得出了类似“以内蕴深厚的历史故事喻复杂的现实斗争形势，既能弘扬优秀的民族传统文化，增强民族认同感；又能通过比喻性的描写，让观众透过历史看清现实，认清发展趋势，激发斗志，增强必胜的信心”②。通过这样的叙事，郭沫若抗战时期历史剧的社会价值凸显无余。诚然，这种认识当然是无可厚非的，但是在关注它们的社会价值外，有关郭沫若历史剧的生

① 龚济民、方仁念：《郭沫若传》，北京十月文艺出版社1988年版，第312页。

② 黄曼君、朱寿桐编：《中国现代文学史》，武汉大学出版社2012年版，第516页。

命价值却被忽视了。如《棠棣之花》，重点借助聂嫈、聂政姐弟两个谋刺的事件，突出中国特有的侠义精神。《屈原》描写屈原遭到诬陷后的奋起抗战，不同流合污的高洁情操，还可以归纳到中国传统坚贞不渝民族精神的主题之中。但是，《孔雀胆》更多的是描写一个"富于民族色彩的凄美爱情故事"①，而这就与抗战的主题有些远离。

结合郭沫若以诗人的手法创作戏剧的独特方式以及他对银杏的独有情感，"生命"之喻也应是这些戏剧创作内在统一的主题。抗战时期的六部戏剧都是以中国传统的历史人物作为表现的主体，并且将这些人物放置在生死存亡的激烈矛盾冲突之中，戏剧表现的重点，是展现他们在冲突中心理撞击所迸发出的生命张力。《屈原》中，屈原在遭到政治迫害、小人诽谤后，发出了"雷电颂"般的轰鸣，"这是我的意志，宇宙的意志，鼓动吧，风！咆哮吧，雷！闪耀吧，电！把一切沉睡在黑暗怀里的东西，毁灭，毁灭，毁灭呀！"这引吭的高歌，这动情的呐喊，不正是对原始生命活力的呼唤吗？而《虎符》里如姬在生命的紧要关头更是直陈："此刻你所创造出来的死，便是有意义的生。……我是要活下去的，永远自由自在地活下去。我不能够死在那暴戾者的手里，我不能够奴颜婢膝地永远死陷在那暴戾者的手里。"这不也是生与死的博弈中焕发出的旺盛不屈的意志力吗？另外几部历史剧中，有关这样对生与死思考的大段倾诉比比皆是，因此从根本来讲，郭沫若抗战时期的历史剧创作，从本质意义上来看，更是鲜活生命力的展现，旺盛生命激情的渲染，只有表现内在生命力，才能如此感染读者和观众，才具有了永恒的艺术价值和生命，这不也是银杏"生命的纪念塔"寓意最好的诠释吗？

更能说明银杏内化为郭沫若生命意识象征的，是郭沫若把银杏树作为对亲人的情感寄托，祈愿生命康健的对象。1953 年，于立群由于身体不适，离京治疗。其间，郭沫若带着孩子一起到北京西郊的大觉寺，移植了一颗银杏树苗，为了寄托对于夫人的思念并祝愿她早日康复，把这棵银杏树取名为"妈妈树"，希望于立群能够像银杏树一样，用顽强的生命力去战胜病魔的侵扰。1963 年，郭沫若从西四大院胡同 5 号搬到了前海西街 18 号居住，他把这棵银杏树也移植了过来。"妈妈树"

① 黄曼君、朱寿桐编：《中国现代文学史》，武汉大学出版社 2012 年版，第 518 页。

的称谓，一方面表达了郭沫若对夫人于立群无限的牵挂；另一方面也借助“妈妈”的命名，折射出郭沫若对于银杏的生命之托。巧合的是，在前海西街 18 号原本就有一棵近百年历史的银杏树，粗大的树干也展现出了经历历史风雨洗礼后的沧桑与顽强。郭沫若对于银杏的喜爱，也衍生到了对其他物种的关注，1958 年完成的《百花齐放》就是这种情愫的产物。《百花齐放》是郭沫若后期一个非常重要的诗集。过去我们对于《百花齐放》的写作多政治的解读，少个性的阐释；多时代的羁绊，少内心的探究。如果能够考虑到郭沫若特有的银杏情怀、特有的对生物物种的敬畏之情和生命之寓，那么《百花齐放》的文学价值和美学内涵便不言自明了。

（二）作为郭沫若生命之喻的银杏

银杏伴随着郭沫若风雨飘摇的大半生，见证了他远渡重洋避难的艰难岁月，炮火硝烟的戎马生涯以及多事繁复的晚年时光，从这个角度来讲，银杏便是郭沫若的一生最好见证。银杏并不名贵，正如郭沫若一样，他其实是我们社会历史中发展中的普通一员，他有着在困境中振臂高呼的激情，也有着亲近大众、俯首写作的意识，更有着面对生活艰难时的苦闷和不安。银杏被称为“中国的活化石”，这不也正是郭沫若自身的比附吗？郭沫若所处的时代，正是中国历史风雨骤变的时刻，中国文化千翻万复的变化令人过目不暇，他正像个“活化石”一样，浓缩着历史发展的脉络，印证着文化轨迹的变迁，更为后人提供了可资借鉴的经验和教训。

如果从生命历程的长度来看，郭沫若是中国现代文化和社会发展当之无愧的“活化石”。郭沫若从狂飙突进的五四新文化运动走到了新中国“科学的春天”，经历了中国现代社会发展变革的风风雨雨。各次的重要文化历史事件中，都留下了他鲜活的印记。五四新文化运动时期《女神》的呐喊；北伐战争时“投笔从戎”的激情；左翼文学运动的倡导与论争；抗日战争期间“革命文化班头”的引领；新中国成立后文化秩序重建的构思，在这些决定现代中国发展方向的十字路口，总能看到郭沫若的身影。

20 世纪是中国历史上非常重要的一个时期，它从蒙昧走向开放，从保守走向革新，社会制度的变革必然影响着文化方向的转变，特别是中国现代知识分子的转型。郭沫若恰恰是经历这些变革并身处其中的为数不多的参与者之一。他几乎见证了现代中国文化秩序演变的全部过程，他的每一次方向的选择，每一次文化心态的变更，无不彰显了现代知识分子的心路历程。如果用今天的眼光来反观历史，我们都可以轻而易举地指出哪些道路的选择是对的，哪些方向的进展是错的。但如果仅仅用今天的思维去对历史人物做出简单对错的评判，这无疑降低了历史人物本有的价值。特别是像郭沫若这样具有历史代表性的人物，从他的选择判断、言行举止等具有代表性的方面，去探究现代知识分子的精神世界，进而总结他们的得失，无疑具有重要的研究价值。

如果从生命寓意的内涵来看。中国现代文化区别于传统文化最明显的标记，是对生命意识的讴歌与关注，即“人的发现”。以鲁迅为代表的一类知识分子，借助于《野草》等文章的撰写，表达了对于个体生命的哲理反思，通过象征主义的手法，揭示了生命的永恒价值和意义，提出了“中间物”的概念，构建了具有“反抗绝望”式的生命哲学，这是中国现代文化发展的极为重要一步。但如果仅有这一认知，中国现代文化发展之途必定是单一的。而以郭沫若为代表的一类知识分子，他们借助于凤凰涅槃式的浴火洗礼，宣告了全新生命的诞生，显示出了对生命创造力的讴歌，也彰显了现代生命外在的活力，这对于恢复久被中国传统文化束缚和压抑的人的自然属性，无疑具有重要的意义。如果说鲁迅侧重于对生命内涵本质的哲学思考，那么，郭沫若则着重于对生命外在活力的倾情展示；如果说鲁迅通过对生命的终极关怀来积聚民族自省的力量，那么，郭沫若则用青春生命更新来激发民众无限的斗志。因此，鲁迅和郭沫若从内和外的两个方面建构了适宜中国现代文化发展的新的人性价值观，他们作为两极构成，缺一不可。从这个意义上讲，郭沫若无疑代表着中国现代社会文化发展的重要一极，也是社会命运共同体的重要组成部分。

正如银杏作为生物界物种的“活化石”一样，郭沫若同样是现代中国社会的“活化石”。银杏是郭沫若一生钟爱的物种，同时也是他精神的寄予。郭沫若对于中国传统文化变革的思考，对于自我精神家园的建构，无不浸染着银杏的情怀，银杏与郭沫若已经合二为一，你中有我，我中有你，形成了一座耐人寻味的“生命的纪念塔”（图七）。

图七　郭沫若在前海西街18号寓所

四　郭沫若与北京文化的融合——以郭沫若和老舍交往为例

北京对于郭沫若既是熟悉的，更是陌生的。熟悉是因为北京“的文化性格对于无数人，早已作为先于他们经验的某种规定，以至于它的形象被岁月厚积起来的重重叠叠的经验描述所遮蔽而定型化了”[①]。陌生是因为北京文化“似乎只能活在个体人的生动感觉中”[②]。这对于已经年近六旬的郭沫若来说毕竟是新鲜的，他必须全力以赴地去体验北京的风土人情。因此，郭沫若与北京的关联不仅仅体现在人与物的方面，还体现在人与人的关系和交往过程中。

① 赵园：《北京：城与人》，北京大学出版社2002年版，第2页。

② 同上书，第1页。

在郭沫若的交往圈中，他与老舍的交往，特别是在北京期间与老舍的心有灵犀的默契与沟通，更是郭沫若主动融入北京生活，接纳北京文化的重要表现。

在中国现代文学史上，郭沫若和老舍都是令人瞩目的一代文界巨擘，他们都在各自的文学创作、文化思考等领域做出了后人难以企及的成就，为中国现代文学创作的成熟和发展画上了浓重的一笔。目前，对两人的研究还仅局限于他们各自文学创作的领域，能够将两者结合在一起进行研究的人少之又少。[①] 对于郭沫若与老舍的关系，许多人知道他们都是现代中国文学重要的作家，他们共同参与了中国抗战，他们又共同参与了新中国文学艺术的建设，但只是这些显然与郭沫若和老舍在中国现代文学史及中国现代文化发展史中的地位不相符。他们之间是如何交往的，他们的交往对现代中国文学的格局的形成和发展走向起到了什么样的影响，我们能够从他们交往的史料中品读出什么样的信息，这些都值得深入探讨。

（一）为什么要研究郭沫若与老舍的交往

我们为什么要研究郭沫若与老舍之间的交往？仅仅是因为郭沫若与老舍同为中国现代文学史上举足轻重的人物吗？答案当然是否定的，他们之间的交往，在现代文学发展的历程中，无论是交往的时间、交往的方式以及交往的结局，都具有独特的一面。他们之间的交往既不同于郭沫若与田汉、宗白华的朋友间的三叶草式的友谊，也不同于郭沫若与鲁迅剑拔弩张式的互异观念的质疑和否定，更不同于郭沫若与毛泽东之间由于政治原因的相互唱和。郭沫若和老舍之间的交往，具有更深层次的意味。我们就从他们之间的八封通信谈起。

郭沫若与老舍虽然成名于五四新文化运动时期，但二人的相识交往并非始于“五四”时期。由于各自的经历，抗日战争初期，郭沫若和

---

① 目前能够查阅到的有关论文，仅有石兴泽的《论郭沫若、老舍、田汉历史题材的戏剧创作——以〈蔡文姬〉、〈茶馆〉、〈关汉卿〉为中心》，《聊城师范学院学报》（哲学社会科学版）2001 年第 4 期。另外一篇就是甘海岚写的有关郭沫若和老舍交往历史的《郭沫若与老舍：“我爱舒夫子”》，载《文坛史林风雨路——郭沫若交往的文化圈》，林甘泉主编，浙江人民出版社 1999 年版，第 129 页。

老舍才开始相识，他们在共同组织中华全国文艺界抗敌协会的过程中，逐渐增多了交往。此后，两人在工作上的联系、会场上的相遇以及外事活动中配合的基础上，友谊逐日递增，并经常有书信往来。但目前能够查阅到的有关两者的通信就有八封。① 虽然如此，通过对他们之间这八封通信的解读，能够使我们对于郭沫若与老舍的交往情形有进一步的了解，同时能够通过他们书信往来，对所反映出的文学史的有关问题进行剖析和解答。

首先，这八封书信使我们感受到，二人的交往本身就包含着丰富的历史和文化信息。郭沫若和老舍二人对中国现代文学的发生、发展乃至最后的成熟都起到了不可替代的作用。表面上看二者的成就各不相同，郭沫若主创诗歌而老舍成名于小说，但他们文学创作上的内在气质却惊人地相似。如果从文化人格上讲，二者都拥有热情、理想和童真，但二人又有性格特点和行为方式的互补性。

其次，通过阅读二者往来的书信，我们能够明显地感受到，二人的交往中蕴含着一些未知的文学史秘密。仅凭郭沫若创作25周年时老舍与郭沫若之间的交往以及交往背后所蕴含的文学史秘密，我们就不能在熟读文学史的基础上将此点忽视。

最后，通过对于两人往来书信的解读，我们能够深化对二人的研究。这八封书信既有商谈某些工作事宜，也有共同探讨学术问题，还有人情礼仪的相互往来，因此，每一封信都是一段历史的记载。因此这八封书信既有助于深化对郭沫若的研究，也有助于开拓老舍研究的领域和范畴。最为重要的是，有关两者佚文的收集和整理可以互相补充，互为借鉴。可惜，此类研究文章并不多，文学史著作中，有关此问题的叙述更是空白。

由此可见，研究郭沫若与老舍的交往并不能只停留在一般历史事件的简单复述，也不能简单地将两者进行对比研究，而是应该建立在史料分析和研究的基础上，探究两人交往背后折射出的中国现代文学和文化发展规律，以及当时的政治、文化氛围中，二人不同的人生选择。

---

① 此八封书信，见于张桂兴著《老舍资料考释》，中国国际广播出版社2000年版，第479页。

（二）郭沫若与老舍交往的大致经过——从郭沫若与老舍的八封书信谈起

有关郭沫若与老舍交往的大致经过，甘海岚先生的《郭沫若与老舍："我爱舒夫子"》一文[①]已经按照时间线索，将两人的交往详细地描述出来。但是略显遗憾的是，作者对二者交往的事件所映射出的问题没有能够进行分析和解读。笔者在甘先生文章的基础上，结合郭沫若与老舍的八封书信以及相关的资料，将两人的交往分为三个阶段。

（1）第一阶段（1938—1946）：相识与结缘

郭沫若与老舍的相识源于"文协"的成立。1938年3月27日，在中华全国文艺界抗敌协会成立大会上，"老舍正和初识的郁达夫谈话，郭沫若走上前来握手，并作自我介绍。他们还没有来得及说几句话，就振铃开会了，这短暂的交谈，成为郭沫若、老舍一生友谊的开端"[②]。

由于国内特殊的战争环境，"各种类型的座谈、讲座、劳军、募捐、文化名人纪念活动、联欢活动"成为此后他们交往的主要场所。在这种背景下，郭沫若与老舍的交往更多的还是出自集体利益，而非私人的钦慕。这一点从目前所能够收集到的有关郭沫若与老舍的八封通信中，能够找寻到端倪。在这八封信中，写于20世纪40年代即郭沫若与老舍交往之初的信件只有一封。数量少的原因不外乎两种：一是由于时间长、保存不易或战争等因素而破坏或丢失；二是两人本身通信数量并不多。我更倾向于后者，因为从整篇通信的内容，人物的称谓、落款等方面来看，与其他通信相比有很大差异。

沫翁：

乡居大利文思：《归去来兮》后，继以《谁先到了重庆》，计月尾亦可完卷。虽粗制滥造，幸或成篇，终胜利禄之喜。拟再索枯肠，一夏成四剧，堪为记录耳！秋后有缘，四剧同时演出，咸遭失

---

① 参见林甘泉主编《文坛史林风雨路——郭沫若交往的文化圈》，浙江人民出版社1999年版，第129页。

② 同上书，第131页。

败，热泪长流，亦大快事！

冷暖变化，略患腹泻。未审城中如何，起居当适否？闻剧艺社将演《屈原》于北碚，深欲往观，但时署途遥，又辄自阻。

组缃、冶秋，俱有去志；长安，不易居，尚乏举荐之路；有用人处，祈代留意为祷！

匆匆，祝

吉

弟舍躬

廿七

首先从人物称谓来看，这封信老舍尊称郭沫若为“沫翁”，而不是写于20世纪五六十年代的“郭老”。

其次从落款来看，这封信老舍的落款为“弟舍躬”，而非五六十年代的落款“老舍”。

最后从信件的内容和语气来看，“闻剧艺社将演《屈原》于北碚，深欲往观，但时署途遥，又辄自阻”，显然是普通熟人间的客套话语，与五六十年代信件中“我不搞这一套，把问题交给您吧”以及“明后天去西郊农村小住，归来再去请安”的轻松语调截然相反。即便是代人举荐之事的“有用人处，祈代留意为祷”恳求的语调，与1952年的“据我了解，他的确喜爱实际造林，而且很有经验。他嘱我向您说说”的语调也有所不同。

这封信的细节说明，老舍此时还是从敬仰郭沫若的角度来同郭沫若交往的。与此相互印证的，是为庆祝郭沫若50寿辰和创作25周年，老舍在1941年11月10日《新蜀报》上发表的标题为《我所认识的郭沫若先生》一文。老舍用十分朴素的语言，述说了他与郭沫若相识四年来对郭沫若的认识，并且表达自己对郭沫若充满真诚、友情和敬佩的情谊。纵观当时的绝大多数庆贺郭沫若创作25周年的文章①，老舍这篇文章的内容和语气显得十分独特。

---

① 具体文章请参阅《百家论郭沫若》，王锦厚、秦川等选编，成都出版社1992年版，第358—419页。

郭沫若对老舍也充满了理解和深知之情，相隔三年后即1944年，恰逢老舍创作活动20周年，郭沫若在4月17日这一天，分别在《新蜀报》《新华日报》以及《华西日报》发表文章来纪念这一事情，更是表达了“我爱舒夫子”强烈的朋友之谊。

（2）第二阶段（1950—1960）：相交与关爱。

沫公：

老友郝景盛现任西郊公园植物分类所所长，他前几天来说：愿意实际搞造林工作，不愿圈在屋里搞公事；农林部曾有意叫他去帮忙，但科学院不放手他。他不肯多反映意见，怕上级误会他不安于位。据我了解，他的确喜爱实际造林，而且很有经验。他嘱我向您说说，我忘了；今天读到《人民日报》社论才又想起来。您这两日空闲了一些吧？

匆匆，致

敬

老舍

六、十四

郭老：

找到一块端砚，系北京藏家所珍，石名“蕉白”，非普通紫色；中有朱纹，加水愈显，大概是康熙时物，边款或可证。这是我送给您的小礼物，千祈哂纳！

致

敬

老舍

四日

郭老：

谢谢摩腰膏药！如见效，当托广州友人代购。

问夫人好，弟弟妹妹等都好！

致

敬！

老舍

这是目前所能够查到的有关郭沫若与老舍在20世纪50年代里为数不多的通信。此外，《老舍年谱》中记载：同日，给郭老写信，通知住址已迁移到灯市口迺兹府大街丰盛胡同10号。[①] 虽然数量不多，但是从中我们能够明显地看出，他们已从刚刚认识时单纯的朋友友谊，发展到了相互关怀的友人。

这三封信是现存郭沫若与老舍的通信中唯一的没有谈及文学的一个时期，而它们全部都出现于50年代，其中隐含着丰富的文学史的秘密。

根据目前能够收集到的有关资料，1950—1960年，老舍共在约88个机构、团体或社团中担任重要职务，远远地高于1938—1949年的25个以及1961—1966年的11个。[②] 翻阅《老舍年谱》和《老舍日记》中有关这一段时期的记载，基本上都是有关老舍出席会议、宴会、出访以及接见代表团的事件，真正的文学创作少之又少，除了《茶馆》之外，真正能够达到解放前创作水准的作品寥寥无几。郭沫若的情形与老舍大致相同。新中国成立后，郭沫若也因公务和社会事物的原因，文学创作出现了停止的现象，因此，他们这一段的交往基本上远离了文学创作。

（3）第三阶段（1961—1966）：相知与唱和。

郭老：

拜读《诗歌漫谈》，获益不少！我手中的《唐人万首绝句》系埽叶山房铅字本，不知怎么把“劝君多采撷”印为“劝君休采撷”！这样一来，便和您的讲法恰好相反了。埽叶本不算太坏，“多”易“休”必有所本。我不搞这一套，把问题交给您吧。

致

敬礼

问立群同志好！

老舍

五、九

① 张桂兴编撰：《老舍年谱》下册，上海文艺出版社2005年版，第590页。

② 张桂兴著：《老舍资料考释》，中国国际广播出版社2000年版，第168—229页。

郭老：

黄山之游，血压波动，昏昏终日，未获好诗，蒙索阅，选录数章，全无秀句，博一笑耳！明后天去西郊农村小住，归来再去请安。

匆匆，致

敬礼！

立群同志好！

老舍上

十二

郭老：

南游归来，诗囊必富，切盼拜读佳篇，学习受益！立群同志索扇，已画好；医学科学院求您写毛主席《送瘟神》二律，纸在我处，当与小扇一同送上。何时在府，祈示下（电话：55.4879），以便拜谒！

致

敬礼

立群同志同此

老舍上

七、十三

立群同志：

郭老书《送瘟神》大字收到，已送交医学科学院，并嘱代致谢！打油诗一首附奉，博郭老一笑！暑甚，恕不一一！

致

敬礼

絜青问您好！

老　舍

七月二十二日

在这四封20世纪60年代老舍给郭沫若的信件中，读新作、代人求字、切磋诗艺等，都充溢着挚友间的亲密与坦诚，同时也显现出两位中国现代文学史上的文学大师诗心雅趣的心灵撞击，郭沫若与老舍同时迎来了新中国成立后创作生涯特别是旧体诗创作的高峰。[①]

郭沫若与老舍能够在各自文学创作领域得以突破，与他们之间在交往中的互相砥砺有着密不可分的关系。脱离了政治和外物的羁绊，纯粹心灵的沟通和融合，是郭沫若与老舍这一段时间交往的最好诠释。

1963 年春节期间，郭沫若、于立群夫妇到老舍家看望。于立群为老舍夫人胡絜青在一副中堂上写了八个隶书大字，郭沫若随后便将自己的新作《满江红・迎春曲》写在了旁边。写好后，郭沫若夫妇热情地邀请老舍夫妇到郭府加盖印章。

1964 年，老舍去海淀区四季青公社体验生活，行前给郭沫若送去一封信，信后附录了黄山之行诗作八首。郭沫若在下午会议结束后，冒雨驱车来到灯市西口丰富胡同 19 号老舍家品茗论诗。郭沫若回家后，立刻收到老舍送来的快件，原来，老舍对郭沫若冒雨前来看望深为感动，郭沫若走后即赋《诗谢郭老秋雨中来访》。

1964 年 10 月 23 日，老舍写信给郭沫若，讲述了他在门头村的生活和村里搞四清运动的情况。郭沫若收到信和诗后，于 10 月 24 日和诗一首，25 日与回信一并寄给老舍。

1965 年春，老舍率中国作家代表团访问日本，归国后，即将 17 首游日诗寄给郭沫若。夏天，老舍读了郭沫若诗后，又赋诗七律一首致郭沫若。

以上这些，只是他们在 20 世纪 60 年代共同谈诗的片段。正是在这样的氛围中，郭沫若和老舍才迎来了自己文学创作的又一个高峰。

在郭沫若与老舍的交往、往来信件和诗歌唱和中，蕴含着他们对祖国的热爱，对理想、信念的执着，也蕴含着朋友间弥足珍贵的真诚、关切、信赖和友情。郭沫若借助与老舍的交往，更快地融入北京特有的文化中；老舍也借此机会，更多地走进主流文化意识形态。

---

① 有关老舍旧体诗创作，参阅张桂兴著《老舍资料考释》第 258—292 页中有关内容的复述，中国国际广播出版社 2000 年版。郭沫若的旧体诗创作，参阅《郭沫若全集》第 4 卷的《东风集》和第 5 卷的《沫若诗词选》，人民文学出版社 1984 年版。

（三）郭沫若与老舍交往的主要侧面

郭沫若与老舍在中国现代文学史上留下了显赫的声名，他们的影响范围以及参与活动的场合又远远超出了文学的范畴，他们既在文学创作领域互相唱和，又在社会活动中亲密合作，两个人之间也就达成了心灵之间的交流。

（1）文学创作

作为现代文学史上的文学创作巨匠，郭沫若与老舍交往的基础应该是文学创作。在目前能够收集到的郭沫若与老舍的八封通信中，有五封信涉及文学创作、文学理论等方面的问题。在文学创作方面，又涉及了诗歌、戏剧等方面的创作，特别是以书信的交往方式，二人在旧体诗的创作上互相唱和，使得现代文学的创作在特殊的时代背景下得以维继。

郭沫若与老舍文学创作上的交流，主要表现在二人对文学创作的热情和纯真。1941 年仲夏，郭沫若作《和老舍原韵并赠三首》，其中“内充真体圆融甚，外发英华色泽鲜”；“奇语惊人拼万死，高歌吐气作长虹”；“醍醐妙味谁能识？端在吟成放笔时”[①] 的诗句，表现出郭沫若对老舍文才和人品的钦佩和惺惺相惜之意。1941 年 8 月 23 日，老舍作了《沫若先生邀饮赖家桥》一诗[②]，记述了老舍与郭沫若开怀畅饮、共抒心志的情形。可以说，郭沫若与老舍真正的交流和交往，是立足诗歌创作。无独有偶，目前能够发现的郭沫若与老舍最后交流的文字，也是诗歌创作。1965 年 7 月 22 日，老舍在给于立群的信后附了打油诗：读郭老《由王谢墓志的出土论到〈兰亭序〉的真伪》，戏成一律，录呈郭老博粲。

由此可以看出，文学创作成为维系郭沫若与老舍交往的纽带和基石，无论外界环境如何变迁，他们之间对于文学共同的挚爱和信仰，使他们走过了近 30 年的相交、相知的友谊之途。

---

① 林甘泉主编：《文坛史林风雨路——郭沫若交往的文化圈》，浙江人民出版社 1999 年版，第 140 页。

② 同上。

（2）社会活动

如果说文学创作成为郭沫若与老舍交往的纽带和基石，那么，社会活动则成为郭沫若与老舍交往的外在显现，他们在社会活动中的配合和支持，更加深化了他们之间交往的情谊。

老舍一生中大约在158个社团和机构中兼任过职务，而与郭沫若相识后，大约参与了124个社团和机构的活动，其中绝大多数是与郭沫若一起任职的。因此，社会活动成为郭沫若与老舍交往过程中增加彼此友谊和信任的关键点。

值得一提的是，在郭沫若50岁寿辰和创作25周年纪念活动中，正是老舍不遗余力地筹划和组织，才使得这一活动收到了应有的成效。老舍经过积极活动，将当时几乎整个文艺界、文化界的人物全部都动员起来。另外，老舍又借助于冯玉祥的关系，将此次活动拓展到了政治领域。这个活动持续了近半年的时间，这不仅是文化界的胜利，也是政治斗争的胜利，同时也大大增进了郭沫若与老舍之间的感情。今天我们再来重读老舍在这个活动中所写的《我所认识的郭沫若先生》和《参加郭沫若先生创作二十五年纪念会感言》两篇文章，可以明显地看出，这绝非是仅阅读郭沫若一两篇文章就能够写成的，而是要达到心与心的交流后才能为之。毫不夸张地说，郭沫若成为继鲁迅之后的文化旗帜，老舍是功不可没的。

（3）合作共事

新中国成立后，郭沫若担任了政务院副总理、全国人大常委会副委员长、全国政协副主席、中国科学院院长和中国文联主席等职务。老舍则是北京市文联主席，并与郭沫若在很多文化团体中担任重要职务，因此，合作共事成为他们交往的主要形式。

在文学艺术的创作上，郭沫若和老舍以自己丰富的戏剧创作成果和深厚的戏剧理论知识，为推进中国戏剧事业的发展做出了突出的贡献（图八）。

此外，在对外文化艺术的沟通交流上，郭沫若和老舍以自己深厚的中华文化底蕴和自己的真诚，博得了外国友人的赞誉，为中外文化的交流与发展做出了贡献。

图八　老舍、郭沫若和《虎符》剧中主要人物的扮演者朱琳（右三）

（4）心灵交流

郭沫若与老舍的交往并非一般朋友间简单的唱和，而是一种心灵的交流。这种心灵的交流体现在很多方面。

首先是对于对方文学创作的批评。当老舍看完郭沫若的历史剧《棠棣之花》后，认为“全戏空气不甚调谐……第三幕是临时添加的不甚高明……没有这一幕，我想，也许更好一点。中国古代如何舞剑击剑，不可得知；但此剧中之剑法，则系西洋把式，事情虽小，亦足证演古装戏之不易尔”①。这种不疾不徐的批评语气，显示出老舍对戏剧艺术的独到见解，同时也切中郭沫若历史剧创作中的不足和缺憾。相比于当时许多对于郭沫若文学创作无原则的“追捧”或意气式的否定，老舍的这种“讲真话”的批评，彰显出了他们之间心灵的契合。

其次是生活细节上的关心。老舍在北碚时爱喝酒，郭沫若常关心地劝他少贪杯，保重身体。老舍在《我所认识的郭沫若先生》中曾记述

① 老舍：《看戏短评》，王锦厚、秦川等选编：《百家论郭沫若》，成都出版社 1992 年版，第 382 页。

道："最使我感动的是他那随时的，真诚而并不正颜厉色的，对朋友们的规劝。这规劝，像春晓的微风似的，使人不知不觉的感到温暖，而不能不感谢他。好几次了，他注意到我贪酒，好几次了，当我辞别他的时候，他低声的，微笑的，像极怕伤了我的心似的，说'少喝点酒啊!'"① 新中国成立后，郭沫若曾经送给老舍"摩腰膏药"，使老舍深受感动。② 心灵之间的交流，深化了郭沫若与老舍交往的层次，使他们的友谊得以升华。

（四）有关郭沫若与老舍交往的几个问题

在研究郭沫若与老舍交往的过程中，我们遇到了很多难题。这可能是大家在研究郭沫若与老舍，甚至是整个文学史研究过程中可能也会遇到的共同问题，在此提出。

（1）郭沫若与老舍交往散佚信件的收集与整理工作

郭沫若与老舍交往约有 28 年的时间，但现存的通信只有八封，这显然与两个人的历史地位不相符。因此，对二人交往过程中散佚信件的收集与整理工作，成为深化二人研究的必由之径。

首先，应该注重史料中所记载信件的收集。例如，甘海岚先生的文章中就记载：1965 年春，老舍率中国作家代表团访问日本，归国后，将 17 首游日诗寄给郭沫若。夏天，老舍读了郭沫若诗后，又赋诗七律一首致郭沫若。但是，目前这些诗作如何，我们不得而知。另外，在《老舍年谱》中记载：1954 年 4 月 13 日，老舍曾给郭沫若写信，告之已搬至新址，但这封信目前也没有看到。

其次，这八封通信全部都是老舍写给郭沫若的，而郭沫若给老舍的回信，迄今只有一封。③ 这显然是不符合事实逻辑的，如果能够收集到散佚的郭沫若回复给老舍的信件，那么，有关两人交往的研究很可能会

---

① 《我所认识的郭沫若先生》，《老舍文集》第 14 卷，人民文学出版社 1989 年版，第 222 页。

② 此事请参阅 1960 年 4 月 8 日老舍致郭沫若的信，此处资料来源于张桂兴著《老舍资料考释》，中国国际广播出版社 2000 年版，第 481 页。

③ 此封信收于《老舍全集》第 15 卷，第 646 页。全文为"舍予兄：廿三日信接到，和诗拜读了。我又和您一首。可惜我不能来奉陪，深为内愁。鼎堂一九六四年　十　廿五"。

是另外一种情形。

通过收集和整理郭沫若和老舍交往散佚信件，我们就可以以小见大，将这种研究方法和思路运用和扩展到整个现代文学作家作品的研究领域之中。通过扎实细致的史料分析，现代文学研究的面貌和成果将会大为改观。

（2）郭沫若与老舍旧体诗创作爆发期问题探析

老舍作为著名小说家，众人皆知，他的《骆驼祥子》《四世同堂》等长篇小说蜚声海内外。老舍作为著名剧作家也有口皆碑，他的话剧《茶馆》等剧作誉满全球。然而，如果说老舍是一位诗人，那就不一定为广大读者和学术界所了解了。造成这种现象的原因固然很多，究其主要原因，恐怕是由于老舍一生中所创作的小说和剧本影响太大了，以至掩盖了他诗歌创作的光辉。由于老舍也是一位诗人，因此他与郭沫若之间便有了相交的默契和可能。而他们对于文学创作的交流，更多的是通过诗歌来交流的，特别是 20 世纪 60 年代以后。

老舍的一生中，除去 1950 年至 1958 年至今尚未见其旧体诗作外，其余各个时期均有不同数量的旧体诗发表。有两个阶段为爆发期，一是 1939—1942 年，二是 1958—1965 年。[①] 而旧体诗则成为郭沫若与老舍交往中有关文学创作沟通的桥梁和纽带。

1964 年，老舍要去海淀区四季青公社体验生活，行前给郭沫若送去一封信，信后附录了黄山之行诗作八首。郭沫若在下午会议结束后，冒雨驱车来到灯市西口丰富胡同 19 号老舍家，郭沫若回家后，立刻收到老舍送来的快件。原来，老舍对郭沫若冒雨前来看望深为感动，郭沫若走后，即赋《诗谢郭老秋雨中来访》。

1964 年 10 月 23 日，老舍写信给郭沫若讲述了他在门头村的生活和在村里搞四清运动的情况。郭沫若收到信和诗后，于 10 月 24 日和诗一首，25 日与回信一并寄给老舍。

1965 年春，老舍率中国作家代表团访问日本，归国后即将 17 首游日诗寄给郭沫若。夏天，老舍读了郭沫若诗后，又赋诗七律一首致郭

① 此处的数据均来源于张桂兴著《老舍资料考释》，中国国际广播出版社 2000 年版，第 260 页。

沫若。

以上事件无不说明旧体诗在郭沫若与老舍交往过程中的重要作用。但目前有关郭沫若旧体诗的研究，只有六篇文章[①]；而有关老舍旧体诗的研究，只有三篇文章。[②]

为什么会出现这种情形，原因是多方面的。但如果我们从郭沫若与老舍交往的角度，即从郭沫若和老舍旧体诗创作的时间、旧体诗生成的机制以及传播方式、途径角度来研究，将会是另外一番景象。

郭沫若在北京生活了28年之久，这28年更是他身份、思想、创作等各个方面都发生重要变化的时期。他在北京以“科学的春天”作结，并将历史的影像定格于前海西街18号争奇斗艳的牡丹花丛中，他留给世人的，是一段可能永远也不能解开的北京心结吧。

作者张勇为郭沫若纪念馆副研究员

① 这六篇文章是谷辅林《论郭沫若前期旧体诗词的爱国主题》，华忱之《高歌吐气作长虹——论郭沫若抗战时期的旧体诗》，李郭倩《身份的重影——看旧体诗词中的郭沫若心态》，罗镇岳《对郭沫若旧体诗词注释的几点质疑》，马宏柏《“问余何所爱，二子皆孤标”——鲁迅、郭沫若旧体诗比较》，卜庆华《对五家郭沫若旧体诗词注释的再质疑》。

② 这三篇文章是李遇春《忧患之诗与安乐之诗——老舍旧体诗创作转型论》，王栋《不以诗名　唯示诗心——读老舍旧体诗作》，陈友康《论老舍的旧体诗》。

人间正道是沧桑

——茅盾与北京

钟桂松

在文学巨匠茅盾漫长的一生中，北京是他居住时间最长的一个地方，是茅盾读大学和为国家服务并留下深刻印记的地方。在风风雨雨的20世纪，茅盾在北京，留下了许许多多可歌可泣的历史往事，也留下了首都北京给茅盾的温暖和尊重。

一

茅盾最早到北京是在1913年9月，这时，茅盾是以北京大学预科生身份到北京大学报到的，从此开始他在北京三年的大学生活。

1913年7月，茅盾从杭州私立安定中学毕业回到乌镇以后，茅盾母亲和他商量，希望茅盾继续读书。至于读书的费用，茅盾母亲早有准备，因为几年前外祖母给的1000元存放在镇上的钱庄里，相当于现在理财。现在，这钱已经有7000元，茅盾母亲将这7000元分成两份，给茅盾和他弟弟沈泽民留着，作为兄弟俩读书之用。现在茅盾中学毕业，继续读书就可以用这笔钱。现在的问题是去那里读书？茅盾母亲和茅盾颇费思量，因为那个时候的大学很少，而且因为费用问题，茅盾只能读三年的时间。后来，茅盾母亲看到上海《申报》上有北京大学在上海招收三年制的预科生的广告，于是决定，让儿子茅盾去报考北京大学预科。至于为什么考北京大学？除了费用问题，还有一种说法，说因为茅盾的父亲生前曾经有考北京大学前身的京师大学堂的夙愿，后来因为情况发生变化，茅盾父亲的愿望未能实现。所以这在茅盾母亲心里始终是个“结”。因此让儿子去考北京大学，也算是替丈夫了却一个夙愿。还有一个因素是，喜欢茅盾的亲戚卢表叔当时在北京财政部工作，茅盾去北京读书，他可以关照。当时茅盾也仔细研究了北京大学的招生广告，发现报名时间是 7 月 21 日至 31 日；而且预科也分一类二类，各招 80 名，学制三年。考试科目中，第一类与第二类有些区别，总共开考科目有历史、地理、国文、英文、数学、理化、博物、图书。而考第一类，“理化、博物、图书”三门中免试二门①。考试时间是 8 月 11 日开始，考试地点在虹口唐山路澄衷学校。后来到上海以后，茅盾才知道，预科第一类将来是升文、法、商本科的，第二类将来是升理工科本科的。茅盾选择了预科第一类，茅盾后来自己说，因为数学不行，“就选择了第一类。”

关于这次去上海考北京大学，茅盾晚年有一段回忆。他说：“考试分两天，都在上午。第一个上午考国文，不是作一篇论文而是回答几个问题。这些问题是中国文学、学术的源流和发展。第二天上半天考英文，考题是造句、填空（即一句英语，中空数字，看你填的字是否合格，合格了也还有用字更恰当更优美之别），改错（即一句中故意有错字，看你是否能改正，或改得更好）、中译英、英译中。最后还有简单的口试。”② 其实当时茅盾参加的考试，不仅仅考国文和英文，还有历史、地理、数学等。茅盾因为数学不好而放弃的，估计是理化、博物两门，因为数学是必须考试的。

大概一个月以后，茅盾在上海的《申报》上看到北京大学录取新生的名单，但是没有看到“沈德鸿”的名字，却看到“沈德鸣”。于是家里面的人猜测，大概是报纸印错了。果然，没过多久，茅盾就收到北京大学的录取通知书。

所以，茅盾是 1913 年 9 月开始北京的求学之旅的（图一）。

茅盾从乌镇到北京的路程，现在看来也很有意思，茅盾从乌镇坐船到上海，从上海坐海船到天津，再从天津坐火车到北京崇文门火车站。这是一百多年前一代文学巨匠茅盾年轻时从家乡到北京的路线图。

---

① 茅盾：《我走过的道路》上册，人民文学出版社 1997 年版，第 101 页。

② 同上。

图一 1913 年的沈德鸿（茅盾）

北京大学预科第一类招生 200 多人，分四个班上课。学生宿舍分为两个地方。一部分住在沙滩新造的宿舍，两个人一间，取暖靠煤球炉，自己生火。另一部分住在译学馆。茅盾住在译学馆，即过去的同文馆的地方，其地址位于北河沿。大体上在今天的景山前街、北池子大街北口和五四大街三岔路口一带，当年的建筑早已荡然无存。大概是新鲜环境印象深刻的缘故，茅盾对译学馆的宿舍，到晚年仍然记忆深刻："至于宿舍（译学馆），楼上楼下各两大间，每间约有床位十来个。学生都用蚊帐和书架把自己所居围成一个小房间。楼的四角，是形成小房间的最好地位，我到时已被人抢先占去了。"① 正当茅盾对北京大学的宿舍格局感到十分新鲜时，北京大学的领导却正为开学这件事与教育部进行坚决的斗争。原来，这一年北京大学在北京、上海、汉口等地大规模地招生，并定于 9 月 25 日开学。不料，在 9 月 23 日突然接到教育部通知，命令北京大学暂缓开学，并约北京大学校长何燏侯到教育部谈话。何校长到教育部才知道，原来北洋政府要停办北京大学，这是何等荒唐的决定！何校长带领北京大学的师生与北洋政府进行坚决斗争，教育部不得不暂停裁撤北京大学的决定。所以，茅盾他们这些新生到北京大学报到以后，一直到 10 月中旬才开学。何燏侯校长被迫在开学以后辞职，湖

① 茅盾：《我走过的道路》上册，人民文学出版社 1997 年版，第 105 页。

州人胡仁源担任工科学长，代理北京大学校长，沈步洲为预科学长。

与茅盾同为预科同学的，茅盾在回忆录里面只提到江山人毛子水和宁波人胡哲谋、杭州富阳人徐佐。其实，与茅盾预科同学的还有傅斯年、顾颉刚等后来名扬天下的人物，估计这是当时木讷内向的茅盾，与其他同学并不热络的缘故。这里面提到的毛子水，虽然是同学，但是比茅盾大3岁，生于1893年，出生在一个诗礼世家，古文基础非常扎实，从小就跟父亲读四书，1913年考取北京大学预科，1917年升入理科数学系。毛子水后来创办《新潮》杂志，1920年数学系毕业以后，又去预科任国文教师，后又去德国攻读科学史。1930年回国，在北京大学史学系任教。抗日战争爆发后，任西南联大史学教授。1949年，毛子水应台湾大学傅斯年邀请，赴台湾，任台湾大学中文系教授。同年发起创办《自由中国》杂志，1988年在台湾去世。有《毛子水全集》问世。至于另一个同学胡哲谋，后来与茅盾在商务印书馆成为同事。

茅盾到北京时，正赶上何燮侯校长为北京大学的去留抗争。等到茅盾他们这些新生安顿好以后，何校长辞职。所以，茅盾在回忆北京大学生活时，没有提起他。何燮侯也是浙江人，1878年出生在诸暨县，1898年作为中国第一批官费留日学生去日本留学。1905年毕业于日本帝国大学冶金系，当时的日本天皇亲自授文凭，成为第一个在日本帝国大学毕业的中国留学生。1905年春回国以后，先在浙江省矿务局工作，同年冬去北京出任学部专门司主事。民国以后，何燮侯出任工商部矿政司司长。1912年任北京大学校长，这一年，何校长才34岁。因与教育总长汪大燮意见不合，何燮侯辞去北京大学校长之职，回到南方。五四运动前后，何燮侯开始接触马克思主义，逐渐信仰马克思主义。抗日战争开始后，他在乡间从事抗日民主活动。1939年周恩来到浙江视察工作时，专门与何燮侯见面，肯定他的抗日民主活动。何燮侯还与浙东中共党政领导来往密切，一度因为追随共产党而被捕，后经邵力子等人保释。1949年9月，何燮侯应邀参加中国人民政治协商会议，参加开国大典。历任全国政协一、二、三届委员，中央人民政府监察委员，第一、二届全国人民代表大会代表，浙江省政协副主席，民革浙江省委主任委员等。1961 年 4 月 21 日，因病在杭州去世。[①] 当然，这是后话。茅盾记得的那个代理北京大学校长胡仁源，是浙江省湖州人，代理校长时只有 30 岁。但是这位胡校长是 1902 年的举人，后来又留学日本、英国等，是个有文化底蕴的海归派知识分子。茅盾在北京大学读书期间，正是这位胡校长主持北京大学的校务。他于 1942 年去世。

刚到北京大学的茅盾，虽然经历一场小小的风波，对年纪轻轻的茅盾来说，早已烟消云散，连记忆都没有了。但是，北京大学的几位老师，却深深地印在茅盾脑海里，直到晚年依然记忆清晰，他说："教授以洋人为多。中国教授陈汉章教本国历史，一个扬州人教本国地理，沈尹默教国文，沈兼士（尹默之弟）教文字学，课本是许慎《说文》。"在北京大学的课堂上，面对陈汉章的历史课，年轻的茅盾提出自己的看法，结果陈先生专门让茅盾到他家里，与这个年轻的学生作了一番推心置腹的谈话。让茅盾感动，同时也对这位大师级的老师产生了深深的敬意。所以，茅盾回忆录中专门有一段回忆："陈汉章是晚清经学大师俞曲园的弟子，是章太炎的同学。陈汉章早就有名，京师大学（北大前身）时代聘请他为教授，但他因为当时京师大学的章程有毕业后钦赐翰林一条，他宁愿做学生，期望得个翰林。但他这愿望被辛亥革命打破了，改为北大后仍请他当教授。他教本国历史，自编讲义，从先秦诸子讲起，把外国的声、光、化、电之学，考证为我先秦诸子书中早已有之，而先秦诸子中引用'墨子'较多。我觉得这是牵强附会，曾于某次下课时说了'发思古之幽情，扬大汉之天声。'陈汉章听到了，晚上他派人到译学馆宿舍找我到他家中谈话。他当时的一席话大意如下：他这样做，意在打破现今普遍全国的崇拜西洋妄自菲薄的秃风。"[②] 一席话，让年轻的茅盾肃然起敬。其实，这位陈汉章先生是一位博古通今的大师级的人物。陈汉章 1864 年出生在浙江省象山县东陈乡东陈村，幼年就读于丹山书院，后来到杭州攻读，入诂经精舍，师从俞樾，1888 年考取乡试第十名，次年会试不第。当时考中举人的陈汉章有过多次出去做官的机会，但是他都放弃了。1909 年，陈汉章应聘京师大学堂任

① 林吕建主编：《浙江民国人物大辞曲》，浙江大学出版社 2013 年版，第 231 页。

② 茅盾：《我走过的道路》上册，人民文学出版社 1997 年版，第 106 页。

教。到北京后，他一心向学，改做学生，据说当时老师课堂上点名点到陈汉章时，点名的老师自己立刻起立，向陈先生致意。[①] 1913 年 5 月，陈汉章以甲等第一名的成绩毕业，当时他已经是五十岁了。[②] 北京大学仍然按照原来的聘约，聘陈汉章为北京大学教授，担任国文、哲学、史学三门课的教学。茅盾当时就是听他的史学课，所以有此深刻印象的。陈汉章在民国时期曾被列为院士，推为全国学术界第一流人才，外国的汉学界称其为“两脚书库”。陈汉章晚年回到故里，专心治学，1938 年在故乡逝世。70 年以后，有 21 卷《陈汉章全集》问世。

当时，北京大学预科那些先生们，讲课时大都是自己编写教材，称为“讲义”，这是教授自己的看家秘籍。所以学生们都十分看重“讲义”。据说，有一位接替马叙伦先生的老师因为没有编写讲义，被当时北京大学的学生轰了出去。所以，茅盾回忆北大生活时，常常讲到“讲义”。茅盾记得，教地理的扬州籍老师“他也自编讲义”。而且“他按照大清一统志，有时还参考各省、府、县的地方志，乃至《水经注》，可谓用力甚劬，然而不切实用。”据说这位先生就是桂蔚丞，同事沈尹默曾经有一个回忆说：“这位先生上课时，有一听差挟一地图，捧一壶茶和一只水烟袋跟随上课堂，置之于讲台上，然后退出，下课时照送如仪。有一次，在教员休息室里，学生来向我借书，借之而去。桂蔚丞大为诧异，对我说：‘你这么可以把书借给学生呢，那你怎么教书呢？’我回答说：‘这无从秘密的呀。’书是公开的学生可以买，也可以到图书馆去借。原来，这些老先生教了几十年的讲义和参考书都是保密的。这个风气一直到蔡元培先生到北大后，才稍稍改变。”[③] 而这位教茅盾国文的沈尹默老师恰恰不编讲义，他自己告诉学生，他只教学生读书研究的方法，“指示研究学术的门径”。而如何博览，全靠学生自己。所以他不编讲义。但是，也许沈尹默是湖州人的缘故，茅盾对沈老师的课还是非常适应。而且，和沈老师说话也比较随和。茅盾说，沈老师“教我们读庄子的《天下》篇，荀子的《非十二子》篇，韩非子的

① 《陈汉章全集》，浙江古籍出版社 2014 年版，第一册第 7 页。
② 同上书，第一册，第 8 页。
③ 转引自余连祥《逃墨馆主——茅盾传》，浙江人民出版社 2006 年版，第 47 页。

《显学》篇。他说先秦诸子各家学说的概况及其互相攻讦之大要，读了这三篇就够了。”[1] 同学见沈先生随熟，又问他，听说太炎先生研究过佛家思想，是不是真的？沈尹默说，真的。沈先生还告诉茅盾他们：“你们想懂一点佛家思想，不妨看看《弘明集》和《广弘明集》，然后看《大乘起信论》。”茅盾当时在北京读书正是对知识如饥似渴的时候，所以听了沈老师的话，他也去找了这些佛教著作来看。晚年茅盾回忆道，“我那时好奇心很强，曾读过这三本书，结果是似懂非懂，现在呢，早已抛到九霄云外，仅记其书名而已。”[2] 在北京大学预科读书期间，茅盾最大的乐趣是外国老师教他们读外国文学作品，如司各特的《艾凡赫》、狄福的《鲁滨孙漂流记》以及莎士比亚的作品，这让“书不读秦汉以下”的茅盾大开眼界！

在北京读书的三年，茅盾一心读书，心无旁骛，寒、暑假在表叔家里读二十四史，甚至连北京的一些名胜古迹也没有去游玩。直到1916年毕业前夕，茅盾和亲戚家的几个年轻人一起游览了正在开放的颐和园，好像这是茅盾在北京三年中间唯一的一次游览名胜古迹。

三年的北京读书生涯，让年轻的茅盾感受到了古都北京的风气，也感受到了北京一年的春夏秋冬四季，当1916年北京大学预科毕业离开北京的时候，茅盾做梦都没有想到，自己后半生报效国家会与北京联系在一起，更没有想到，北京是他一生当中居住时间最长的地方，成为自己的第二故乡。

二

茅盾是1916年离开北京回到乌镇老家的，此后30多年似乎一直没有机会到北京，直到1949年2月25日，与李济深、沈钧儒、郭沫若等35人到达北京——那时还称北平，受到林彪、罗荣桓、聂荣臻、董必武、薄一波、叶剑英、彭真等人的热烈欢迎。此时，茅盾到北平，已经和他夫人孔德沚一起来了。茅盾这次来到北平，是应中共的邀请来为新

---

① 茅盾：《我走过的道路》上册，人民文学出版社1997年版，第106页。

② 同上书，第107页。

中国的成立作准备的，所以这次到北平，茅盾一下子进入到千头万绪的工作中。当时，数以万计的精英到达北平，北平的房子本来就不多，自然无法满足新来北平的各种各样的代表人物的住宿需要。于是，茅盾夫妇暂时被安排在现在的北京饭店老楼。

1949 年是一个充满激情的年份，中国共产党浴血奋战几十年，即将取得政权，取得国家的领导权，一个充满民主、自由，人民当家做主的新中国即将诞生，中国一大批有识之士奋斗几十年、梦寐以求的有别于旧政权的国家即将实现。所以，此时的北平，一片热情洋溢，见过面的朋友和从来没有见过面的朋友，都豪情满怀。无论解放区来的朋友还是国统区来的朋友，都有一个共同的梦想，就是想在共产党领导之下，为新中国的诞生贡献自己的一切。各个民主党派和无党派的人士，都在为共产党的胜利而欢呼。茅盾作为无党派人士，同样受到共产党的礼遇，几十年来，茅盾自觉地和共产党站在一起，对共产主义的信念，茅盾从来没有动摇过，所以对共产党的今天，他表示了由衷的欢呼。然而，茅盾毕竟是文艺界中人，在延安时期，毛泽东就希望茅盾担当起文艺界的一面旗帜，从延安到今天，十年快过去了，茅盾为中国文艺的发展，创作了《清明前后》《霜叶红似二月花》等作品，确实起到了打击敌人、鼓舞人民的旗帜作用。而且，茅盾一家为了新中国的诞生，女儿在延安去世了。茅盾的弟弟沈泽民曾经是中共中央宣传部部长，后来党中央派遣他去鄂豫皖苏区，担任鄂豫皖省委书记，1933 年 11 月 20 日牺牲在苏区的深山老林里。中国共产党成立之初，全国只有 50 多个党员的时候，茅盾一家就有 2 个。理想、信仰、奋斗以及茅盾一家为此付出的代价，使茅盾感慨万千。刚刚到北平的茅盾，想起自己离开北京 30 多年，世界发生了这么大的变化，这是当年茅盾北京大学预科毕业、离开北京时绝对没有想到的。茅盾的夫人孔德沚也曾经是 20 年代的共产党员。当年刚嫁到茅盾家里时，她知道丈夫在北京读过书，曾经问婆婆，是北京离乌镇远还是上海离乌镇远？让沈家人无言以对。但是，这几十年她和茅盾一路风雨过来，相濡以沫。现在新中国曙光在望，她满心希望在新中国成立之后，与茅盾一起回到杭州，在西湖边买房子，在太太平平不用奔波的时代里，让茅盾过着无忧无虑的写作生活。不过，此时的茅盾心里非常清楚，他来北平，不是来分享共产党的荣誉的，不是来当官的，他是应共产党的召唤，来北平建设新中国的文艺的。所以，当夫人提出到西湖边买个房子的想法，茅盾非常赞同，但只能将这个想法深埋在心里。

新中国成立之前，文艺界的主要任务，是团结来自全国各地的文艺工作者，而团结文艺界的主要载体，就是要把全国的文艺工作者组织起来。茅盾作为著名作家，还要参加全国政协的筹备工作，所以，一到北京，茅盾就没有自己的时间了。到达北平的第二天，茅盾就被邀请到中南海怀仁堂，参加人民解放军平津前线司令部、北平市军管会、北平市人民政府、中共北平市委联合举行的欢迎各方民主人士大会，会后又去北平饭店出席宴会。这是茅盾到北平以后参加的第一个会议，也是他到北平以后参加的第一个宴会。然而，茅盾在以后的岁月里，这样的会议、这样的宴会，就成为一代文学大师的生活常态。估计这是茅盾当年住进北平饭店时所没有想到的。其实当时茅盾的忙碌，不仅仅是文艺界方面的工作，还有许多其他方面的工作，也要茅盾这样的民主人士参加。到北平没有几天，茅盾应邀出席华北人民政府文化艺术委员会、华北文艺协会为欢迎近期来北平的文艺界人士而举办的茶会，茅盾在会上讲话。没过几天，在北平的民主人士就北平解放以后的大学教育管理问题举行座谈会，茅盾也在被邀请之列。同时参加这个座谈会的，还有洪深、许广平、钱俊瑞、马叙伦等人。3 月 16 日，茅盾出席北平文物机构改革问题座谈会，为北平的文物管理工作建言献策。3 月 22 日，茅盾出席中华全国文艺协会在北平的理事和华北文艺协会理事联席会议，商讨召开全国文学艺术工作者代表大会的筹备工作。在这次会上，茅盾与郭沫若、周扬、叶圣陶、郑振铎等 42 人组成筹备委员会，茅盾被推选为筹备委员会副主任。从此，在中共中央还没有进北平之前，这些文艺界大师们在中共的领导下，开始着手第一次全国文艺界代表大会的筹备工作，这既是一个充满激情的时代，也是一个百废待兴的时期，茅盾他们为此付出了大量的心血。据康濯回忆，当时他和茅盾谈到解放区来的作家大部分文化水平不高，读书也少时，茅盾当即说，以后文代会可以讨论这个问题，可以让解放区来的作家，着重安排他们学习读书，提高他们的文化水平；对国统区来的作家，可以安排他们深入生活，让他们感受工农兵的生活，提高他们的思想水平。显然，新中国文艺工作者的提高问题已经在这位文学大师的思考之中了。

因为茅盾是世界著名的大作家，所以从1949年4月起，茅盾就按照中共中央的要求，参与世界和平事业。4月30日，茅盾参加全国第一次文代会筹委会第一次临时常务委员会会议，在这次会上，茅盾分工负责起草国统区文艺工作报告。具体由康濯联系。就在茅盾夜以继日地为新中国的文艺描绘美好蓝图的时候，茅盾得到女婿肖逸在解放太原的前线阵地上英雄牺牲的噩耗，这让茅盾情何以堪？他在抗战胜利之时，失去了心爱的女儿。现在全国即将胜利之时，却又失去了才华横溢的女婿。为了新中国，茅盾前面已经失去胞弟和女儿，现在女婿又牺牲在国民党的枪口下。茅盾在5月2日给肖逸的战友张帆的信中说：肖逸牺牲，"我们的悲痛是双重的：为国家想，失一有为青年，为他私人想，一番壮志，许多写作计划，都没有实现。"茅盾还说："我已经多年来'学会'了把眼泪化为愤怒，但肖逸之死却使我几次落泪。"[①] 然而，茅盾在北京的这个时候，只能擦干眼泪，把悲痛深深地埋在心里，去迎接即将到来的新时代。

1949年5月13日晚上，日理万机的周恩来专门召集茅盾、周扬、夏衍、钱杏邨、沙可夫、胡愈之、许涤新、萨空了、郑振铎、袁牧之等开会。会上，周恩来进一步介绍了党的统一战线政策以及文艺方面的具体方针政策，并对即将召开的全国文代会、新闻工作和上海解放后的文化工作等问题征求了与会者的意见。也是在这个月，茅盾连续两次主持《文艺报》召开的座谈会，为繁荣新中国的文艺提供健康的平台。此时，文代会还没有召开，新政协的筹备工作在毛泽东的亲自指挥下紧锣密鼓地进行着，于是，茅盾又要分身投入到新政协的筹备工作中去。6月11日晚上，毛泽东在北京西郊香山的双清别墅召见茅盾、李济深、黄培炎、沈钧儒等民主人士，与周恩来、朱德等一起共商国是，研究新政协的筹备情况。茅盾与毛泽东是青年时代就认识的同志。1926年，茅盾在广州国民党中央宣传部时，还曾经做过毛泽东的秘书。广州一别，后来在武汉大革命时期，茅盾与毛泽东也见过面。后来在延安，毛泽东也与茅盾有过畅谈，谈《红楼梦》，谈上海的文艺界的情况。当

---

① 钟桂松主编：《茅盾全集》第37卷，黄山书社2014年版，第304页。

时，毛泽东希望茅盾去鲁迅艺术学院，当一面旗帜。后来茅盾去了鲁艺。1940年在延安与毛泽东一别，一晃又是十年，但是这十年是天翻地覆的十年，所以茅盾见到毛泽东这些领导老朋友，心情格外舒畅。

1949年6月15日晚上，茅盾出席在中南海勤政殿旁室召开的新政协第一次全体会议，会上，毛泽东主席作报告。第二天下午，在新政协筹备会上，茅盾被通过为新政协筹备会常务委员。晚上接着开会，在中南海勤政殿出席新政协筹备会常务委员会第一次会议，由周恩来主持，茅盾任“拟定国旗国徽国歌方案”的第六小组副组长。茅盾在新政协筹备会上有个发言，文字不多，但是可以看出，茅盾此时对即将到来的新中国表示了真诚的期待。他说：“这次会议充满了民主与团结的精神。在去年中国共产党发出了五一号召以后，那时流亡在香港的文化界人士都认为，开这样民主团结的新政协，产生人民民主的联合政府，是完全符合于人民的要求和利益，可以建设新民主主义的新中国。毛主席在这次会议上的演说，每句话都是老百姓的心里话，他最后告诉我们说，中国民主联合政府成立以后的工作重点，第一是肃清反动派的残余，镇压反动派的捣乱；第二是尽一切可能用极大力量从事人民经济事业的恢复和发展，同时恢复和发展人民的文化教育事业。文化界人士有足够的信心，在新民主主义政权下，文化事业一定会得到很大的发展，因为人民政府是扶持进步文化的，而且翻了身的工人农民，他们需要文化，他们能够自由地创作和享受文化，他们会是文化界最有希望的新生力量。”①茅盾这个言简意赅的发言，是发自肺腑的。这篇短文，当时发表在1949年6月20日《人民日报》上。就在文章发表的第二天晚上，茅盾又接到通知，让他去中南海勤政殿，参加新政协筹备会常务委员会第二次会议。参加新政协筹备会议，是茅盾在新中国成立之前在北京的一项重要的政治活动，所以，茅盾积极参与是题中应有之义。

茅盾作为文学大师，组织并参与领导第一次全国文化艺术界代表大会，是茅盾刚到北京时的一项重要工作。对于这方面工作，茅盾在与来自各个方面的作家、艺术家接触之后，已经有了自己的一些想法，而且在分工让茅盾介绍国统区文艺工作的报告以后，他亲自动手起草文件，

① 钟桂松主编：《茅盾全集》第17卷，黄山书社2014年版，第327页。

图二　茅盾在写作

在当时公文格式还没有规范的时候，茅盾认认真真地做着准备，用“第一章　绪论”这样的方式展开报告的内容。这种看似像论文著作一样的写法，是因为茅盾有太多的话和情况需要向全国性的大会进行报告，所以他洋洋洒洒地写着（图二）。经过几个月的筹备，1949 年 6 月 30 日，在中南海怀仁堂召开中华全国文学艺术工作者代表大会的预备会，会上，郭沫若为会议总主席，周扬、茅盾为会议副总主席。7 月 2 日，全国第一次文代会召开，朱德代表党中央在全国第一次文代会上致辞。茅盾在大会上报告了大会筹备经过。4 日，茅盾在大会上作《在反动派压迫下斗争和发展的革命文艺——十年来国统区革命文艺运动报告提纲》的报告，这个报告是茅盾对国统区文艺工作全面思考之后的集中反映，也是新中国成立前茅盾写的分量比较重的一篇文章。报告分为几个部分。一、绪论：“在种种不利条件下，我们打了胜仗！”二、创作方面的各种倾向。三、文艺思想理论的发展。四、结语。四个部分总结了十年来国统区革命文艺运动的成就、不足和经验教训。报告形成文字刊登时，茅盾专门写了一个说明，其中讲到，当初起草这个报告时，曾经请胡风参加起草这个报告，但是，“胡风先生坚辞”。显然，茅盾在报告中对文艺中的主观问题的批评，在文艺界还是非常敏感的话题。所以，在 7 月 10 日的自由发言中，老朋友郑振铎专门对茅盾的报告作了重要补充。当时文艺界的气氛是非常活跃的。而且党中央也非常重视这次全国文代会。7 月 6 日，文代会已经开了五天了，这天下午，周恩来副主席到大会作政治报告，一直讲到晚上 7 点多，在周恩来快要结束报告的时候，毛泽东主席突然来到文代会会场，顿时大会会场上一片沸腾，欢呼声此起彼伏。毛泽东在这样热烈的场面里作了简短的讲话，他说："今天我来欢迎你们。你们开的这样的大会是很好的大会，是革命需要的大会，是全国人民所希望的大会。因为你们都是人民所需要的人，你们是人民的文学家、人民的艺术家或者是人民的文学艺术工作的组织者。你们对于革命有好处，对于人民有好处。因为人民需要你们，我们就有理由欢迎你们。再讲一声，我们欢迎你们。"① 毛主席话声刚落，会场上掌声雷动。就这样，1949 年，轰轰烈烈的文代会开了 20 天，成为新中国成立之前的一次大聚会。会上，茅盾当选为全国文联委员。在 7 月 23 日召开的中华全国文学工作者大会（中国作家协会前身）被选为会议主席。在当天下午召开的中国文联委员大会上，茅盾被选为全国文联常委和副主席。24 日，中华全国文学工作者协会正式成立，茅盾正式当选为主席，丁玲、柯仲平为副主席。据说，茅盾在夜以继日处理这些事关国家福祉的大事时，也关心作家深入生活、汲取创作营养的具体事。青年作家艾明之想回上海深入生活，专门去北平饭店向茅盾辞行，茅盾给予充分肯定，鼓励他做长期深入生活的思想准备。并且还让艾明之带一封信给上海华东局统战部副部长周而复，让周而复给予关照。茅盾的这种关心，让青年作家艾明之感动一辈子。

刚刚结束全国文代会的工作，茅盾又投入到紧张的新政协的筹备工作中。他负责的政协筹备会第六组在 1949 年 8 月 5 日召开第二次会议，具体研究国徽等事项。决定聘请徐悲鸿、梁思成、艾青为国旗国徽图案的初选委员会顾问，聘请马思聪、贺绿汀、吕骥、姚锦新为国歌词谱初选委员会顾问。与此同时，茅盾还热心地参与国家的文字改革工作，参加相关会议，与郭沫若、马叙伦联名写信给毛泽东主席，建议文字改革，一是主张走拼音文字的道路，二是建议成立专门的文字改革机构。1949 年 8 月 28 日，孙中山的夫人宋庆龄北上，参加全国新政协会议，

① 参见《〈文艺报〉创刊五十周年纪念图集》（非卖品）。

这是国家政治生活中的一件大事，中共中央非常重视。下午，毛泽东、朱德、周恩来等中共的领袖和茅盾、郭沫若等民主人士，到前门火车站欢迎宋庆龄先生，十分隆重和热烈。

进入9月，新政协的筹备工作更加紧张地进行着，17日下午，茅盾出席新政协筹备会常委会第七次会议，通过了新政协第一届全体会议的主席团名单。下午3点钟，与会人员又到中南海勤政殿参加新政协筹备会第二次全体会议，会议正式决定，将新政协会议定名为“中国人民政治协商会议”。从此，政协的历史翻开了新的一页。25日到27日三天时间里，茅盾和中共的领袖一起，为国旗、国徽、国歌等连续开了几天的会议。25日是毛泽东主席来召开国旗、国徽、国歌、纪年、国都协商座谈会，26日对国旗、国徽、国歌、国都、纪年各个方案进行最后的审定。1949年9月27日，政协召开第一届全体会议，会议通过了中华人民共和国定都北平，即日起将北平改为北京；采用公元纪年；以《义勇军进行曲》为代国歌；国旗为五星红旗等议案。茅盾在新中国成立前夕，在这些事关江山社稷长治久安的大事问题上，做出了自己的特殊贡献。9月，茅盾还有两件事情值得一说，一件事是茅盾代表新创刊的《人民文学》向毛泽东写信，请主席为《人民文学》杂志写刊名。日理万机的毛泽东收到茅盾的信以后，在9月23日复信给茅盾，信是这样写的：“雁冰兄：示悉。写了一句话，作为题词，未知可用否？封面宜由兄写，或请沫若兄写，不宜要我写。”同信还附来一条写在宣纸上的题词，上面写着：“希望有更多的好作品出世 毛泽东。”新中国成立之前的毛泽东的题词和来信，对当时的文艺工作者是一个莫大的鼓舞。另一件事是茅盾当年的老领导张元济来参加政协会议了，当时张元济正在为商务印书馆的振兴和发展寻求人才，老先生想到了当年从自己手里进商务的沈雁冰，准备聘请沈雁冰回商务印书馆出任出版部部长，总管出版业务。当时的茅盾虽然有心但已经身不由己，只好将聘书奉还给老领导张元济。张元济在北京开会期间，与茅盾多次见面畅叙，彼此都非常理解，也进一步加深了友谊。

在开国大典之前，周恩来找到茅盾，请茅盾出任新中国的文化部部长。茅盾婉言推辞，表示自己是一个作家，不会做行政工作。还和周恩来讲了夫人想去杭州西湖边买房子写作的事。周恩来觉得茅盾的话不无道理，但当前正是国家用人之时，茅盾当文化部部长是最合适的人选。后来毛泽东又亲自找茅盾谈话，做茅盾的思想工作。毛泽东告诉茅盾，文化部部长这把交椅有许多人想坐的，只是我们不放心，所以想请你出来。茅盾问：为何不请郭沫若担任？毛泽东说，郭老是可以的，但他已经担任了两个职务，一个是文化教育委员会主任，另一个是中国科学院院长。再要他担任文化部部长，别人就更有意见了。停了一下，毛泽东又说，听说你不愿意做官，这好解决，你可以挂个名，我们给你配个得力的助手，实际工作由他们去做。就这样，一代文学大师担任了新中国的第一任文化部部长，而且一当就当了 15 年。如今新中国成立已经 60 多年了，但是，当文化部部长时间最长的，还是茅盾沈雁冰。

1949 年 10 月 1 日，中华人民共和国成立，毛泽东主席在天安门城楼上庄严地向全世界宣告："中华人民共和国中央人民政府成立了！"茅盾也在天安门城楼上，亲眼见证了一个新中国的诞生。1949 年 10 月 20 日，在中央人民政府委员会第三次会议上，茅盾被正式任命为中央文化教育委员会副主任委员、中华人民共和国文化部部长。任命书是毛泽东主席在 10 月 19 日亲自签发的。

新中国成立两个月以后，在北京饭店住了大半年的茅盾夫妇，即在 1950 年 1 月迁往东四头条 5 号文化部宿舍。这里原来是美国修女华文学校。院内大礼堂西，有三个被砖砌矮花墙围起来的小楼。茅盾夫妇住在一号楼，是个假三层的小楼。一楼是一大、一小两个厅，还有一个厨房。厨房边上是一个很窄的楼梯。二楼有一个小客厅，一些老朋友就在这个二楼小客厅相聚聊天。二楼阳台封好以后，放一个写字台，当作茅盾的写字间。二楼还有两间卧室，其中茅盾一间，通卫生间；夫人孔德沚一间，通过道。三楼也有三个房间，一间是秘书住，另外的房间是儿子韦韬一家回来时住。茅盾住进这个小楼时，就这么简单。当时和茅盾他们差不多同时间搬进去的，2 号楼是阳翰笙夫妇，3 号楼是周扬夫妇。让人没有想到的是，茅盾在这里一住，就住了 24 年。在这里，开始了他的文化部部长生涯；在这里，和来自全国各地的作家朋友聊天相聚；在这里，经受"文化大革命"初期的那种动乱；也在这里；送走夫人孔德沚（图三、图四）。

图三 1954 年元旦与夫人合影

图四 1958 年 9 月在北京寓所

三

茅盾担任中华人民共和国首任文化部部长以后，就一直定居在北京，结束了抗日战争以后颠沛流离的生活，过去那种居无定所的日子一去不复返了。但是，在新中国百废待兴的年代里，作为新中国开国部长的茅盾，殚精竭虑，常常在文化发展中不遗余力地工作，在国务活动中奔波，有时甚至是马不停蹄。不过这些纯粹的政府行政管理工作，作为职责，再忙，茅盾也毫无怨言。作为中国共产党创始人之一、现在是无党派人士的共和国文化部部长，对共产党、对共产主义信仰坚定不移的茅盾，对开国之初夜以继日的工作是有心理准备的。但是，后来接二连三的从文化领域开刀的政治运动，让茅盾渐渐感到身心疲倦，一代文学大师面对各种各样的批判，也让茅盾这位经过历史风风雨雨的部长的内心感到困惑、纠结、无奈。不过，在纷繁复杂千头万绪的部长生涯中，茅盾对北京这座历史悠久、文化灿烂的古都，依然倾注了一个文化部部长的心血（图五）。

图五　1950 年 5 月 13 日，茅盾（右二）与郭沫若、郑振铎、周扬在文物局鉴定熊述匋先生捐赠的𨛭原钟

就在茅盾担任文化部部长的当天，即 1949 年 10 月 20 日，茅盾为北京的体育大会题词："在旧时代，体育为少数人所专有，只是一种奢侈性的娱乐。在人民民主的时代，体育将成为锻炼体魄的、群众性的集体主义而非锦标主义的。第一届的北京市人民体育大会就是这样的人民

体育运动的第一步。——茅盾”① 像这样的题词，在茅盾的政治生涯中是不多见的。1950 年 3 月 3 日上午，上任不久的文化部部长的茅盾，专门去北京团城承光殿参加青铜器“虢季子白盘”的特展。虢季子白盘出土于陕西宝鸡，是西周时期的青铜器，由安徽刘肃公捐献国家。这一天，茅盾和董必武、郭沫若、马叙伦、陈叔通、范文澜、唐兰、马衡等等一起去团城，郑振铎和王冶秋早已在团城等待了。今天北京的景点太多了，所以现在北京的老百姓都不大知道团城的历史了。团城位于北海南门外西侧，原来是太液池中的一个小屿。元代建仪天殿，明代重修，改名承光殿，1900 年八国联军侵占北京时，团城遭洗劫，文物被劫，建筑遭损毁。新中国成立以后，政府对团城进行多次修缮。如今古建筑群中古树参天，被誉为“世界上最小的城堡”，已经有 800 多年的历史了。茅盾作为文化部部长，代表国家向捐献者刘先生颁发了奖状，这可能是茅盾担任文化部部长之后颁发的第一张奖状。

大概在 1951 年春天，茅盾与捷克斯洛伐克的驻华大使魏斯科普夫在对外联络局局长萧三的介绍下相识，并且成为终生的朋友。这位大使也是一位作家，和萧三是相交多年的朋友。他的小说《天亮了》(*Dawn Breaks*) 英译本，茅盾已经读过，所以对这位大使先生产生了浓厚的兴趣。随着交往的增多，两个人的友谊也日益加深。有一次，魏斯科普夫大使对茅盾说：“我写过小说《天亮了》，你写过小说《子夜》，看书名好像是伙伴；可惜我不能从汉文去读它。”接着他又问：“《子夜》有没有外文译本?”茅盾告诉他：“1937 年莫斯科就出版过俄文译本，但是我现在手头没有这个书，但是我有一本 1938 年德国德累斯顿 (Dres-den) 出版的德文版《子夜》。”大使听说后非常惊讶和高兴，并且向茅盾借了这本德国出版的《子夜》。大使认真读过以后，还非常认真地和茅盾交流心得，让茅盾十分感动。1951 年春天，有一次茅盾和魏斯科普夫大使见面时，大使很认真地告诉茅盾，说他知道北京西郊有座古庙，大殿里的壁画很好，他认为是明朝的。可是现在这个古庙里面有一个学校，所以大殿里的壁画就有被破坏的危险，希望人民政府保护。魏斯科普夫还对茅盾说：“中国的明朝在年代上，约略相当于欧洲

① 钟桂松主编：《茅盾全集》第 17 卷，黄山书社 2014 年版，第 335 页。

的文艺复兴时期；在欧洲，文艺复兴时期的东西就是很宝贵的古董了。中国历史长，明朝的遗物，北京城里几乎到处全是，可是，那样的壁画，如果在我们那里，我们一定会搬到博物馆里。”最后，魏斯科普夫大使笑着对茅盾这个文化部部长说：“中国文化遗产是世界文化的很重要很宝贵的一部分，你们这样对待明朝的东西，我要抗议！”茅盾知道这位国际友人的良苦用心，表示认真接受大使的“抗议”。魏斯科普夫大使又笑了笑说：“我这抗议，不是用大使身份提的，而是用一个热爱中国的外国人的身份提的。”茅盾也笑了，说：“您不说这话，我也完全了解。不过，我却不得不以中华人民共和国文化部部长的身份来郑重地考虑您的抗议啊！”说毕，两位都笑了起来。后来，北京的这座古庙里的学校很快就迁出去，里面的壁画得到了有效的保护。所以，茅盾在文物保护方面的会议上，常常举这个例子，说明我们自己要把文物保护提上议事日程，保护好优秀的文化遗产。据说，这位大使在北京任职期间，专门去购买一些中国的古董，但是当他卸任时，却把这些自己购买来的中国古董全部捐献给故宫博物院。当时，茅盾代表中国政府感谢他。魏斯科普夫说：“我在买它们的时候，就已经预定要在我离开中国时赠送给你们的。因为，这是中国的东西，我不应当据为私有。”大使的高尚境界让茅盾他们为之感动！魏斯科普夫回到国内不久，又到民主德国作家协会担任对外联络部部长，写文章和演讲，宣传中国的伟大成就。大约在 1958 年，魏斯科普夫先生去世，茅盾还专门写了纪念文章，回忆和他共同保护北京的文物古迹的往事，纪念这位为北京的文物保护做出贡献的国际友人。①

作为文化部部长和中国作家协会主席，提携年轻的作家也是茅盾在北京时的一个重要贡献。新中国成立以后，茅盾评论过的作家数以百计，扶持过的作家也不在少数，这是茅盾在新中国文化部部长的位置上最值得称道的地方之一。以前的不说，光是在新中国成立前后成长起来的作家当中，就有不少是被茅盾提携评论过的，如王安友、峻青、林斤澜、杜鹏程、李准、王愿坚、丁仁堂、茹志鹃、管桦、王汶石、权宽浮、肖木、申蔚、勤耕、绿岗、乐天、穆寿昌、田军、麦云、张弓、范

① 钟桂松主编：《茅盾全集》第 12 卷，黄山书社 2014 年版，第 520 页。

乃坤、车如平、傅绍棠、吴华夺、李魂、欧琳、刘克、杨旭、邓洪、费礼文、胡万春、万国儒、申跃中、韩文洲、玛拉沁夫、冯骥才等。许许多多的作家，或多或少得到茅盾的关心和帮助，鼓励和评论。所以，在新中国的文坛上，茅盾有“文坛保姆”之称。尽管这些多的作家当中，不少作家是昙花一现，现在的人们早已忘记其中一些作家和他们的作品，但是对当年新中国文坛来说，他们依然是无法忽略的。有一些作家因为茅盾的评论和提携，改变了人生命运，从而为新中国的文学事业做出了很大贡献。

比如作家茹志鹃，茅盾在评论《百合花》之前并不认识茹志鹃，在茅盾认识的人中，也没有人告诉茅盾，茹志鹃是谁。茅盾只是读了1958 年 3 月《延河》文艺杂志上的小说《百合花》后，才知道有个作家叫茹志鹃。茅盾也只是觉得人才难得，这篇小说风格清新俊逸，所以亲自写评论，充分肯定这篇小说。据说，当时茅盾读到《延河》文艺杂志 1958 年 3 月号上茹志鹃的小说《百合花》时，眼睛一亮，有着丰富创作经验和审美经验的文化部部长茅盾，像在沙漠里突然发现了绿洲，非常欣喜。当他在 5 月 12 日读完茹志鹃的《百合花》后，十分欣喜地说：《百合花》“是我最近读过的几十个短篇中间最使我满意，也最使我感动的一篇。它是结构谨严，没有闲笔的短篇小说，但同时它又富于抒情诗的风味”①。茅盾在《读最近的短篇小说》一文中，用相当的篇幅分析肯定和高度赞扬《百合花》，认为《百合花》在“结构上最细致严密，同时也最富于节奏感的”②。他连用两个“最”字来肯定《百合花》的结构和节奏感。至于人物形象，茅盾也给予高度评价：《百合花》里的“人物形象是由淡而浓，好比一个人迎面而来，越近越看得清，最后，不但让我们看清了他的外形，也看到了他的内心”③。同时，茅盾以他丰富的审美经验，充分肯定茹志鹃肯定的《百合花》“清新、俊逸”的创作风格。在创作手法上，高度肯定她的创作手法，称赞《百合花》中“善于用前后呼应的手法布置作品地方细节描写，

① 茅盾：《读最近的短篇小说》，作家出版社 1958 年版，第 15 页。

② 同上书，第 10 页。

③ 同上。

其效果是通篇一气贯串，首尾灵活”[①]。他认为，茹志鹃写《百合花》时在“展开故事”和“塑造人物”两个方面结合得非常好，“尽量让读者通过故事发展的细节描写获得人物的印象；这些细节描写，安排得这样的自然和巧妙，初看时不一定感觉到它的分量，可是后来他就嵌在我的脑子里，成为人物形象的有机部分，不但描出了人物风貌，也描出了人物的精神世界”[②]。1962 年五六月，茅盾集中时间将全国 1959—1960 年发表的上百篇小说读了一遍，以札记的形式写下了几万字的《读书杂记》。其中，茹志鹃又是十分幸运的，她的《春暖时节》《澄河边上》《如愿》《三走严庄》《阿舒》《同志之间》六篇短篇小说进入文学巨匠茅盾的视野，茅盾对茹志鹃的这六篇小说，每篇都有精辟点评。[③] 茅盾读过《春暖时节》，认为她“写静兰（女主角）思想发展的过程很细致”。“特点在于细腻地刻画了女主角的思想发展而不借助于先使矛盾尖锐化，然后讲道理，说服、打通思想等等通常惯用的手法”。他肯定茹志鹃突破公式化的写作痼疾，已经有了自己清新的写作特色。对小说《澄河边上》，茅盾充分肯定：“《澄河边上》写自然环境、故事发展，都紧密相扣，前后呼应，既写戎马仓皇，也写宜人风物；全篇节奏有起有伏：而这一切只用了七千余字，笔墨之精炼即此可知。”对《如愿》，茅盾认为其中的主人公刻画得非常成功，出场时“有挺胸向前的气概”，所以在写作上有“爽朗凌厉”的感觉。对《三走严庄》，茅盾写了近千字的评论，认为“这篇小说的女主角是作者所写的女性中间最可爱也最可敬的一个”。以她清雅的笔墨“活画出一个娴静温柔但看得清、把得稳，时机到来时会破樊而出的一位青年妇女——收黎子。”而且这篇小说的结构是“整齐而又有变化”。而小说《阿舒》，茅盾认为，作者用第一人称写法，显得“文笔轻俏”，而且注重形象的细节描写，把主人公的“面目和思想写得十分鲜明而活泼”。《同志之间》是茹志鹃 1961 年发表在 3 月号《上海文学》上的一篇小说，茅盾认为，这篇小说的“引人入胜之处在于巧妙地安排了的生活小故事，既渲染了战

① 茅盾：《读最近的短篇小说》，作家出版社 1958 年版，第 14 页。

② 同上书，第 11 页。

③ 以下这些点评引文，均见茅盾《读书杂记》，作家出版社 1963 年版。

胜行军的气氛，也刻画了这三个人物，并且描写了经常闹意见的这三个人实质上是极其相互爱护的”。所以，茅盾说：“从塑造人物这个角度看来”，茹志鹃“取材于解放战争的作品更胜于取材于大跃进时期的作品”。因为一代文学大师茅盾的评论，已经蔫倒的百合花又焕发青春，处在人生低谷的茹志鹃又振作起来，成为新中国的著名作家。

茅盾在读过各地文艺杂志上发表的大量作品之后，在《读最近的短篇小说》一文中，详细分析了丁仁堂的《嫩江风雪》、申蔚的《洼地青春》、王愿坚的《七根火柴》、勤耕的《进山》、绿岗的《忆》、管桦的《暴风雨之夜》等短篇小说，给新中国的作家们巨大的鼓舞。王愿坚后来回忆说，当时他看到茅盾的评论惊呆了，“使我惊奇的是，文章分析得那么仔细，连我在构思时曾经打算用第一人称的写法，后来又把‘我’改成了另一个人物这样一点最初的意念都看出来了，指出来了。他对那样一篇不满二千字的小说，竟用了四五百字去谈论它，而且给了那么热情的称道和鼓励。我被深深地激动了”[①]。玛拉沁夫的《花的草原》出版后，茅盾在公务之余认真阅读，并且写了意见。玛拉沁夫读到这篇文章时，“愧不自容地哭了!”类似的感情，在当年的许多作家心里都曾经有过。敖德斯尔是蒙古族作家，在他成长过程中，茅盾同样倾注极大的心血，当年茅盾在读到敖德斯尔的小说时，同样还不认识他，只是觉得这样的少数民族作家需要国家大力培养，需要精心呵护。所以当时茅盾写评论，肯定敖德斯尔发表在《人民文学》上的小说《欢乐的除夕》，认为“整篇是有风趣的，这是别有风味地描写了新人新事，有地方色彩”。敖德斯尔后来回忆说，当时看到茅盾对他的小说的评论，感到：“这对我是个多么大的鼓舞，又是多么大的动力啊!”敖德斯尔还记得：“1962 年冬天，先生读了我的中短篇小说集《遥远的戈壁》之后，全面分析了我的创作道路的时候写道：‘敖德斯尔于 1952 年开始业余写作，用蒙文，最近二三年也用汉文写。……’当时我读到先生的这些文字，不禁感动得热泪盈眶!”[②] 北京有一位很有名的作家叫作林斤澜，但是在 1958 年他还没有出名时，他投给杂志的小说稿

① 王原坚：《他，灌溉着……》，《中国青年报》1981 年 4 月 9 日。

② 敖德斯尔：《关怀——深切悼念茅盾同志》，《中国民族》1981 年第 5 期。

子一直被人民文学杂志社压着，杂志编辑部的编辑对林斤澜的写法吃不准，对于是否可以发表林斤澜的作品也有争议。于是他们向茅盾请教，茅盾看过林斤澜的近20篇作品稿子以后，建议人民文学杂志社召开座谈会。后来，根据茅盾的提议，人民文学杂志社召开了座谈会，在会上，茅盾对林斤澜的写法给予充分肯定，认为“林斤澜有他自己的风格。这风格表现在练字、造句上，也表现在篇章的结构上”。从此，一个文坛新星冉冉升起，林斤澜成为新中国成立以后成长起来的著名作家之一。直到茅盾晚年，对文学新人的培养依然不遗余力。竹林的长篇小说《生活的路》给出版社后，出版社吃不准，也是由茅盾给予肯定之后才出版的。出版以后，果然引起社会广泛好评。所以，在培养新人这方面，茅盾的贡献和成就值得人们去总结。

但是，在20世纪50年代，作为文化部部长、作家协会主席，政治运动当中，茅盾对一些作家也有批评，尤其是青年作家。当年北京的青年作家刘绍棠刚刚冒出来时，茅盾马上给予肯定鼓励。1956年9月，茅盾曾经说过：“中国地大物博，大有人才在，通县不出了个刘绍棠？他的《山楂村的歌声》，我看不见得比苏联那个差？”但是刘绍棠在1957年被打成右派以后，身为作家协会主席的茅盾，只好写文章批判刘绍棠。粉碎“四人帮”以后编辑的茅盾评论集，还收了批判刘绍棠的文章。这部评论集一出版，茅盾发现后，后悔不迭，认为收了不该收的文章，并且让人带信给刘绍棠，表示歉意。后来茅盾又重新编了一部评论集，表示纠正。因此，刘绍棠在20世纪90年代专门写文章，纪念茅盾这位前辈，认为“茅盾是第一代作家中的第一名”①。虽然茅盾在50年代写了三篇文章批判刘绍棠，但是刘绍棠也深深理解茅盾当时的处境，依然“感怀茅公”。其实，一个人的认识都是受时代限制的，今天我们看过往的历史，评说相对容易，而在当时的时代氛围里，有谁能够离开时代去高瞻远瞩呢？尤其是当已经不在人世的茅盾受到世人的非议时，刘绍棠先生的发言，其胸怀和境界，是值得我们敬仰的。

身居北京的茅盾，对北京的文化教育事业，几十年一以贯之地关心

---

① 刘绍棠：《感怀茅盾》，《北京政协》1996年第2期。

和支持。新中国成立之初，国民党留下来的是一个千孔百疮的中国，包括教育事业也是这样。所以，作为国家文化教育委员会副主任，茅盾对北京的教育文化事业投入满腔热情。1950 年 1 月 6 日，茅盾在文化部对北京市的文艺干部作长篇演讲，讲形势，讲作品，讲艺术欣赏，讲作品创作，讲如何避免千篇一律，讲如何创造典型，讲生活经验、思想深度对创作的影响，林林总总，非常丰富。两天以后，茅盾还亲自对这个演讲稿进行回忆重写。1 月 11 日，茅盾专门为北京的大众文艺讲座作了《欣赏与创作》的报告，从美学角度讲欣赏，认为，“我们欣赏由于美感，而美感则根源于各人之情绪、气质和趣味，而情绪、气质和趣味则决定于生活”。

1950 年 8 月 9 日，北京市举办全市的中学国文教师暑期讲习会，茅盾欣然应邀前往，并且在讲习会上作了《怎样阅读文艺作品》的报告，大受欢迎。虽然茅盾的南方普通话在北京的国文老师听起来并不流畅，甚至还要打点折扣。但是像茅盾这样的小说大师，给中学国文老师讲课，是大家所热烈期盼的。所以茅盾一开头就说：“今天讲‘怎样阅读文艺作品’这样的题目。各位都是国文教师，在这方面都会遇到过问题的。我没有教过书，对这方面没有经验，不知诸位有些什么问题，所以今天只是一般的来讲，恐怕不能给各位解决很多的问题。”接下来，茅盾首先从作品的社会影响和读者阅读了作品后的影响两个方面，讲了作品的思想意义，然后又讲了作品的艺术技巧。他讲了写作中用字和造句，讲了作品的人物结构和背景以及如何当一个作家，还举了古今中外的例子，让这些中学国文老师大开眼界。

茅盾一生虽然创作宏富，留下了 1400 多万字的精神财富，但是在茅盾长长一生里，讲创作经验和体会的，却没有几次。所以，1950 年茅盾在北京的文艺界和中学国文老师的讲习会上的报告，尤其珍贵。1954 年，当时的国立北京图书馆收藏作家的手稿，茅盾作为五四运动中成长起来的大师，自然是图书馆征集的对象。茅盾也是非常理解和支持，亲自将《清明前后》的原始稿本和《腐蚀》的改定本，送给北京图书馆收藏。

在茅盾担任文化部部长期间，新中国的外交受到一些西方大国的制约，他们不愿意看到共产党领导的中国强大起来，这使我国的政治经济文化的发展受到严重影响，所以，通过文化外交不断改善我国的国际环境，是当时包括茅盾在内的共和国领导们的一项重要的工作任务。1949年10月1日新中国成立之后，茅盾参加的第一个会议就是中国保卫世界和平大会，会上茅盾当选为主席团成员。第二天的成立大会上，茅盾又担任该会副主席。据不完全统计，茅盾在文化部部长任内，从1951年9月25日出席第二届世界和平理事会开始，到1962年7月6日去莫斯科参加争取普遍裁军与和平世界大会，共出国16次，其主要内容是争取世界和平和文化交流两个方面。当时，茅盾他们去国外参加国际性会议，都是来去匆匆，马不停蹄。如1953年4月30日，茅盾离开北京，去瑞典斯德哥尔摩参加世界和平理事会常务委员会会议，5月14日回到北京。6月9日，茅盾又和郭沫若等一起离开北京，取道莫斯科去匈牙利的布达佩斯，参加世界和平理事会会议。同年11月，茅盾又去维也纳参加世界和平理事会。这样频繁的出国让茅盾十分劳累。但是当时中国的发展，需要茅盾这样去付出。同时，茅盾作为中国最高的文化行政长官，除了与国外文化交流，争取和平的国际环境外，茅盾在文化部部长任内，还多次组织庆祝世界文化名人的活动，为新生的共和国留下了一个文化开放的形象，这是非常难得的一种努力。

所以，居住在北京的茅盾，虽然身居文化部部长的高位，对国家在世界上的地位的提高，始终怀着一种高度自觉的责任感。

四

在茅盾担任文化部部长的这个历史阶段里，国内的政治运动不断，一个接一个，而且这些政治运动都是从文化领域开始的，这让生活在北京高层的茅盾常常有一种无奈的苦恼。例如1951年对电影《武训传》的批判，对《清宫秘史》的批判，对萧也牧《我们夫妇之间》的批判，连带茅盾的电影《腐蚀》的停映，对他给人写序的批评，茅盾有些无奈。不久又开展对胡风文艺思想的批判，对《红楼梦》研究的批判，茅盾在文化部部长的位置上，不能不表态，不能不写文章。1954年12月8日，茅盾参加了中国文联主席团、中国作家协会主席团联席扩大会议，在郭沫若、周扬总结对俞平伯及《红楼梦研究》的批判情况之后，茅盾也作了《良好的开端》的讲话，其语气、口气让人感到意味深长。其中开头讲道："我们这个大会已经开了八次，刚才郭沫若主席对于这次讨论会年代目标和任务以及今后如何继续开展反对资产阶级思想，批判胡适等等，都有所指示。郭主席对于我们的指示，非常深刻，非常恳切，充满了勉励我们的与人为善的精神，而且同时也告诫我们防止可能发生的偏差。我完全拥护郭主席的指示，我想，所有到会的朋友们，年老的年青的，一定也是完全拥护的。郭主席又说到周扬同志的发言，很全面，具有总结性的意义，我完全同意。"① 茅盾还说："这次讨论，我个人受益很多。五年来，党中央屡次为我们敲起了警钟：从电影《武训传》的批判，直到此次的《红楼梦研究》批评。党这样地鞭策、督促，都为的是关心我们，教育我们，提高我们。"② 在这篇文章里，茅

图六　1955 年的茅盾

① 茅盾：《良好的开端》，《人民日报》1954 年 12 月 9 日。

② 同上。

盾引用了大量的郭沫若的话，再从郭沫若的话里面引申出来，成为教育自己、启发自己的文字。最后，茅盾还为《文艺报》的问题承担责任，说："《文艺报》所犯的错误，作为作家协会主席的我，应当负重大责任。这几年来，我在思想上，就没有把领导《文艺报》看作是我责任的一部分，我很少把每期的《文艺报》从头看到底，遇到事情忙的时候只翻了翻目录就搁在一边；这种态度是要不得的，就是不负责的态度。"① 茅盾的这种态度，字里行间，无论在当时还是今天，依然可见茅盾的无奈和性情（图六）!

在批判《红楼梦研究》，批判胡适思想，继而批判胡风的文艺思想，文艺界始终没有消停过。到1956年上半年，中央提出"百花齐放，百家争鸣"的方针，给各行各业极大的鼓舞，尤其是文艺界，更是一片活跃气氛。批评右倾保守和官僚主义作风以及文学创作过程中的概念化、公式化等，逐渐成为舆论的热点。今天，我们从茅盾当时的公务讲话中，已经隐隐约约地感觉到这种气氛。如《在全国文化先进工作者会议上的开幕词》《文学艺术工作中的关键性问题》等领导讲话中，已经露出这样的端倪。

1957年的早春，知识分子中间明显感受到百花齐放、百家争鸣的气氛渐渐浓起来了。2月27日，毛泽东在最高国务会议第十一次扩大会议上作了《关于正确处理人民内部矛盾的问题》的长篇讲话，谈到两类不同性质的矛盾、肃反问题、农业合作化问题、工商业者问题、知识分子问题、少数民族问题以及统筹兼顾、适当安排，关于百花齐放、百家争鸣、长期共存、相互监督等十个问题。毛泽东主席讲得深入浅出，风趣幽默，并且以他高屋建瓴的战略胆识，赢得热烈掌声。茅盾也是亲耳聆听的与会者之一。后来，茅盾自己悄悄地写了听过讲话后的感想，认为"毛主席这次的讲话，对于纠正我们的思想方法的片面性，是有极大的教育作用的"。"不怕毒草，而怕毒草出来以后来一个教条主义的批评；教条主义的批评不能说服人。集体主义的批评不但打不倒毒草，且有香花也不敢竞放的顾虑"②。茅盾对毛主席的讲话的理解，

① 茅盾：《良好的开端》，《人民日报》1954年12月9日。

② 钟桂松主编：《茅盾全集》第25卷，黄山书社2014年版，第5页。

是深刻的和结合实际的。半个多月后，茅盾在《人民日报》上发表文章，反对文艺领域的教条主义和小资产阶级思想。茅盾运用毛泽东关于正确处理人民内部矛盾问题的讲话精神，对一些文艺思想进行批评。认为“双百”方针提出已经8个多月了，但是，“‘放’和‘鸣’还未见大畅”。对毛泽东的这些思想，茅盾是充分认同的，在1957年3月召开的全国宣传工作会议时，茅盾和老舍觉得环境宽松了，所以有些困惑的话可以在一起议论了。老舍说，我的四个小孩都不学文艺，我们写不出东西，很痛苦，他们都看见了，不愿意像我们这样痛苦，所以他们不干文艺。一切人民内部矛盾反映到作品中就不可能出现大悲剧，王蒙小说发展下去，老干部的下场是投河，惊心动魄，这不合人民内部解决办法。我们的悲剧、讽刺剧不能像果戈理那样写，可我们这样写出来又不能赶上古典。茅盾也坦率地说，我有过同样的想法，现在有没有悲剧？一般说也可以说有的，如官僚主义是思想方法问题，碰得头破血流，也可写得痛快淋漓。上述讲话在今天看起来稀松平常，但在当时，还是要有宽松的环境才能说出来的。所以到4月20日，茅盾去参加北京文艺报刊编辑座谈会时，又进一步讲了中央的观点，认为目前主要是克服教条主义和宗派主义，而这种批判的“顾虑”在于，“教条主义和某些‘领导思想’有关。”他认为，那种“要求是鉴别了香花毒草之后才‘放’，就是‘半开门’，而不是‘大开门’”。“我看还是大开了再说”。

1957年4月27日，中共中央下发了《关于整风运动的指示》，此时全国上下大鸣大放逐步推向高潮。作为新中国文化行政长官的茅盾，也非常真诚地希望通过整风运动，改善党的领导作风，克服官僚主义、教条主义、宗派主义，让社会主义文艺沿着社会主义道路，按照文艺规律繁荣发展。这时，文化宣传出版系统的各类座谈会每天都在召开，大家都充满激情地反映问题提出建议和意见，文化部在5月14日、15日两天邀请了19位老出版人座谈，请他们提意见。会上，大家首先批评了文化部在出版工作中存在的宗派主义情况，认为有的业务干部“有职无权”，实际权力在党员副社长手里，但是党员副社长又不懂业务。有人说：“有些党员领导人，不懂业务，又自以为是。”有的出版老前辈说：“党员领导人应该注意政治领导应与业务领导相结合，现在是‘外行领导内行’，不一定就真是‘平安无事’。”在出版社体制上，分工“太细太死”，印刷体制“统得太死，出书慢，质量不高。”①

文化部在5月16日、18日两天又继续召开座谈会，请文艺作家发言提意见。② 所以，一些作家、艺术家在发言中认为，出版社在处理作家的稿子时，存在着宗派主义、主观主义和官僚主义。他们批评“出版社像衙门，不负责任”。钟敬文发言说，他是民间文艺研究会的负责人，又是编委会的常委，“但他自己写的稿子不能在《民间文艺》上刊登，删改他的稿子也不征得他的同意。而党员的稿子可以不经过他看就登了出来”。“领导文艺工作的党的负责同志……和他见面，也不谈工作问题，关于《民间文艺》的事，只是找下面的党员编辑布置，而不找他这个负责人。连《民间文艺》的领导关系由文联转到科学院的事，他都不知道。”也有人反映，现在的“翻译工作者，几年来成为文艺界的孤儿”，“派出所把职业翻译工作者当作无业游民，当作可疑的人”。

在出版社的体制问题上，大家的发言也很直接，认为，“目前文学书籍出版社太少，摊子太大，主张细分，主张多办几个”。有的人认为，“过去找出版社的负责人很容易，现在真是‘侯门深似海’”，“产生官僚主义的根本原因是出版社摊子太大。”在这次座谈会上，一些作家反映，过去的一些朋友现在当了领导，口气就不一样了，办事就公事公办，甚至给老朋友打电话，也是让办公室的年轻人打，自己不肯打电话了。他们感叹：“领导同志人情味太少了。”

5月21日、23日两天，文化部再次召开哲学、社会科学作家座谈会，请大家提意见。③ 有人认为，“现在追求数量之风很盛，数量多并不等于科学水平高”。座谈会上，大家对出版工作中的宗派主义和教条主义提出意见。胡明认为，“出版（乃至文化）工作中的宗派主义是党内王明路线的残余”。过去在“蒋管区”，“三联书店是出版界的把头。”有人认为，有的党员领导到出版界工作以后，“从不考虑别人的意见，别人没有发言权”。有的同志提出，应该设“同人出版社”。孙毓棠在座谈会上批评文化部不重视图书馆工作，在图书馆工作上是“只重通

① 《文化部召开老出版工作者座谈会纪要》，《中华人民共和国出版史料》第9卷，第156页。

② 同上书，第163页。

③ 同上书，第169页。

俗，不重科学；只重古董，不重史料；只重中文，不重外文”。文化部在5月25日至6月6日，先后召开几次编辑干部座谈会。[①] 会上，大家提出一些意见。很多人认为出版社衙门化，非生产人员太多，“好大喜功，什么都要求大”。由于衙门化、垄断，助长了官僚主义。有人认为，有些党员业务不行，却一定要派在发展岗位上，例如一个部门党员负责人不懂古典文学，把王国维说成是唐朝人。也有人说：“叶圣陶社长是有职无权，如打算调丁晓先到天津教书，叶事先根本不知道，决定后想请叶通知丁，叶表示：既是某副社长决定的，还是请某副社长直接通知丁晓先好了。”在5月28日到6月21日由美术家协会和出版局召开的装帧工作座谈会上[②]，大家同样提出许多意见。会上大家普遍认为，“美术家协会和出版局不重视装帧工作，放弃领导。说装帧好像是被遗弃的孩子，一直向出版局和美协敲门，但得到的是冷淡、敷衍、拖拉、推出去”。因此，大家要求成立装帧工作者协会。在会上就开始推荐协会筹备人员。但也有人提出不要立即推荐筹备人员。文化部在5月到6月，又召开印刷工作座谈会，请大家提意见。当时这些意见，估计茅盾这个文化部部长通过座谈会简报是能够看到的。茅盾作为无党派人士，也有许多意见，也有许多想法，但是，作为文化部部长，他也是应该听取意见的人，尤其是看到下面这么多的人提出这么多的意见，心里肯定也是五味杂陈。

所以，在1957年5月15日下午中共中央统战部召开的第六次无党派民主人士的座谈会上，茅盾和马寅初、陈铭枢、刘清扬、张奚若、梅龚彬等，敞开思想，直言政弊，据5月16日《光明日报》报道，这次座谈会“出席的人较前几次更显得踊跃，有在外地的民主党派中央负责人，也特地赶回北京来参加座谈，并发表意见”。还说：“在昨天的会上，北京大学校长马寅初谈了他对高等学校‘党委负责制’和‘教授治校’的看法；文化部部长沈雁冰谈他对‘三大主义’的看法并联系出版工作作了批评性发言；教育部部长张奚若在他前次座谈会上分析

① 《文化部召开编辑干部座谈会纪要》，《中华人民共和国出版史料》第9卷，第178页。

② 《美术家协会会同出版局召开装帧工作座谈会纪要》，《中华人民共和国出版史料》第9卷，第182页。

了‘三大主义’的根源后，进一步批评‘四大偏差’的严重性。这三位无党派人士的发言，受到与会者的极大重视。”茅盾在这次座谈会上的发言题目，就是“我的看法”。非常个人化的一个发言。在这个发言中，茅盾有点慷慨陈词，语言激烈，这在茅盾的其他讲话发言中是少有的。他一开头就说：“问题太多，一部二十四史不知从何说起，也不便多耗费各位的宝贵光阴，因此只想简单说一点；各位讲过的意思，不再重复陈述。”于是茅盾开始洋洋洒洒地批评文化出版方面的问题了。这里选几段文字，从中可以看出大概。

> 大家责备宗派主义、教条主义和官僚主义。我以为这三者实在是互相关联，而且是互为因果的。……其根源又是由于缺乏民主。开展民主是消除这三个坏东西的对症药！
>
> 统战工作和宗派主义是不相容的。统战部做了不少工作，然而并没有减少各方面的宗派主义，其原因何在呢？恕我说不出其中原委。因为我只看见统战工作的一部分，而且是极表面的部分，这就是人事安排。事实证明，党外人士得到安排之后，宗派主义并不减少，甚至有了新的滋长。并且从另一面看，这又滋长了或者竟该说是培养了一批官僚主义者。例如，不少专家就因为安排给他们的兼职太多了，以至于忙于“三会”（哪三种会？是冗长的会议、宴会和晚会）。不务正业，不得不做个忙忙碌碌的官僚主义者。我个人不是专家，不过从前也还有个专业；现在呢，又是人民团体的挂名负责人，又是官，有时人家又仍然把我看作一个自由职业者（作家），我自己也不知道究竟算什么。在作家协会看来，我是挂名的，成天忙于别事，不务正业（写作）；在文化部看来，我也只挂个名，成天忙于别事，不务正业。如果我是个壮丁，还可力求‘上进’，左手执笔，右手掌印；无奈我又不是，而且底子又差，三四小时连续的会议，到后来我就视而不见，听而不闻了。这些都是题外之言，不过，像我这样不务正业的人，大概不少，统战部最好再安排一下。
>
> ……
>
> 官僚主义的表现方式也是多种多样的。据我所见的中央的几个

部的官僚主义是属于辛辛苦苦的官僚主义一类的。这种官僚主义的特征是（一）只抓小事，事必躬亲，而昧于全局形势；（二）只顾到眼前的，没有考虑到将来，这是昧于全局的必然结果；（三）忙于油盐酱醋的安排，忽略了思想领导，——此在文教部门尤为显著。这种官僚主义最可怕。这个官僚主义产生的根源是主观主义、教条主义的思想方法，而滋长这种官僚主义的土壤都是对于业务的生疏乃至外行。拿文学艺术来说吧，究竟是专门学问，没有这门学问的基础，专靠几本《干部必读》不能解决业务上具体的问题。不能解决可又等着你作主张，那怎么办呢？捷径是教条主义、行政命令。有一个时期（我不敢说这个时期已经一去不复返了），没有学问而靠教条主义办事的领导者，用各种帽子来压服提意见的人，结果迫使本来沾染教条主义比较少的人也加紧学习教条主义，而结果被称为“进步”云云。

出版工作，不能满意。我真不明白，那一套统得那么死、那么集中的办法，有没有什么理论或经验作根据。问题真不少，我倒早就晓得，在三年前就知道一些。可是该怎么办呢？请你去问问主管这事的人们，大概只能得个这样的回答：问题十分复杂，牵掣到别的部，牵掣到制度、体制（不是文化部内的体制）等等，因而得从长计较。如果要改弦更张（我看是到改弦更张的时候了），决心必须来自最高方面。而且还得对下面打通思想。

近几天，专家们和作家们要求各出版社发挥独立思考精神（出版社负责人也有这样说的）。这是抱怨文化部管出版社管得太多。出版社呢，却也有不少是常常说文化部不管他们的。对于这件事，该怎样看呢？我以为文化部不去干涉出版社的编辑工作，倒是好的；但它真应该去干涉一下出版社的教条主义和宗派主义。我个人接到过不少作家和翻译家控诉出版社的教条主义和宗派主义的来信。这些信都转给各有关社了，然而未见效果。大概是积重难返、阻碍重重罢？这次是中央要整风了，该可以整出个道理来了。出版社的教条主义和宗派主义和领导上的教条主义、宗派主义不可分，都是同在其中而不自觉。……

总而言之，宗派主义、教条主义主要是思想问题，要从思想上解决，然而也同知识水平低、业务不通有关系。而官僚主义，如同辛辛苦苦的官僚主义而言，则主要是或至少大部分是业务不通之故。光了解了解情况还不够。比方说，你尽管了解某一业务的情况，知道专家们的意见分歧，但你没有这门学问，拿不出自己的主张，于是就会举棋不定，今天听甲的话，明天又听乙的话，主观上是要把事办好，客观上却是官僚主义。因此，我期望在整风中切实检查一下所有的各种方式的学习（政治思想的和业务的）制度，彻底改变那些徒然耗费时间的形式主义的学习方法。这又是题外之言了，然而这个问题是重要的。

关于这个发言稿，在茅盾生前一直没有完整披露，在20世纪80年代编辑《茅盾全集》时，由其家属发现，并编入人民文学出版社1989年出版的第17卷《茅盾全集》。但是，对这个发言稿是在什么时候发的言，一直没有核实准确。包括笔者主编的黄山版《茅盾全集》，都没有考证清楚。沿用人民文学出版社的版本注释："本篇为作者在中共中央统战部于一九五七年五六月间召开的座谈会上的发言，未公开发表，现据手稿编入。"两个全集都没有考证出是什么时候的发言稿。其实只要查一下当年的报纸，是不难解决的。商宝昌在2014年1月出版的《茅盾先生晚年》一书中，考证了这篇文章的时间，认为是1957年5月15日的发言稿。笔者在写这篇文章的过程中，也查阅了当年的报纸，看到了1957年茅盾在5月15日下午参加座谈会的时间以及发言的内容，因为当时的媒体已经将茅盾发言的内容大部分刊登了。所以，并不是后来大家所说的从来没有发表过，只不过没有完整披露。顺便说一下，这篇文章的时间明确了，以后编《茅盾全集》时，这篇文章的排序，可能还要调整。当然这是后话。

茅盾这个发言由新华社发了消息，基本内容也都刊登了。自然，这对一向谨言慎行的茅盾来说，是破天荒的发言。但是话说出去，水泼出去了，已经无法收回。尤其是茅盾话音刚落，中央对"大鸣大放"开始转向，这是谁也没有想到的事情，身在其中，能淡然处之吗？

据作家黄秋耘披露，1957年5月18日，他在作家协会党组书记邵荃麟家里。邵荃麟忽然接到一个电话，连说"噢，噢，噢！好，我马上过来!”之后脸色都变了。当时黄秋耘问:“谁来的电话?”邵荃麟说:“周扬!转啦!”黄秋耘当场也不知所措:“怎么办呢?”因为此时,外面“大鸣大放”正热闹呢。邵荃麟忙说:“你回去以后,千万不要有所动作,抽文章啦,改版面啦,这一类事你千万不能做。就是要做,你也来不及。来得及,你也不要去做。一做就等于你知道了消息,上头一定会追问得厉害,那你不得了,我也不得了!”由此可见当时的气氛之紧张。

1957 年 6 月 8 日,中共中央发出《关于组织力量准备反击右派分子进攻的指示》,同一天,《人民日报》发表社论《这是为什么?》拉开了反右运动的大幕。当时,茅盾读着这些文件和社论,心里十分矛盾和困惑,他心烦意乱极了。后来,上面传过话来,希望茅盾认清形势,吸取教训。但是,茅盾在文化部的小楼宿舍里,心情非常糟糕,风风雨雨几十年的老伴孔德沚见茅盾如此,更是为他提心吊胆,十分紧张。后来她曾忧心忡忡地对儿子韦韬说:“我总劝你爸爸说话要谨慎、要小心,到头来仍旧闯了祸。幸亏没有戴帽子。”同时她坚决主张茅盾辞去文化部部长。认为茅盾是个书生,只会写文章,不会做官。孔德沚是一位在 20 世纪 20 年代就加入共产党的老人,曾经在白色恐怖里出生入死,但在新中国的几次政治运动中,作为部长夫人,她变得谨小慎微了,革命年代的那种刚毅和自信不见了。在文化部部长的位置上的茅盾,恰恰是身不由己。他必须要对当前的反右斗争的形势表态,必须在反右斗争的各种各样的会议上出现、讲话。

6 月中旬,茅盾经过思考,写了《“放”、“鸣”和“批判”》的文章,发表在 6 月 17 日的《人民日报》上。在这篇文章中,茅盾不再像“我的看法”那样言辞激烈,不再火气很大的样子,而是字斟句酌,一句话一句话地说。但是茅盾当时还认为,反右斗争仍然是为了“百花齐放、百家争鸣”能够健康进行下去。只不过此时茅盾的态度已经转变,和上面保持一致了。6 月 26 日,茅盾在《文汇报》上发表《百花齐放、百家争鸣和知识分子的思想改造》一文,文章的字里行间,处处流露出自己的检讨意味,认为“认识了思想改造的长期性和艰巨性,时时检查自己的思想,在学习和工作中随时随处进行思想改造,这我们才能把‘百花齐放、百家争鸣’的精神贯彻,做到促进艺术的发展和科学的进步，而不会放出毒草来。”茅盾还说：“有些知识分子以为自己……因此就自以为思想改造已经完成，觉得自己是已经到了‘从心所欲，不逾矩’的地步了；可是这是很危险的想法。”7 月 19 日，茅盾写了《必须加强文艺工作中的共产党的领导》一文。[①] 随着反右的火力越来越猛烈，茅盾文章的调子也提高了。他认为：“右派分子的魔爪已经（而且已经有相当长的时期）深入了文艺界甚至已经混进了作家协会所直接领导的在社会上颇有影响的刊物的编辑部，和那里的立场不稳，思想蜕变的共产党员，起着内外夹攻的作用了。”“思想战线上的斗争是阶级斗争的一部分，作协在这场长期而复杂的斗争中，一定要充分起它应有的作用。”同年 8 月，茅盾又写了《公式化、概念化如何避免?》[②] 8 月 16 日，作协召开党组扩大会议第 18 次会议，由茅盾这个无党派人士来主持，批判萧乾“在整风前后的反党反社会主义言行”，号召大家对萧乾进行说理斗争，不要让其蒙混过关。8 月 18 日，茅盾在《文艺报》发表《洗心革面，过社会主义关》。

此时，没完没了的批判会议，写来写去都是炒冷饭的反右文章，令茅盾内心十分痛苦。他累了、烦了，面对这许多无法理解的困惑和矛盾，面对自己处在四面为难的境地，他决心清理一下自己的思路，调整一下自己的身心。然而，作为身在京城的文化部部长、中国作家协会主席，他实在无法清静下来，北京的报纸刊物纷纷向茅盾约反右斗争的稿子，来信、来电让茅盾真正感觉到心烦意乱。于是，面对小楼外面如火如荼的反右斗争运动，这位文化部部长病了。

1957 年 8 月 28 日，茅盾向作家协会的党组书记邵荃麟写信，详细诉说了自己的“病”，并要求党组书记向有关部门打招呼，不要催他写稿子。信是这样写的：

荃麟同志：

最近的几次丁、陈问题扩大会我都没有参加，原因是“脑子病”。（西医这样说，因其和一般神经衰弱病不同。）病情是：用脑

① 茅盾：《必须加强文艺工作中的共产党的领导》，《文艺报》1957 年 7 月 28 日。

② 茅盾：《公式化、概念化如何避免?》，《文艺学习》1957 年第 9 期。

（开会、看书、写作——包括写信）过了半小时，就头晕目眩，额角两穴胀痛；于是至少要休息半小时多，然后再能用脑。但这次却只能用半小时的一半或多些就不能再用了。如此递减，因此，一篇长文（万言以上），我非分两次看不可。不然，尽管看完了，脑中毫无印象。这样的病状，表面看来能吃，能起来，不发烧，和健康人一样，就是不能用脑——倒可以体力劳动，如擦皮鞋、扫地等。我家有一周间没有女工了，我自己房间就归我扫、抹等等。我今天向你诉苦，就是要请你转告《人民日报》八版和《中国青年》编辑部，我现在不能为他们写文章。他们几乎天天来电话催，我告以病了，他们好像不相信（当然，也难怪，一般说来，不住医院是不能称为病的；但我这病，住医院不能解决问题，徒然占了床位，所以我不进医院）。可否请您便中转告：不要来催了。一旦我脑病好了，能写，自然会写；像现在这样，只能用脑半小时（即只能写一百字就必须搁笔，过一小时再写一百字），实在不是写文，而是榨脑子，榨时固然苦，榨出来的东西也不会像样（我试验过，至多写一百字我写不下去了，头晕、额角穴道胀、跳、痛）。

好了，不多写了，因为这封信也是分两次写的，中间休息（实际是偃卧）了半小时。匆此，顺颂

健康

茅盾　八月廿八日①

邵荃麟接到茅盾的信以后，在信的后面批示：“请告《人民日报》等不要去催促。”给茅盾解脱了一段时间，也让茅盾少写些批判文章，少伤害一些朋友。

但是，脑子毛病总不能老是生下去的，何况是一个处在风口浪尖上的共和国的文化部部长。所以，休息几天以后，茅盾又不得不去文化部，参加职责范围内的会议。包括外事活动、反右运动的会议等。1957年9月，茅盾写了《刘绍棠的经历给我们的教育意义》。虽说是批判，但是这位老作家仍旧语重心长地希望：“我希望他在这次反右派斗争和

① 钟桂松主编：《茅盾全集》第37卷，黄山书社2014年版，第481页。

对他的批判中，真能吸取教训，洗心革面，在党的教导和挽救下，开始新的生活和新的工作。”自然后来形势的发展，使这成为茅盾的一厢情愿。在当时反右斗争中，今天我们仔细阅读茅盾当年的讲话和文章，自然而然会感受到茅盾是个有思想的人，他的不少文章讲话都有自己的看法在内。所以，一些当年也挨到过茅盾写文章批评的人，在平反以后依然去看望茅盾，如丁玲。刘绍棠在自己晚年看到社会上有一股否定茅盾的思潮后，主动写文章，力挺茅盾，维护茅盾作为文学大师的形象。

今天，所谓的反右斗争已经过去一个甲子，历史也早有定论。但是，大师茅盾在这个历史过程中的政治操守和性情，依然是我们回顾茅盾在北京生活时无法回避的话题（图七）。

图七　1957 年 11 月 1 日，茅盾在劳动人民文化宫的书市与读者见面

五

1957 年，茅盾在北京艰难度过。但是，中国依然在一片热血沸腾中迎来赶英超美的“大跃进”。60 多岁的文学巨匠茅盾亲自去大炼钢铁，亲自去除四害，驱赶麻雀等，至今想起来都荒唐！文艺创作的

“大跃进”，让这位五四运动中成长起来的作家感到莫名其妙，感到无奈也无语。这时，茅盾不再表示强烈的情绪，而是默默地做着文化部部长应该做的事，力所能及地为文学创作提供自己曾经的创作经验，让新中国的作家参考。所以在“文化大革命”以前，茅盾一有机会就写些创作评论，写一些作家作品的评论，让那些带着迷茫的作家找到一丝方向感，让那些被冷落的作家有一种温暖，这，成为“文革”以前的作家茅盾的生活常态。但是1962年的大连会议之后，茅盾的这种常态被打破，动辄得咎，茅盾变得更加谨小慎微。即使如此，茅盾的日子依然非常难过。

1963年12月23日，这是一个茅盾永远不会忘记的日子。

头一天即12月22日，茅盾接到中国文联的会议通知，说有重要文件传达，请茅盾参加。什么重要文件？通知上没有说，茅盾自然也没有问，他懂这个规矩。

12月23日上午，茅盾准时出席中国文联召开的所属各协会负责人会议。会上，中共中央宣传部副部长林默涵逐字逐句地传达了毛泽东12月12日在看了中宣部文艺处编写打印的《文艺汇报》后，有关文艺工作的一个批示：

彭真、刘仁同志：

此件可一看。各种艺术形式——戏剧、曲艺、音乐、美术、舞蹈、电影、诗和文学等等，问题不少，人数很多，社会主义改造在许多部门中，至今收效甚微。许多部门至今还是“死人”统治着。不能低估电影、新诗、民歌、美术、小说的成绩，但其中的问题也不少。至于戏剧等部门，问题就更大了。社会经济基础已经改变了，为这个基础服务的上层建筑之一的艺术部门，至今还是大问题。这需要从调查研究着手，认真地抓起来。

毛泽东

十二月十二日

许多共产党人热心提倡封建主义和资本主义的艺术，却不热心提倡社会主义的艺术，岂非咄咄怪事。①

茅盾在会上听了这个批示，如坐针毡，如临深渊，他感到担心、惧怕，更感到委屈。十多年来，为新生的共和国文化事业，茅盾呕心沥血，殚精竭虑，放弃自己的创作，全身心地投入新中国的文化建设，为中外文化交流，为培养新中国的作家，为指导群众文化工作，为保护祖国文化遗产，茅盾几乎都是不遗余力的，现在竟然成了“死人”？茅盾内心陷入极度的矛盾和痛苦之中！但是，茅盾在会议上没有表现出来，他表情冷冷地坐在那里，静静地听林副部长传达。传达完了，散会了，茅盾默默地走出会场，临别，他和周扬、林默涵、邵荃麟握了握手，上了汽车，一言不发就回家去了。

本来就常常失眠，靠安眠药过日子的茅盾，这天晚上，加倍的安眠药仍然让他难以入睡。茅盾是从大风大浪中过来之人，他忧虑的倒不是自己个人的荣辱进退，而是这个国家的文化事业，更担心中国文艺界的这场暴风雨，又会损失一批人。他辗转反侧，只小睡一会儿，天就大亮了。

过了几天，1964 年元旦到了，刘少奇、邓小平、彭真等以中央的名义召开文艺界座谈会，茅盾也去了，坐在那里，静静地听这几位中央领导讲话，要求文艺界对照毛泽东的批示，认真开展整风、检查。于是，文艺界又开始无休止的会议学习、检查、揭发、批判。经过半年多的对照批示的检查、整风、揭发、批判以后，1964 年 6 月，中宣部根据揭发出来的问题，整理了一份向党中央报告的材料。6 月 27 日，毛泽东看了这份题为《中央宣传部关于全国文联和所属各协会整风情况报告》的材料后，又作了第二个批示，周扬、林默涵又非常郑重地传达这个批示：

这些协会和他们所掌握的刊物的大多数（据说有少数几个好的），十五年来，基本上（不是一切人）不执行党的政策，做官当老爷，不去接近工农兵，不去反映社会主义的革命和建设，最近几

① 《建国以来毛泽东文稿》第 10 册，中央文献出版社 1996 年版，第 436 页。

年，竟然跌到了修正主义的边缘。如不认真改造，势必在将来的某一天，要变成像匈牙利裴多菲俱乐部那样的团体。

毛泽东

1964 年 6 月 27 日①

这个批示连同 1963 年 12 月的那个批示，史称“两个批示”。这两个批示，完全抹杀了新中国以来文艺界的一切文艺成就。所以这两个批示，对共和国文化部部长来说，不啻为一记闷棍！从这以后，茅盾悄悄作着挨整的准备，一篇写于 1964 年 5 月 25 日的评论《南方日报》上的杜埃的《冰消春暖》的文章——《读〈冰消春暖〉》，成为一代文学巨匠在“文化大革命”前的最后一篇评论文章。此后，茅盾谢绝一切约稿，开始长达 12 年的沉默。

茅盾的感觉没有错，大概也是这个时候，宣传口已经开始组织人员，罗织茅盾新中国成立以来在文化艺术方面的“罪行”。笔者见到两份 1964 年 8 月中宣部办公室编印的材料。一份是《关于沈雁冰政治历史、思想情况》，对茅盾在新中国成立以来的言行进行梳理，认为：“从沈雁冰一贯的表现看，每当国内外阶级斗争尖锐化的时候，他就明显地暴露出他的顽固的资产阶级立场。”文中重提 1957 年在统战部座谈会上“我的看法”的发言，说茅盾是“作了十分恶毒的发言，攻击我党是‘宗派主义、教条主义和官僚主义’”。后来，“1959 年到 1962 年，国内经济生活困难时期，他放出了大量反党反社会主义的言论，更进一步暴露了他资产阶级反动的世界观”。还说：“沈雁冰的文艺思想也和他政治上的资产阶级立场观点是一致的。”接着材料就列举茅盾在解放以后的文艺思想，认为茅盾的文艺思想“在文艺界特别是青年作家中，发生了很大的影响”。说：“沈近几年写了大量文章评论青年作家的作品，同许多工人作家、少数民族作家及其他青年作家通信。不少青年作家有‘一登龙门，身价十倍’之感，无形中成为他的思想俘虏。在党员评论家和青年评论家中，也有些人受到他的资产阶级文艺思想的影响。”这份 2000 多字的《关于沈雁冰政治历史、思想情况》报告，表

① 《建国以来毛泽东文稿》第 11 册，中央文献出版社 1996 年版，第 91 页。

明已经有人在收集整理整茅盾的材料，说明茅盾的预感是对的。另外一份《关于茅盾的一些文艺观点》的内部材料，同样说明当时整风的矛头已经开始对着茅盾。这份材料是中宣部办公室编的，是不是就是办公室写的，材料上没有说明，但是这份材料的整理者还是下了一番功夫的。他们对茅盾在新中国成立以后发表的文章专门作了研究，认为，茅盾在解放以来有关谈创作问题和评论作品的文章有168篇，还出版了有关文集和小册子，所以，中国当代著名、活跃的短篇小说作家尤其年轻作家的作品，几乎全部受过他的“检阅”和评价。“从这情况，可以看出他通行无阻，广泛占领文学阵地，抓住创作评论，不但左右文学创作倾向，更严重地是同党争夺青年作家”。整理者分为几个方面“揭露”茅盾的文艺思想。比如，整理者认为：“茅盾的资产阶级文艺观点，首先暴露在他对‘二百’方针、文艺与政治的关系这些根本问题的片面曲解上。他借口贯彻‘百花齐放’、‘百家争鸣’，借口提倡题材、风格的多样化，反对所谓公式化、概念化，攻击和贬低为社会主义、为工农兵服务的革命文学，宣扬资产阶级的自由化。”再比如，整理者认为：“茅盾的全部文章，几乎没有从正面提倡或者阐发过写先进人物、英雄人物的重要意义。却在提倡‘创造典型人物’、‘典型性格’的口号下，不断鼓吹写中间人物。”文中罗列了茅盾五个方面的罪行，上纲上线，似乎随时可以公开批判茅盾这位文学大师。

这时，又传来毛泽东在与毛远新谈话中批评文化部的消息。毛泽东说：“文化部是谁领导的？电影戏剧都是为他们服务的，不是为多数人服务的，你说是谁领导的？”① 显然是不满意文化部的工作。

大概也是在这个时候，茅盾参加周恩来主持的国务院会议，会议结束，茅盾刚要离开，周恩来走过来，把茅盾留下，和茅盾作了一次谈话。周恩来总理说：

“文化部的工作这些年来一直没有搞好，这责任不在你，在我们给你配备的助手没有选好，一个热衷于封建主义文化，一个推崇资本主义文化。我知道你一开始就不愿意当这个部长，后来又提出过辞职，当时

---

① 韦韬、陈小曼：《我的父亲茅盾》，辽宁人民出版社2004年版，第56页。

我们没有同意，因为找不到接替你的合适人选。现在打算满足你的要求，让你卸下这副担子，轻松轻松，请你出任政协副主席，你有什么意见吗？”说完，周总理用炯炯有神的目光，看着茅盾。[①]

“好啊，我拥护总理意见。”茅盾早有准备，不假思索地回答。

周总理点点头，又说：“新的文化部长很难找，目前尚无合适对象，只好暂时让陆定一兼任，另外打算从军队调几个人来，不过完全由当兵的人来管文化工作怕也不行，所以准备从上海调石西民来，石西民你认识吗？这人过去也犯过错误，不过这几年在上海干得不错。”

茅盾笑笑，没有正面回答，却又向总理提出：“我这个作家协会主席也已经当了十多年了，工作没有做好，可不可以这次也一起调换调换？”

周总理笑了笑，然后敛起笑容说：“那就不必了，作协的问题主要也不是你的责任，你不当作协主席还有谁能当？”[②]

茅盾和周恩来两人谈话以后，茅盾默默地走出国务院的会议室。回家后，也没有说一句话。

隔了个把星期，周扬专门到茅盾的小楼里一次，向茅盾介绍文艺界学习和贯彻毛主席的两个批示的情况，也谈了夏衍、田汉、阳翰笙所犯的错误。又说：“主席对文化部和各个协会的批评，主要责任在党员领导干部，是他们马列主义水平不高，犯了错误。听说您要离开文化部，这样也好，以后您可以用更多的精力来领导作协和文联各协会的工作了。”[③] 茅盾听后，笑笑，没有再说什么。

1964 年 12 月，茅盾以山东省人大代表的身份出席第三届全国人民代表大会。会上，茅盾被免去文化部部长。国家主席 1965 年第二号主席令，任命陆定一为文化部部长。茅盾被同时召开的第四届中国人民政治协商会议选为全国政协副主席。从此，茅盾在文艺界的活动逐渐少了，应酬活动也少了，除了国庆节、五一节等活动外，在媒体上已经很少看到茅盾的身影。69 岁的茅盾在北京的那座小楼里，开始在家打扫

---

① 薄一波：《若干重大决策与事件的回顾》下册，中共中央党校出版社 1993 年版，第 1227 页。

② 商昌宝：《茅盾先生晚年》，河北人民出版社 2014 年版，第 29 页。

③ 韦韬、陈小曼：《父亲茅盾的晚年》，文化艺术出版社 2008 年版，第 9 页。

打扫卫生，为孙女小钢煮牛奶，看管家里的那个蜂窝煤炉。

尽管如此，“文化大革命”前夕，江青等人仍不放过茅盾等一大批五四时期成长起来的作家。1965 年 5 月下旬，开始对电影《林家铺子》进行铺天盖地的批判，矛头十分明显。茅盾心里十分清楚，但情绪上非常冷静，没有流露出任何惊慌。据茅盾儿子韦韬回忆：“我们周末看爸爸，希望能谈谈这件事。我们发现爸爸仍旧像往日那样平静地躺在床上看书，看不出有什么情绪上的变化，也不谈外面闹得沸沸扬扬的批判电影《林家铺子》的事，就好像这件事从未发生过一样。我们心里纳闷，只好悄悄地问妈妈，妈妈显得忧心忡忡，小声说：‘我觉得大祸临头了，可是你们爸爸不让我乱说，他说他还要观察。’”①

的确，在“文革”前夕那种对电影《林家铺子》甚嚣尘上的批判，作为原小说作者的茅盾，冷眼旁观，置之不理，表现出少有的冷静，这是经过大风大浪的人才能达到的境界！

六

不久，一场以“文化大革命”名义的浩劫悄悄降临中国大地。1966 年 4 月 18 日，《解放军报》首先发表了《高举毛泽东思想伟大红旗，积极参加社会主义文化大革命》的社论。4 月 26 日，中共中央政治局扩大会议在北京召开，会议批判彭真、罗瑞卿、陆定一的“反党错误”，决定停止和撤销他们的职务。5 月 16 日，中央发布《五一六通知》。8 月，中共八届十一中全会在北京召开，并通过了《关于无产阶级文化大革命的决定》。从此，一场内乱和浩劫正式开始。茅盾作为一位已经赋闲的文化老人，也常常被邀请上天安门城楼，接见全国各地来北京大串联的红卫兵。自然，茅盾对这种例行公事的活动，仅仅是出席而已，他依然静静地关注事态的发展，不再发言，当然，此时也不需要他发言。

1966 年 8 月 24 日，茅盾的老朋友老舍含冤自尽太平湖。消息传到茅盾耳朵里，茅盾惊呆了，他望了望窗外的青天，长叹一声：“平日见

① 韦韬、陈小曼：《父亲茅盾的晚年》，文化艺术出版社 2008 年版，第 6—7 页。

老舍随和、幽默、开朗，想不到还是一个性格刚烈，自尊心极强的人！他是受不了横加在他身上的罪行，这是对他人格的极大侮辱啊！他自杀在太平湖，显然是对这种不公平的无声抗议。不过，自杀终究不是办法，为何不坚持一下，亲眼看看这世事究竟怎样发展变化呢？我是相信沧海桑田，最终逃不脱社会发展规律的制约。”这位年届七十的老人，内心是何等的悲凉！9月15日，毛主席在天安门城楼上第三次接见红卫兵，茅盾也被邀请上城楼。在一片欢呼声中，周恩来把茅盾拉到一边，问：“沈先生知不知道老舍先生自杀的事?”茅盾说：“听到传闻了。”周总理沉痛地对茅盾说：“老舍先生是我们的朋友，我们没有保护好他。你知道他家属的情况吗?”茅盾说：“不知道。”周总理又说：“请你告诉王昆仑，就说我要他照顾一下老舍的家属，关心一下他们的生活。”

周恩来的情谊让茅盾感动，第二天，茅盾立即给王昆仑写了一封信，将周总理的指示转告他。王昆仑此时还没有被打倒，还是北京市副市长。①

此时，茅盾家里也已经被文化部干部的子女红卫兵上门来扫四旧了，他们撕掉了《红楼梦》《西游记》两本书，还指着茅盾书架的书，对在茅盾家里做服务的阿姨说：“这些书全是大毒草，统统烧掉!”一个红卫兵还指着墙上的萧逸的照片，责问茅盾：“墙上的这个穿国民党军服的家伙是谁?”这时，茅盾不禁怒火中烧，怒斥道：“你知道他是谁吗？你知道国民党是什么样子吗?”没等回答，又转身看看女婿萧逸的照片，提高声音说：“他穿的是八路军军服，他是新华社记者，是我的女婿，他是老八路，他在前线牺牲了！是国民党打死的!”此时的茅盾正气凛然！这些红卫兵只好把茅盾家里的小工艺品和书等搬到小楼的书库里，封存起来，写上“不准用”“不准看”。面对这样的粗暴无理，茅盾只能待在一边叹气，茅盾的夫人孔德沚则在惊吓、恐惧中忧郁成疾。

茅盾被抄家的情况，很快报告给周恩来总理办公室。后来，茅盾和其他一些著名人士一起，被周总理保护起来。免遭抄家之辱。

---

① 韦韬、陈小曼：《父亲茅盾的晚年》，文化艺术出版社2008年版，第20页。

红卫兵不上门了，外调的人却每天都有人来敲门，让茅盾不胜其烦，但又不好当面回绝。更可恶的是，一些别有用心的人，想从茅盾这里挖一些材料，回去作为打倒自己单位领导同志的借口。鲁子俊是当年为茅盾女儿沈霞做人工流产的医生，因为当时消毒不严和这位医生的大意，致使茅盾女儿沈霞因医疗事故而死亡，年仅24岁。对此，茅盾夫妇痛心疾首，悲痛万分。20多年后，鲁子俊已经当上医院的院长。“文化大革命”一开始，鲁子俊首当其冲，那些造反派专门派人四处罗织罪名，也找到了茅盾，要茅盾证明，当年沈霞的死是鲁子俊害死的。茅盾一听来访者的要求，立刻义正词严地回答说：“你们这个说得不对，不是这么一回事。据我所知，是因为手术时消毒不严，受感染而死的。”

有一次，文艺界几个造反派气势汹汹地推开茅盾家那个小楼的大门，一屁股坐在沙发里，威逼茅盾做证，30年代《译文》的停刊，是周扬反对鲁迅的罪证。茅盾严正地告诉来人：“这件事与周扬毫无关系，是因为生活书店想另外出版一套《世界文库》，把《译文》停了。我们请胡愈之去作交涉没有成功。”一席凛然正气的话，说得来人灰溜溜地走了。有一天，几个外调人员又来到茅盾住的小楼前敲门，硬要茅盾证明，曹靖华在重庆时期与苏联大使馆过从甚密，因而有苏修特务之嫌。茅盾一听，坚决拒绝：“我不知道，我没有看见，我不能作证！”对方没有满足，便恼羞成怒，竟拍着桌子吼着，威胁茅盾。茅盾也站起来，义正词严地说：“毛主席说要‘实事求是’你是怎么理解的？我对一切调查所抱的态度就是‘知之为知之，不知为不知’，这条原则我决不会改变！”来人只好悻悻而去。

从1967年7月至1969年7月的两年时间里，茅盾在北京东四头条5号院子里这个破旧的风雨飘摇的小楼里，一共接待了130多批来访的外调人员，让这位中国文学巨匠苦不堪言！在“文化大革命”中，国家纺织部副部长、一生坎坷的茅盾弟媳张琴秋，在隔离审查中惨死在长安街上。与茅盾相濡以沫、患难与共的夫人，也在1970年1月28日去世了。茅盾的亲侄女张玛亚，在1976年的“四五事件”中自杀。在这样的氛围和社会环境里，坚信社会发展规律的茅盾，有几年时间不与外面联系写信，也不出门，常常一个人在小楼里静观世界的变化。夫人去世后，茅盾的儿子一家搬过来一起住，小楼才有些生气。

在北京这座小楼里，茅盾住了 25 年。其间，茅盾不但见证了发生在中国风起云涌的大事件，也亲身感受了自己的起起伏伏所带来的人间冷暖，从新中国成立最初的意气风发，到文艺界的各种各样的批判运动中的无奈和困惑，到面对泼在自己身上污泥浊水时的愤怒和无奈，此时的茅盾是带着信仰而活着，同样也带着希望而活着！

1974 年 12 月 12 日，茅盾带着夫人的骨灰盒离开了文化部那个小楼，迁到交道口南大街后圆恩寺胡同 13 号。在那里度过了他最后的时光。

七

搬到交道口后圆恩寺胡同 13 号以后，“文化大革命”还没有结束。茅盾依然谨小慎微，包括与人通信，老朋友来访，谈家庭琐事多，谈写作技巧多。“文化大革命”中间，茅盾最先与杭州的表弟陈瑜清通信，因为在省图书馆工作的陈瑜清在“文革”中是逍遥派，不参加任何造反组织，所以和他通信非常安全。即使这样，茅盾在通信中也不谈社会上的事。到后来，社会上关于四人帮的传言已经沸沸扬扬，茅盾只是问陈瑜清“杭州近复如何？”不直接询问。

1976 年 7 月 4 日是茅盾诞辰 80 周年，当朋友臧克家等人向他提出为他祝八十大寿时，茅盾回信表示：“杯酒话旧，于今不宜。”所以，茅盾的八十大寿没有鲜花和掌声，更没有不绝于耳的恭维声。他与家里人和在北京的几个亲戚一起吃碗面条，拍张照片，就这样匆匆过去了。但是，人非草木孰能无情？茅盾在 80 岁时，更加怀念抚育自己成长的母亲，80 年来，茅盾心里的母亲一直是非常高大的。于是，茅盾悄悄地写了一首《八十自述》的诗，怀念自己的母亲：

忽然已八十，
始愿所未及。
俯仰愧平生，

虚名不副实。
昔我少也孤，
慈母兼父职。
管教虽从严，
母心常戚戚。
儿幼偶游戏，
何忍便扑责。
旁人冷言语，
谓此仍姑息。
众口可烁金，
母心也稍惑。
沉思忽展颜，
我自有准则。
大节贵不亏，
小德许出入。
课儿攻诗史，
岁终勤考绩。

茅盾的这首情真意切的怀念母亲的诗，1979 年 11 月河北人民出版社出版《茅盾诗词》时没有收入，直到茅盾逝世后才被披露。茅盾一方面感叹岁月逝去，时光不再，一方面也悄悄地准备回忆自己一生的经历，为写回忆录做准备。尤其在 1976 年，周恩来总理的去世，朱德总司令的去世，唐山大地震等，让茅盾十分忧虑。后来毛泽东主席的去世，更是让茅盾感到岁月的紧迫。10 月 6 日，党中央一举粉碎“四人帮”之后，茅盾心情一下子开朗起来，他知道，以后的岁月将是一个阳光灿烂的岁月，将是一个焕发青春的年代！此时，交道口后圆恩寺胡同 13 号又开始热闹起来，这不是对权贵的热闹，而是对一个德高望重的文学巨匠真诚敬爱的热闹！

位于北京交道口南大街后圆恩寺胡同 13 号是个小四合院，这里原来是杨明轩的旧居，在地段上，是个不显山不露水的地方，闹中取静，非常适合茅盾这样性格的人居住。从房子的结构看，房子不大，但有两进，还有厢房，适合茅盾一家以及服务人员居住，还有地方可以存放茅盾的大量的书。院子不大，但是可以让茅盾在里面活动活动——虽然茅盾似乎从来不锻炼，也从来没有人说起茅盾在院子里走路散步。所以在这个地方生活，对茅盾来说，其实是个读书和安度晚年的好地方。

在这里，茅盾把写回忆录作为自己要做的第一件大事。因为粉碎“四人帮”以后，中央领导觉得很多事情被“文化大革命”耽误了，其中就有我们党的历史回忆。因为“文化大革命”，许多老同志、老前辈都去世了，剩下的知道当年事情的老同志不多了。所以，陈云让胡乔木去找茅盾，说中央让茅盾写回忆录，把自己亲身经历的我们党的初期情况写出来，留给后人。有了中央的支持，茅盾的回忆录写作开始顺手起来。儿子韦韬也回家来当助手了，韦韬是一直在茅盾身边，许多往事，他可以帮助回忆。而且，写回忆录需要大量的旧的刊物和报纸，需要韦韬去北京、上海的图书馆去寻找，这样，韦韬就成为茅盾写回忆录的得力助手。儿媳陈小曼是人民文学出版社的外国文学编辑，出版社把她从外国文学编辑部调到现代文学编辑部，然后派她回家帮助茅盾处理生活上的问题，帮助茅盾安排来信、来访，让茅盾集中精力写回忆录，写出来的回忆录让人民文学出版社的《新文学史料》首发。所以，在粉碎“四人帮”后的几年里，茅盾的写作很快就进入轨道。期间茅盾以他耄耋之年和儿子韦韬一起，亲自去琉璃厂的中国书店淘旧书，竟然买到了《文学》合订本，一套《世界文库》和1919年的《学生杂志》，这让茅盾十分欣喜。“读旧书似遇故人”，何况茅盾写当年的往事，更需要这些旧书和杂志了。后来，茅盾又让儿子韦韬专门去上海徐家汇图书馆找旧书，在上海的茅盾内侄女孔海珠的帮助下，韦韬很快找到了茅盾当年的不少旧书和旧杂志，这些书和杂志，为茅盾回忆录的写作，提供了可靠的参考。据茅盾儿子韦韬先生回忆，茅盾为写好自己的回忆录，“在两年半的时间内，爸爸大约翻阅了五百万字以上的资料，写出了四十万字的回忆录”。一个耄耋之年的老人，为一部回忆录所花的心血，不比创作一部长篇小说花的心血少。这部名为《我走过的道路》的回忆录，从粉碎“四人帮”以后开始写起，一直写到他最后一次住医院，整整花了五年多时间。因为茅盾经历这么长的时间，经历过这么多的事件，而且都是影响中国社会进程的大事件，比如五四运动、五卅运动、中国共产党成立以及初期的革命活动，国民党第二次全国代表大会，在武汉的大革命，抗战时期在香港、在新疆、在延安、在重庆，等等。文化活动方面，有中国第一个新文学社团——文学研究会、左联以及抗战时期的文化活动。新中国成立以后，茅盾经历了政治的文化的所有运动和活动，如批判《武训传》，批判《清宫秘史》，批判胡风的文艺思想，批判俞平伯的《红楼梦研究》，批判大连会议，批判中间人物论，直到“文化大革命”，风风雨雨，所有的大事件，茅盾都经历了。还有他自己的创作经历，时间长达 60 多年，许多创作往事似云如烟 ，必须查阅大量的书籍才能清晰回忆，才能唤醒自己的记忆。如《蚀》三部曲的创作过程，茅盾笔名的由来，去日本的过程以及创作《虹》的背景，《子夜》的创作与出版过程，《春蚕》《林家铺子》等小说创作的由来，还有几篇历史小说的创作背景以及抗日战争时期写的几部未完成的长篇小说的创作，如《第一阶段的故事》《走上岗位》《锻炼》等，都是在回忆录里面需要向读者介绍的。另外，在茅盾的一生中，认识的人、见过的人、打过交道的人无数，而且不少是 20 世纪响当当的人物，政治方面的人物有毛泽东、周恩来、朱德、张闻天、董必武、陈云、瞿秋白、陈独秀、张国焘、汪精卫、蒋介石、邵力子、张道藩等。还有许多仁人志士，不少人曾经和茅盾一起并肩战斗过的。在文化艺术方面，几乎是 20 世纪的全部，凡是著名的文化艺术界的人，茅盾或多或少地和他们有联系，甚至一起共事过。鲁迅、郭沫若、徐志摩、巴金、曹禺、老舍、冰心、叶圣陶、胡愈之、张仲实以及抗战时期和新中国时期成长起来的作家文化人，更是不胜枚举。

韦韬曾经回忆说：“爸爸在撰写回忆录的整个过程中，自始至终遵循着‘务求真实’的原则。即便是一个人名，一个地名，或一件史实稍有模糊，也不厌其烦地向当事人或经过那时代的人求教核实。有时为了一个问题，数次写信请教。上海复旦大学教授吴文祺大革命时期也在武汉中央军事分校任教官，爸爸多次写信向他询问和核实当时的情形。为了弄清楚陈启修的籍贯，专门写信向许德珩讨教。为了核实 1946 年秋和阳翰笙、洪深、赵清阁、凤子等同游杭州西湖的细节，写信给上海的女作家赵清阁请教。专门派人把罗章龙接到家中，向他了解建党初期的某些人和事。与廖沫沙核对香港撤退的情况。请四川的胡锡培介绍抗战时重庆街道的名称。向赵明和陈培生询问1939年盛世才统治下新疆的某些内幕。还请上海的魏绍昌代为向病中的赵丹核实在新疆的二三事。凡两人回忆有出入者，就存疑。正如爸爸在回忆录的序言中所说：‘所记事物，务求真实，言语对答，或偶添藻饰，但切不因华失真。凡有书刊可查核者，必求得而心安。凡有朋友可咨询者，亦必虚心求教。他人之回忆可供参考者，亦多方搜求，务求无有遗珠。已发表之稿，或有误记者，承读者来信指出，将据以校正。其有两说不同者，存疑而已。’”① 韦韬先生的回忆是真实可靠的。比如茅盾开始在杂志上发表自己在商务印书馆一节回忆录中，讲到有一个茶房叫“来宝”。回忆录发表后，有人写信给他，指出，这个人不叫“来宝”，叫“通宝”。于是，茅盾后来就将这个错误改正过来。直到1981年茅盾去世前一个多月，茅盾还在写信给罗髫渔先生，询问陈启修是不是四川人。所以，今天我们可以说，茅盾的回忆录《我走过的道路》是一部丰富的、真实的20世纪政治文化史。这部政治文化史，就诞生在北京交道口后圆恩寺胡同13号的四合院里。

1976年粉碎了“四人帮”，改变了中国的命运，让中国人民逐步走出思想禁锢，迎来了思想解放的春天。茅盾虽然已经是耄耋之年，但是在解放思想的问题上，茅盾依然是一副五四运动先驱者的风骨。在1977年11月的一次会议上，有人问茅盾，“文化大革命”前的十七年是黑线统治还是红线统治？当茅盾听清楚这个问题时，立刻回答说：“十七年的文艺创作成绩是巨大的，当然是红线占统治地位了。”这是在1977年，是“文化大革命”的思维惯性还十分严重的时候，茅盾能够表这样的态，是难能可贵的。1978年4月18日，茅盾又写文章，为“文化大革命”前十七年的文艺工作平反。他认为，“文化大革命”前的十七年是以“党的革命路线占主导地位的”。茅盾的这些话，是在《实践是检验真理的唯一标准》发表之前说的，可见茅盾思想解放的勇气（图八）。

① 韦韬、陈小曼：《父亲茅盾的晚年》，文化艺术出版社2008年版，第284页。

图八　茅盾晚年（摄于1980年9月）

此时，文艺界的朋友同事和熟人陆续到交道口后圆恩寺胡同13号看望茅盾，看望这位共和国文坛的老保姆，向他表达敬意。巴金来了，他们倾心交谈一个小时；茹志鹃、赵燕翼来了，云南作家李乔来了，广东作家刘思慕来了。此时的13号门口，真有点门庭若市。浙江的陈学昭在女儿的陪同下，专门到茅盾家里看望茅盾，并且在茅盾家里吃饭，因为陈学昭年轻时就常常在茅盾家里吃饭，所以这种一辈子的友谊，让茅盾和陈学昭感动不已。丁玲从北大荒回来，就到茅盾家里看望茅盾，丁玲是茅盾20世纪20年代在上海教过的学生，两个人说话说了一个多小时，直到下一批人要进来见茅盾，丁玲才依依不舍地离去。画家高莽和诗人邹荻帆来了，当茅盾和邹荻帆聊天时，高莽拿起笔，在笔记本上画茅盾的速写，一共画了八张，茅盾高兴地一张一张地看过去，还发表评论。后来，高莽根据这一天的速写，用水墨又画了一幅，送给茅盾。茅盾为此专门写了一首诗，题目为《题高莽为我所画像》："风雷岁月催人老，峻坂盐车亦自怜。多谢高郎妙化笔，一泓水墨破衰颜。"不久，桐乡县的文艺人士到北京参加一个农业学大寨展览会，李渭钫、王解冲专门到茅盾府上拜访茅盾，并且带去有关乌镇的照片、桐乡新貌的照片，茅盾看到故乡乌镇和桐乡的照片，非常高兴，不断询问乌镇的一些古迹的情况。后来应这两位同志的要求，专门写了两首"西江月"词："大寨红花开遍，故乡喜沾余妍。新装改换旧垄阡，县委领导关键。双季稻香洋溢，五茧蚕忙喧阗。工农子弟竞攻坚，那怕科技尖险。”另一首是这样写的：“唐代银杏宛在，昭明书室依稀。往昔风流嗟式微，历史经验记取。解放花开灿烂，四凶霜冻百卉。抓纲治国布春晖，又见千红万紫。”这是茅盾在北京为故乡写的唯一的两首词，也是他对故乡思念之情的自然流露。茅盾仿佛又回到50年代的那些岁月。一些外国的研究者、作家也时不时来到后圆恩寺胡同13号，叩开白杨树下那扇红漆小门，见一见这位文学巨匠。其中，美国学者陈幼石女士是比较早拜访茅盾的一个学者，茅盾回答了她提出的关于20世纪二三十年代茅盾的小说创作与中国革命形势的关系问题。法国作家苏珊娜·贝尔纳和茅盾谈话的时间最长，恐怕是茅盾晚年接待外国朋友时间最长的一个。泰国的知名人士访华团来北京，也专门拜访茅盾，就中国文学创作和儿童文学创作等问题，双方进行了亲切的交谈。美国华盛顿大学的时钟雯教授就中国古典文学的研究来访，与茅盾交流。茅盾十分赞赏时教授的研究工作，并作七绝《赠钟雯教授》一首。日本的东京都大学教授松井博光来访，并且将一本自己写的研究茅盾的著作《黎明时期的文学》送给茅盾。这是茅盾在粉碎“四人帮”以后看到的国外出版的第一部茅盾研究著作。松井博光在茅盾病重期间，还专门到医院看望茅盾。日本早稻田大学的安藤阳子夫妇来访，谈茅盾作品的翻译问题，并希望茅盾去日本走走。茅盾高兴地说：“我很想去。”还有法国研究中国文学的于伯儒先生，也专程到医院看望茅盾，并且告诉茅盾，法国巴黎第三大学准备授予茅盾名誉博士学位，茅盾听了很高兴，说自己感到很荣幸，但因为身体原因，不能去巴黎接受这个荣誉，表示歉意。所有这些活动和安排，都是茅盾晚年生活的一部分。在这个晚霞满天的时光里，茅盾在1981年2月20日带着遗憾离开后圆恩寺胡同13号，住进了医院，没有想到的是，这次离开，茅盾再也没有回到这个家里，回到接待国内外朋友的地方，回到自己书房。

1981年3月27日早上5点55分，一代文学巨匠茅盾驾鹤西去，享年85岁。

茅盾临终前给党中央和中国作家协会的信，成为茅盾一生追求共产主义和献身中国文化事业的政治文化遗言，它激励着后人在人生道路上奋勇向前。

这，也是北京给予茅盾的政治滋养和文化滋养的结果。

作者钟桂松为浙江省新闻出版局原局长、中国茅盾研究会原副会长、高级编辑

又是一年芳草绿 春风时节想北平
——老舍与北京

尉 苗 郑小惠

我真爱北平，这个爱几乎是说而说不出的。我爱我的母亲，怎样爱，我说不出。在我想作一件事讨她老人家喜欢的时候，我独自微微的笑着；在我想到她的健康而不放心的时候，我欲落泪。言语是不够表现我的心情的，只有独自微笑或落泪才足以把内心揭露在外面一些来。我之爱北平也近乎这个。夸奖这个古城的某一点是容易的，可是那就把北平看得太小了。我所爱的北平不是枝枝节节的一些什么，而是整个儿与我的心灵相粘合的一段历史，一大块地方，多少风景名胜，从雨后什刹海的青蜓一直到我梦里玉泉山的塔影，都积凑到一块，每一个小的事件里有一个我，我的每一思念里有个北平，这只有说不出而已。

真愿成为诗人，把一切好听好看的字都浸在自己的心血里，像杜鹃似的啼出北平的俊伟。啊！我不是诗人！我将永远道不出我的爱，一种像由音乐与图画所引起的爱。这不但是辜负了北平，也对不住我自己，因为我的最初的知识与印象都来自北平，它是在我的血里，我的性格与脾气里有许多地方是这古城所赐给的。我不能爱上海与天津，因为我心里有个北平。可是我说不出来！

——老舍《想北平》

老舍生在北京，长在北京，在他人生 67 年中，有 42 年在北京度过。从 25 岁第一次离开北京前往伦敦，到 1949 年接受周总理的邀请从美国回到故乡，这时的他已年过半百。在从事写作的 41 年里，老舍只有最后的17年在北京生活。然而，无论身处伦敦、济南、青岛、重庆或纽约，他都在想北京、爱北京、写北京，心始终在北京。他的代表作，长篇小说《骆驼祥子》《四世同堂》《正红旗下》，中、短篇小说《月牙儿》《我这一辈子》，话剧《龙须沟》《茶馆》，无一不是写北京的。① 前中国老舍研究会会长关纪新在《老舍与北京》一文中说道："老舍与北京的关系，并不是一般的北京人与北京城的关系，他跟北京这座城市有一种先天注定的、生死相托的不解情缘。"②

老舍自己也说："不管我在哪里，我还是拿北京作我的小说的背景。因为我闭上眼想起的北京比睁着眼看见的地方更亲切更真实。"③ "那里的人、事、风景、味道和卖酸梅汤、杏仁茶的声音，我全熟悉。一闭眼我的北京就完整的、象一张彩色鲜明的图画浮立在我心中。我敢放胆地描画它，它是条清溪，我每一挥手，就摸上一条活泼泼的鱼儿来。"④

老舍的幼年、童年、少年时期都是在北京度过的，北京城处处都留有他的足迹。同时，北京也是他的创作之源。这位现实主义作家用地道的北京方言，忠实记录了这座古城近百年来的命运沉浮以及在大时代背景下，大杂院、小胡同中三教九流、普罗大众的悲欢离合。他把整个北京城都原汁原味地搬进了作品当中，封存起来，像一个活的博物馆，让今天以及未来的我们也有机会穿越时光隧道，亲历这座古城所经历的沧桑风雨、风土人情，寻觅已经遗落的遥远记忆。

老舍先生的一个重要文学主张是，作品中要有特定的背景。他把一个亲切的、真实的北京城融进了自己的作品之中。据舒乙统计，老舍的作品里，提到过240多个北京真实的山名、水名、胡同名、店铺名，作品中的人物足迹大多集中于老北京城的西北角。例如：

《老张的哲学》以德胜门外、护国寺街两地为主要地点。

《赵子曰》以旧鼓楼大街为主要地点。

---

① 舒乙：《谈老舍著作与北京城》，《文史哲》1982年第4期。

② 关纪新：《老舍与北京》，《兰州大学学报》（社会科学版）2006年第4期。

③ 老舍：《我热爱新北京》，《老舍全集》第14卷，人民文学出版社1999年版，第439页。

④ 老舍：《想北平》，《老舍全集》第14卷，人民文学出版社1999年版，第48页。

《离婚》以砖塔胡同为主要地点。

《骆驼祥子》以西安门大街、南长街和北长街、毛家湾、西山为主要地点。

《四世同堂》以护国寺小羊圈胡同、土城、西直门外护城河为主要地点。

《正红旗下》以护国寺小羊圈胡同、新街口、积水潭为主要地点。

老北京城的西北角，是指阜成门—西四—西安门大街—景山后街—鼓楼—北城根—德胜门—西直门—阜成门这么个范围。约占老北京城的六分之一。城外则应包括阜成门以北，德胜门以西的西北郊外。在清朝的时候，这一带属于正红旗，而他的父亲是正红旗的护军，因此，老北京城的西北角不仅处处留着老舍先生的生活足迹，也成了他作品主人公们的故乡。①

一 老舍在北京

（一）小羊圈胡同

说不定，这个地方在当初或者真是个羊圈，因为它不像一般的北平的胡同那样直直的，或略微有一两个弯儿，而是颇像一个葫芦。通到西大街去的是葫芦的嘴和脖子，很细很长，而且很脏。葫芦的嘴是那么窄小，人们若不留心细找，或向邮差打听，便很容易忽略过去。进了葫芦脖子，看见了墙根堆着的垃圾，你才敢放胆往里面走，像哥伦布看到海上有漂浮着的东西才敢更向前进那样。走了几十步，忽然眼一明，你看见了葫芦的胸：一个东西有四十步，南北有三十步长的圆圈，中间有两棵大槐树，四围有六七家人家。再往前走，又是一个小巷——葫芦的腰。穿过“腰”，又是一块空地，比“胸”大着两三倍，这便是葫芦肚儿了。“胸”和“肚”大概就是羊圈吧？

——老舍《四世同堂》

① 舒乙：《谈老舍著作与北京城》，《文史哲》1982 年第 4 期。

戊戌年腊月二十三（1899 年 2 月 3 日），老舍诞生在京师内城西北部的小羊圈胡同五号（现为西城区新街口南小杨家胡同八号）一个穷苦旗兵（八旗兵丁）的家里。他刚一出生，母亲就昏死过去，多亏已经出嫁的大姐及时赶到，把他揣在怀里才免于冻死。出生的第二天又恰是立春，家人为他取名为庆春。当时已是清朝末年，社会局势动荡不安，风雨飘摇。大清已是国运颓废，政府财政困难，既要镇压起义，又要赔款给外国，旗人生活日渐窘迫，下层旗兵多已沦为赤贫之家。

老舍的父亲是正红旗的护军，负有保卫皇城的重任，每月三两银子，里面每每掺着两小块假的。他上面还有三个姐姐、一个哥哥，父亲的钱粮只够勉强生存，日子过得捉襟见肘。1900 年，八国联军入侵北京，父亲殉国于天安门，生活的重担落到了母亲肩上。“皇上跑了，丈夫死了，鬼子来了，满城的血光火焰，可是母亲不怕，她要在刺刀下，饥荒中，保护着儿女。”[①] 靠着洗衣服、做佣工，她支撑起了整个家，把不到两岁的老舍拉扯大。

老舍在小羊圈和母亲相依为命度过了他的童年，直到 14 岁。来往的邻居三教九流都有，他们当中有糊棚的、有当兵的、有卖艺的、有做小买卖的、有当伙计的、有卖苦力的、有当仆人的……大多是贫苦人家。他们住的老房子残破不堪，三伏天，夜里下雨，全家只能在屋里坐到天亮，害怕被坍塌的房子埋起来。冬天四面透风，连水都会冻在缸里。夏天佐饭的“菜”，往往是盐拌小葱，冬天是腌白菜帮子，放点辣椒油。[②] 童年的他不爱说话，没处撒娇，泥饽饽、羊拐、槐树虫、棉花就是最好的玩具。

> “七坐八爬”，但是我到七个月不会坐，八个月不会爬。我很老实，仿佛是我活到七八月之间已经领路透了生命的滋味，已经晓得忍耐与敷衍。除了小姐姐把我扯起来趔趄着的时候，我轻易也不笑一笑。我的青黄的小脸上几乎是带出由隐忍而傲慢的神气，所以

① 老舍：《我的母亲》，《老舍全集》第 14 卷，人民文学出版社 1999 年版，第 319 页。

② 老舍：《勤俭持家》，《老舍全集》第 15 卷，人民文学出版社 1999 年版，第 114 页。

> 也难怪姑母总说我是个"姥姥不疼，舅舅不爱的小东西"。我是怎样的贫苦？不大容易说，我只能告诉你：我没有过任何的玩具！当母亲拆洗棉被的时候，我扯下一小块棉花；当家里偶尔吃顿白面的时候，我要求给我一点：揉好了的面，这就是我的玩艺儿。我能把那点棉花或面块翻来覆去的揉搓，捏成我以为形态很正确的小鸡小鱼，与各样的东西。直到我进到这间破屋子，我才有了真正的玩具；我得到十几个捏泥饽饽的模子，和几个染好颜色的羊拐子。
>
> ——老舍《小人物自述》

然而，老舍对那贫穷的家和那条不起眼的"小羊圈"胡同有着深厚的感情。就是在这里，他沿袭了父亲的满族血脉和爱国热情。虽然父亲去世时，老舍还不到两岁，但是每年母亲都会带他去给父亲上坟，母亲告诉他：咱们是旗人，庚子年间，你的父亲为了保卫国家，保卫北京城阵亡了。幼年的老舍渐渐体会到了父辈八旗将士们的爱国情感，懂得了"国家兴亡匹夫有责"的道理，作为战死于抗击外寇战场上的旗兵永寿的儿子，"爱咱们的国"，是人生的头一宗大事情。① 从老舍一踏上文坛起，他就是一个热情的爱国主义作家。从第一部作品《老张的哲学》到最后一部未完成的《正红旗下》，没有一篇不洋溢着爱国主义的激情，洋溢着他对于祖国的山川土地，祖国的人民，祖国的文化传统，民俗风习以及作为这一切的代表的北京和北京人民的深厚的爱。爱国是贯穿老舍作品的基本主题。

在英国，老舍创作长篇小说《赵子曰》时，就塑造了为了保护祖国的文化遗产而不惜动武杀人的一个爱国青年。"为什么因保存一个古迹至于流血杀人？……这大有关系：一个民族中有一种历史的骄傲，这种骄傲便是民心团结的原动力；而伟大的古迹便是这种心的提醒者。我们的人民没有国家观念，所以英法联军烧了我们的圆明园，德国人搬走我们的天文台的仪器，我们毫不注意！这是何等的耻辱！试问这些事隔在外国，他们的人民能不能大睁白眼的看着？试问假如中国人把英国的

---

① 史承钧：《论老舍的爱国主义——纪念老舍诞辰 90 周年》，《上海师范大学学报》1989 年第 3 期。

古迹烧了，英国人民是不是要拼命？不必英国大概世界上除了中国没有第二个能忍受这样的耻辱！所以，现在我们为这件事，哪怕是流血，也得干！引起中国人的爱国心，提起中国人的自尊心，是今日最要紧的事！没有国家观念的人民和一片野草似的，看着绿汪汪的一片，可是打不出粮食来。”① 国家兴亡匹夫有责，老舍不仅在作品中这么写，自己也是这么做的。1937 年抗日战争一爆发，他丢下了自己的家奔赴武汉，此时最大的孩子才四岁，最小的刚刚三个月。一边是自己前途莫测，生死未卜；一边是济南即将沦陷，柔弱的妻子带领着三个年幼的儿女将不知何以为生。老舍到武汉后写的《流亡》一诗，真切地表现了他当时的心情：

弱女痴儿不解哀，牵衣问父去何来？
语因伤别潸成泪，血若停流定是灰！
已见乡关沦水火，更堪江海逐风雷？
徘徊未忍道珍重，暮雁声低切切催！

在抗日战争期间，老舍放弃自己正在创作的长篇小说，放弃了自己一直坚持的“为文艺而文艺”的创作理念，开始改写老百姓能看懂的歌词、鼓词、快板，以唤醒国人的家国观念、爱国之心为己任，截止到抗战结束，他没有一篇作品不是为抗战、写抗战，实现了他为抗战尽全力的诺言。

从母亲这里，老舍得到了“生命的教育”。“母亲生在农家，勤俭诚实。在我的记忆中，她的手终年是鲜红微肿的。白天，她洗衣服，洗一两大盆。她料理家务永远丝毫也不敷衍，就是屠户们送来的黑如铁的布袜，她也给洗得雪白。晚间，她抱着一盏油灯，还要缝补衣服，一直到半夜。她终年没有休息，可是在忙碌中她还把院子屋中收拾得清清爽爽。桌椅都是旧的，柜门的铜活久已残缺不全，可是她的手老使破桌面上没有尘土，残破的铜活发着光。院中，父亲遗留下的几盆石榴，永远会得到应有的浇灌与爱护，年年夏天开许多花。从这

① 老舍：《赵子曰》，《老舍全集》第 1 卷，人民文学出版社 1991 年版。

里，我学到了爱花，爱清洁，守秩序。这些习惯至今我还保存着。”“从私塾到小学，到中学，我经历过起码有二十位教师吧，但是我真正的教师，把性格传给我的，是我的母亲。母亲并不识字，她给我的是生命的教育。”

不论走多远，过多久，他也忘不了院子中的破门楼、石榴树、垂丝而下的槐树虫、夏日里又湿又凉的大水缸；忘不了贫苦的童年和可敬、可爱而又可怜的亲人。这影响了他一生，不论地位如何改变，他始终用一双贫苦市民正直的眼睛冷静地观察着这个世界，书写着社会最底层人们的悲欢离合。小羊圈胡同五号和整个小羊圈，也几乎按照原样进了小说《四世同堂》《正红旗下》《小人物自述》，这里不仅是他的摇篮，也成了作品中主人公的故乡。他曾在《小人物自述》中他深情地写道：“我这个孤儿假若没有这样的一个家庭，或假若我是今天搬到这里明天搬到那里，我想我必不会积存下这些幅可宝贵的图画……我的一切都由此发生，我的性格是在这里铸成的……那是我的家，我生在那里，长在那里，那里的一草一砖都是我的生活标记”（图一）。

图一　老舍出生地——小羊圈胡同五号（今南小杨家胡同八号）北房

（二）护国寺

他没有上公园与北海的习惯，但是睡过午觉，他可以慢慢的走到护国寺。那里的天王殿上，在没有庙会的日子，有评讲《施公案》或《三侠五义》的；老人可以泡一壶茶，听几回书。那里的殿宇很高很深，老有溜溜的小风，可以教老人避暑。等到太阳偏西了，他慢慢的走回来，给小顺儿和妞子带回一两块豆黄或两三个香瓜。小顺儿和妞子总是在大槐树下，一面拣槐花，一面等候太爷爷和太爷爷手里的吃食。

——老舍《四世同堂》

护国寺原名“崇国寺”，元朝至元年间建寺，经过三次修建。在元代是显赫一时的丞相托克托的府邸。明朝宣德年赐名大隆善寺，成化八年（1472）赐名为大隆善护国寺。到了明朝永乐年间，明北京城的总设计师姚广孝住在了这里。约在乾隆以后，这里慢慢荒废，形成了庙市。老舍住在这里的时候，每月逢七、逢八有庙会，后来形成市场，称为西市，隆福寺称为东市。这里有开茶馆的、说书的、唱戏的、玩杂耍的，古玩字画、花鸟鱼虫、各种小吃食一应俱全。

护国寺离老舍家很近，出了小羊圈东口，走几百米就到了。小伙伴罗常培常常邀他一块去护国寺小茶馆听书。“下午放学后，我们每每一同到小茶馆去听评讲《小五义》或《施公案》。出钱总是他替我付。我家里穷，我的手里没有零钱。”①对于从小就爱看书、爱听故事的老舍，这里就是他的天堂。后来，这里也成了他笔下的人物散心、解闷的场所。《四世同堂》里，祁老人午后去这里散步；《正红旗下》的姑母，喜欢在这里买关东糖；《老张的哲学》中，王德来这里转悠，躲避姑母的絮叨；《离婚》中的老李去那里赶庙会，买些便宜的年货。而《茶馆》和《骆驼祥子》故事的原形，就发生在护国寺大街上。

① 《悼念罗常培先生》，《老舍全集》第15卷，人民文学出版社1999年版。

（三）积水潭

那娇嫩刚变好的小蜻蜓，也有黄的，也有绿的，从净业湖而后海而什刹海而北海而南海，一路弯着小尾巴，在水皮上一点一点，好像北京是一首诗，他们在绿波上点着句读。净业湖畔的深绿肥大的蒲子，拔着金黄色的蒲棒儿，迎着风一摇一摇的替浪声击着拍节。

——《赵子曰》

西边一湾绿水，缓缓地从净业湖向东流来，两岸青石上几个赤足的小孩子，低着头，持着长细的竹竿钓麦穗鱼。桥东一片荷塘，岸际围着青青的芦苇。几只白鹭，静静的立在绿荷丛中，幽美而残忍的，等候着劫夺来往的小鱼。北岸上一片绿瓦高阁，清摄政王的府邸，依旧存着天潢贵胄的尊严气象。一阵阵的南风，吹着岸上的垂杨，池中的绿盖，摇成一片无可分析的绿浪，香柔柔的震荡着诗意。

——老舍《老张的哲学》

积水潭以前叫“净业湖”，净业寺在它的北岸，故得名（图二）。西山的泉水从高粱（亮）桥流入城内，汇集于此成湖，又叫“积水潭”，它的下游是后海，什刹海，北、中、南海。在老舍最初写的长篇小说《老张的哲学》和最后一部长篇小说《正红旗下》以及《赵子曰》《骆驼祥子》等作品中，都对积水潭的美景有过大量的描写。同时，这里也是老舍及其笔下人物静心凝思、排遣忧虑的所在。这里是老舍最喜爱的地方之一。他在《想北平》中写道：“面向着积水潭，背后是城墙，坐在石上看水中的小蝌蚪或苇叶上的嫩蜻蜓，我可以快乐的坐一天，心中完全安适，无所求也无可怕，象小儿安睡在摇篮里。”

图二　积水潭

（四）家族墓地

> 那是个冷天，妈妈带我出城去看爸的坟。妈不说话，我也懒得出声，什么都是静寂的；那些黄土路静寂得没有头儿。天是短的，我记得那个坟：小小的一堆儿土，远处有一些高土岗儿，太阳在黄土岗儿上头斜着。妈妈似乎顾不得我了，把我放在一旁，抱着坟头儿去哭。妈哭了一阵，把那点纸焚化了，一些纸灰在我眼前卷成一两个旋儿，而后懒懒地落在地上。
>
> ——《月牙儿》

土城一带大钟寺南边，铁路的东侧就是舒家墓地，包括老舍姥姥家和祖坟所在地。这里是他母亲的诞生地，也是死于八国联军炮火之下的父亲衣冠冢的所在地。老舍小时候，母亲常带他到这里上坟。在著名短篇小说《月牙儿》和话剧《茶馆》中，也能找到它们的痕迹。《四世同堂》里常二爷的家，也是以这里为原型描写的。

（五）求学之路

一个十多岁的贫而不认字的孩子，很自然是去作个小买卖——弄个小筐卖些花生，煮豌豆，或樱桃什么的。要不然就去学徒……有一天刘大叔偶然的来了。我说“偶然的”，因为他不常来看我们。他是个极富的人，尽管他心中并无贫富之别，可是他的财富使他终日不得闲，几乎没有工夫来看穷朋友。一进门，他看见了我。“孩子几岁了？上学没有?”他问我的母亲。他的声音是那么洪亮，（在酒后，他常以学喊俞振庭的《金钱豹》自傲）他的衣服是那么华丽，他的眼是那么亮，他的脸和手是那么白嫩肥胖，使我感到我大概是犯了什么罪。我们的小屋，破桌凳，土炕，几乎禁不住他的声音的震动。等我母亲回答完，刘大叔马上决定：“明天早上我来带他上学，学钱、书籍，大姐你都不必管!”我的心跳起多高，谁知道上学是怎么一回事呢!

——《宗月大师》

1906年，在刘寿绵的资助下，老舍才得以入私塾念书。学校是一家改良私塾，在离老舍家有半里多地的一座道士庙里。如今，这座道士庙早已不复存在，无法追寻。

刘寿绵出身满族富庶家庭，老舍家祖上与他家有些渊源。他是地地道道的富家子弟，却不迷恋钱财，乐善好施，有“刘善人”之称。后来他的家产基本在救济和骗索中被耗光，于是出家为僧，法号“宗月”。他并非老舍学堂里的老师，却是影响老舍人生的一位重要人物。老舍能够成为享誉世界的文学大师，离不开在这位由富至贫的先生资助下跨出的第一步。宗月大师的一言一行直接影响了老舍，虽非他的老师，却是让他受益匪浅的一世之师。“没有他，我也许一辈子也不会入学读书。没有他，我也许永远想不起帮助别人有什么乐趣与意义。他是不是真的成了佛？我不知道。但是，我的确相信他的居心与言行是与佛相近似的。我在精神上物质上都受过他的好处，现在我的确愿意他真的成了佛，并且盼望他以佛心引领我向善，正象在三十五年前，他拉着我

去入私塾那样!”[1]（图三）

图三　宗月大师（刘寿绵）

1909年，老舍由私塾转入西直门内大街的公立第二两等小学堂三年级，在高井胡同对面。在这里，他遇到了终身的挚友——罗常培。这时候的老舍，在罗常培笔下是“一个小秃儿，天生洒脱、豪放、有劲，把力量蕴蓄在里面而不轻易表现出来，被老师打断了藤教鞭，疼得眼泪在眼睛里乱转也不肯掉一滴泪珠或讨半句饶”。[2] 老舍在这里读了将近三年，因为它要改为第四女子小学，1912年又转入南草场公立第十三小学，读六年级。位于高井胡同对面的这所学校，早已拆除，如今是两座高耸的居民楼。南草场第十三小学的旧址，现在是西城区职工大学。

---

① 老舍：《宗月大师》，《老舍文集》第14卷，人民文学出版社1999年版，第237页。

② 转引自舒乙《我的父亲老舍》，辽宁人民出版社2004年版。

1913 年 2 月，老舍考入公立第三中学（现北京三中，西城区祖家街），在那里读书半年后，因交不起学费而退学。

1913 年夏，老舍考入了不收学费并提供膳宿、制服、书籍的著名的北京师范学校，在此苦读五年。北京师范学校是民国初年北京培养小学和国民学校师资的中等学校。该校前身为京师第一师范学堂，1912 年改组为北京师范学校。坐落于西城丰盛胡同，1915 年迁校于祖家街西的端王府夹道（现育幼胡同），校长先后为夏锡祺、张暄、方还（老舍上学时的校长）等。解放后被裁撤。

北京师范学校先后有两个校址：先在西城丰盛胡同十三号（如今的北京联合大学继续教育学院、应用文理学院所在地），1913 年夏至 1915 年 3 月，老舍在此上学；后在端王府夹道（现西城育幼胡同）三号，老舍于 1915 年 3 月在此上学，至 1918 年 6 月毕业。如今随着旧城改造，育幼胡同犹存，但三号院早已不复存在。老舍在北京师范学校学习、生活的五年间，受到了良好的教育，为他的写作生涯奠定了基础。他的好友罗常培后来回忆说：“自他转入北京师范学校后，他的光芒渐渐放射出来了。宣讲所里常常见他演说，辩论会中十回有九回优胜。再加上文学擅长，各种学科都好，一跃就成了校长方还最得意的弟子”。老舍对学校和校长怀着极深的感情，后来他还和在北师时的同班同学一起，集资刻了两通石碑送给母校，表示对他们的两位老校长——方还先生和陆鋆先生的怀念。

（六）刘家宅院

> “听见我来了，她象燕儿似的从帘下飞出来；没顾得换鞋，脚下一双小绿拖鞋象两片嫩绿的叶儿。她喜欢得象晨起的阳光……我的眼盯住了她的，她要低头，还没低下去，便又勇敢的抬起来，故意的，不怕的，羞而不肯羞的，迎着我的眼。直到不约而同的垂下头去，又不约而同的抬起来，又那么看，心似乎已碰着心。”
>
> ——老舍《微神》

迎门，一个汉白玉的座子，上边摆着一块细长而玲珑的太湖石。远处是一座小土山，这里那里安排着一些奇形怪状的石头，给土山添出些棱角。小山上长满了小树与杂花，最高的地方有个茅亭，大概登亭远望，可以看到青青的西山与北山。山前，有个荷花池，大的荷叶都已残破，可是还有几叶刚刚出水，半卷半开。顺着池边的一条很窄，长满青苔的小路走，走到山尽头，在一棵高大的白皮松下，有三间花厅。门外，摆着四大盆桂花，二金二银，正在盛开。

——老舍《正红旗下》

这个给老舍留下深刻印象、并且产生过美好感情的宅院，坐落在西直门内大街北侧，现在的门牌是 89 号。主人就是资助老舍读书的刘寿绵，是当时的大慈善家，后来入庙为僧，是为“宗月大师”。老舍先生同他交往甚密。“他办贫儿学校，我去作义务教师。他施舍粮米，我去帮忙调查及散放”①。《正红旗下》里的定大爷，就是以刘寿绵为原型。在他圆寂的第二年，老舍先生撰文纪念他，对他表示了深深的敬意。

同时，正是在这里，年少的老舍与刘家大女儿之间产生了朦胧而美好的情感。

罗常培在《我与老舍》一文中写道：“他后来所写的《微神》，就是他自己初恋的影儿……到了儿因为那位小姐的父亲当了和尚，累得女儿也做了带发修行的优波夷！以致这段姻缘未能缔结——虽然她的结局并不象那篇小说描写得那么坏。”

（七）方家胡同小学

当我在小学毕了业的时候，亲友一致的愿意我去学手艺，好帮助母亲。我晓得我应当去找饭吃，以减轻母亲的勤劳困苦。可是，我也愿意升学。我偷偷的考入了师范学校——制服，饭食，书籍，宿处，都由学校供给。只有这样，我才敢对母亲提升学的话。入学，要交十元的保证金。这是一笔巨款！母亲作了半个月的难，把

① 老舍：《宗月大师》，《老舍全集》第 14 卷，人民文学出版社 1999 年版。

> 这巨款筹到，而后含泪把我送出门去。她不辞劳苦，只要儿子有出息。当我由师范毕业，而被派为小学校校长，母亲与我都一夜不曾合眼。我只说了句：“以后，您可以歇一歇了！”她的回答只有一串串的眼泪。
>
> ——老舍《我的母亲》

1918 年 7 月 18 日，老舍以全班第五名的优秀成绩从北京师范学校毕业，被京师学务局委任为“京师公立第十七高等小学兼国民学校”（现东城区方家胡同小学）校长，老舍从母亲的肩头接过沉重的生活担子 。这所学校在东城区雍和宫大街西侧，国子监南街的方家胡同里。老舍当校长的时候，只有十九岁。

长篇小说《赵子曰》中“北新桥往北的张家胡同”，描写的那条胡同的方位和环境，正是实际中的方家胡同。两年的校长生涯，使老舍先生对孩子们有了深厚的感情，先后为孩子们创作了《小坡的生日》《青蛙骑手》《宝船》等作品。他在“我怎样写《小坡的生日》”一文中说道：“希望还能再写一两本这样的小书，写这样的书使我觉得年轻，使我快活；我愿永远作‘孩子头儿’。对过去的一切，我不十分敬重；历史中没有比我们正在创造的这一段更有价值的。我爱孩子，他们是光明，他们是历史的新页，印着我们所不知道的事儿——我们只能向那里望一望，可也就够痛快的了，那里是希望。”

（八）从华严寺到卧佛寺

1920 年 9 月 30 日，京师学务局提升老舍为北郊劝学员后，他从方家胡同小学搬到德胜门外关厢华严寺内的郊外劝学员事务所。后来又移住西城翊教寺胡同的一家公寓里。该胡同东端连接赵登禹路，西端连接端王府夹道，现在，胡同及寺庙均已消失。

劝学员是清末教育改革中设立的一种职位，职责是调查、劝令本管区内筹款兴学事宜；讲习教育，推广学务，宣讲教化民众；讲绘本区学务图表，报本城劝学所备案；负责改造或取消私塾、筹建国民小学等发展初等教育工作。老舍负责管理西直门外、德胜门外、安定门外、东直门外的所有私塾，走遍了北京郊外北区的乡间各地。

任职劝学员以后，老舍的经济状况有所好转。他每月可以拿到一百多块钱的薪水，可这个薪水优厚、工作清闲的职位，给老舍带来的并不只是轻松的生活，还有失望与愤慨。他目睹了学界的黑暗，腐败混乱的教育，革新无门，在度过了一段消磨时光、自暴自弃的生活后，老舍得了一场大病。

老舍病好后，于1922年到西山卧佛寺休养了一段时间，当时住在东院禅房内。此间，他游览了香山、八大处一带的风光，为他日后的创作积累了素材，这里便成了他的《赵子曰》《骆驼祥子》等小说中人物活动的场所；并以《大悲寺外》为题，写过一篇短篇小说。

从卧佛寺回城后，老舍辞掉了劝学员这份待遇优厚的工作。老舍住到了京师学务局所属的儿童图书馆内，同时还帮助刘寿绵办贫儿学校。贫儿学校是刘家的西跨院，现在是西直门大街107号。儿童图书馆在马路对面，现在是西直门大街58号。

（九）北京基督教会缸瓦市堂

1921年，老舍担任"西北城地方服务团附设铭贤高等小学及国民学校"的教务主任，住在基督教会缸瓦市教堂跨院内。1922年，他在这里接受洗礼，加入了基督教。老舍写成并发表《北京缸瓦市伦敦会改建中华教会经过纪略》；还主持"儿童主日学"，用爱国主义思想改造教会。他在教堂牧师宝乐山先生主持的英文夜校学习英文，结识了许地山先生并成为好友。这为他今后到英国讲学和走上写作生涯，起到了非常关键的作用。

（十）北京教育会

1923年2月，老舍任北京教育会文书，住在教育会会址——北长街雷神庙（现西城区北长街小学）的北配房，他还在京师公立第一中学校二年级兼课，在灯市口公理会基督教堂附设北京地方服务团（现北京二十五中校园内）当干事。这一时期，老舍的思想比较苦闷，经济也很拮据。一天晚上，罗常培去教育会会所看他，老舍含泪告诉他："昨天把皮袍卖掉，给老母亲添制寒衣和米面了。"罗常培说："你为什么不早说？我还拿得出这几个钱。何必在三九天自己受冻？"

老舍答道："不！冷风更吹硬了我的骨头！希望实在支持不下去的时候，你再帮助我！"

1924年7月16日，经燕京大学英籍教授、牧师易文思推荐，老舍离开深深眷恋的北京，赴伦敦大学东方学院任华语讲师。老舍步入社会的最初六年里，在教育界工作，在基督教会服务，目睹了社会的动荡与黑暗，这段生活的历练，为他日后的文学创作提供了素材。

（十一）西城烟筒胡同六号

1930年4月，已经出国5年的老舍从英国回到北平，住在西城烟筒胡同六号、他的同学兼好友白涤洲家里。如今这里高楼林立，昔日的胡同早已无迹可觅。当时，北京一个很有影响的文艺社团——笑社希望老舍能够加入，于是派了代表陈逸飞拜会老舍。但陈逸飞没有见到老舍，只好留下一信。第二天，陈逸飞即收到老舍的回信——辞王启，内容如下：

逸飞先生：

您来，正赶上我由津回来大睡其午觉，该死！其实，白老先生也太爱我了，假如他进来叫我一声，我还能一定抱着"不醒主义"吗？

您封我为"笑王"，真是不敢当！依中国逻辑：王必有妃，王必有府，王必有八人大轿，而我无妃无府无大轿，其"不王"也明矣。

我星期三（廿八）上午在家，您如愿来，请来；如不方便，改日我到您那儿去请安，嚓！

敬祝

笑安

弟舒舍予鞠躬

这里也是老舍和夫人胡絜青第一次见面的地方。胡絜青当时还是北京师范大学的学生，她们几个爱好文艺的同学组织了一个文学团体，叫"真社"。听说老舍回北京了，想以真社的名义，请老舍到师大来演讲。

因为她认识白涤洲先生，大家就推举她来请老舍。刚巧胡母也托老舍的朋友罗常培给姑娘介绍对象，罗常培考虑到两人性情、爱好很接近，又都是旗人，生活上也会合得来，就推荐了老舍。两人经一段时间书信往来后，于 1931 年暑假结婚（图四）。

图四　老舍与胡絜青结婚照

（十二）老舍母亲的住地

七七抗战后，我由济南逃出来。北平又象庚子那年似的被鬼子占据了，可是母亲日夜惦念的幼子却跑西南来。母亲怎样想念我，我可以想象得到，可是我不能回去。每逢接到家信，我总不敢马上拆看，我怕，怕，怕，怕有那不祥的消息。人，即使活到八九十

> 岁，有母亲便可以多少还有点孩子气。失了慈母便象花插在瓶子里，虽然还有色有香，却失去了根。有母亲的人，心里是安定的。我怕，怕，怕家信中带来不好的消息，告诉我已是失了根的花草。
>
> ——老舍《我的母亲》

老舍到英国教学期间，他的母亲居住在前桃园胡同二十五号（今西直门内，如今是一个现代化小区），一直到1933年。老舍回国后常到这里来看望母亲。他还在这里举办过赏菊会，宴请老朋友吃过烤肉。

老舍到齐鲁大学任教之后，为母亲买下了葡萄院二号（今西直门附近）的房子，让劳累一生的母亲能在这里安享晚年。随着旧城改造，原址已毫无踪影。1936年老舍从青岛回北京，为母亲办八十大寿，在院里搭棚设宴，放电影，说大鼓书，老舍还登台表演，非常热闹。不久，战乱便将母子永远分开了。1942年，老人在这个院子里病故。那时老舍在重庆，母亲临终前他未能再见一面，为此异常悔恨。他在重庆接到母亲病故的家信后，悲恸地说："母亲是生命之源。没了母亲，一切仿佛都断了根。母亲受了一辈子的苦，临死前还没能见到她的'老'儿子，我的罪过岂是眼泪所能赎的呢！"①

二 行走在新中国

> 我的理想家庭要有七间小平房：一间是客厅，古玩字画全非必要，只要几张很舒服宽松的椅子，一二小桌。一间书房，书籍不少，不管什么头版与古本，而都是我所爱读的。一张书桌，桌面是中国漆的，放上热茶杯不至烫成个圆白印儿。文具不讲究，可是都很好用。桌上老有一两枝鲜花，插在小瓶里。两间卧室，我独据一间，没有臭虫，而有一张极大极软的床。在这个床上，横睡直睡都可以，不论怎睡都一躺下就舒服合适，好象陷在棉花堆里，一点也不硬碰骨头。还有一间，是预备给客人住的。此外是一间厨房，一个厕所，没有下房，因为根本不预备用仆人。家中不要电话，不要

① 李犁耘：《老舍在北京的足迹》，北京燕山出版社1986年版，第33页。

播音机，不要留声机，不要麻将牌，不要风扇，不要保险柜。缺乏的东西本来很多，不过这几项是故意不要的，有人白送给我也不要。

院子必须很大。靠墙有几株小果木树。除了一块长方的土地，平坦无草，足够打开太极拳的，其他的地方就都种着花草——没有一种珍贵费事的，只求昌茂多花。屋中至少有一只花猫，院中至少也有一两盆金鱼；小树上悬着小笼，二三绿蝈蝈随意地鸣着。

……

这个家庭顶好是在北平，其次是成都或青岛，至坏也得在苏州。无论怎样吧，反正必须在中国，因为中国是顶文明顶平安的国家；理想的家庭必在理想的国内也。

——老舍《我的理想家庭》

（一）“丹柿小院”的情和事

（1）老舍艰辛归国路

1949年10月1日，中华人民共和国宣告成立。得知这个消息的老舍，此时接到周恩来总理通过多种渠道捎来的邀请，满怀欣喜，不顾刚刚做完手术的身体，从美国立刻踏上了开往祖国的轮船。

然而，归国的路途格外地艰辛。

10月初，他来到三藩市（即美国旧金山），拟乘坐威尔逊总统号轮船先赴香港，然后转道回北京。但由于该船延期起航，故在三藩市等了一星期左右。10月13日，乘船离开美国三藩市。10月18日，到达美国檀香山。10月27日，到达日本横滨，并下船买票去参观了日本东京。10月31日，到达菲律宾马尼拉。11月4日，到达香港，腿病加重。当时住在老友香港大学病理系教授侯宝璋大夫的家中。11月28日夜，乘船离开香港。据老舍自述：“好容易，我得到一张船票!”“不像是上船，而像一群猪入圈。码头上的大门不开，而只在大门中的小门开了一道缝。于是，旅客，脚行，千百件行李，都要由这缝子里钻进去。嚷啊，挤啊，查票啊，乱成一团。‘乐园’吗？哼，这才真露出殖民地的本色。花钱买票，而须变成猪！这是英国轮船公司的船啊!”“挤进了门，印度巡警检查行李。给钱，放行。不出钱，等着吧，那黑大的手把一切东西都翻乱，连箱子再也关不上。”“一上船，税关再检查。还得递包袱！”“呸！好腐臭的‘香’港！”[①] 12月9日晨，乘船到达中国天津大沽口码头。12月12日，在天津稍停两天之后即与天津告别。据老舍自述：“没能细看天津，一来是腿不能走，二来是急于上北京。但是，在短短的两天里，我已感觉到天津已非旧时的天津；因为中国已非旧时的中国。”[②] 同日，老舍返回离别了14年的故乡北京。

（2）举家团聚

老舍归国后，对于他的住处，周总理是早有考虑和安排的，但老舍想要有个安静的、适于写作和生活的环境，因此在征得总理同意后，用从美国带回来的稿费，买了一所小院，要一百匹白布的价码。

1950年4月，老舍和刚由四川返回北京的夫人胡絜青及其子女一起，住进了这所位于乃兹府丰盛胡同10号的小四合院。老舍在这里共生活了16个年头。1965年，这里改称为“丰富胡同”。1966年老舍去世后，他的家人一直生活在这里。这个小院由两小院和一个小跨院组成。老舍的卧室兼写作间与书房，是北屋三间客厅的西耳房。这个位置是整个宅院离街最远、最安静的一角。但是，作为老舍起居、写作和书房之用的西耳房，实在是太狭小了，而且又黑又潮。住了几年，又作了一次大改动和修缮，扩大了居住面积。老舍在这间屋里度过了他的晚年，创作了24部戏剧剧本和两部长篇小说，像我们熟知的《龙须沟》《茶馆》，都是在这间小屋里写作完成的。

（3）“丹柿小院”的由来

老舍家有两棵柿子树，它们是1953年老舍先生和夫人亲手种植的。每逢秋天，果实累累，红柿挂满枝头，十分好看。因此这里被身为画家的老舍夫人美其名为“丹柿小院”。

在文章《一生爱好是天然》中，我们了解到，老舍在院内的正房前栽种下这两棵柿子树，“大约是出于两方面的考虑。首先，如种植石榴等灌木的话，树冠较低，树干分叉多，在面积并不大的院子里面显得

---

① 老舍：《由三藩市到天津》，《老舍全集》第14卷，人民文学出版社1999年版，第415页。

② 同上书，第416页。

略微拥挤。柿子树树干较高，枝叶都在房顶之上，不占院中的空间，给人留出更大的活动范围。其次，石榴树的寓意是多子多福，子孙满堂，柿子树代表事事平安，老舍显然看中的不是多子多福，而是平安如意。因此，老舍选择柿子树而未种石榴树一是因地制宜，二是有独特的心理诉求”①。

（4）爱家的老舍

老舍非常爱这个家，据说每次参加人大、政协会时他都不住宾馆，不管多晚，一定要回家来住。

那么，老舍的这个“家”有什么与众不同呢？我们从老舍的日常小事中就能感受一般。

除了上边提到的柿子树，“丹柿小院”还是个百花盛开的地方。养花对老舍而言既是一种乐趣，也是一种休闲、锻炼的好方法。因为腰腿疾患，老舍不能久坐，又不能有过量的运动，所以他选择搬搬花盆、摘摘枯叶、给花喷喷水诸如此类的活儿。以前小学语文课学过的那篇散文《养花》，描写的正是这个小院里的情景，文中写道：“有喜有忧，有笑有泪，有花有实，有香有色，既须劳动，又长见识，这就是养花的乐趣。”可见老舍先生观察得细致入微，不怕麻烦，亲自动手操作，才能得出这样真实的心得。据说，当时光菊花就种植了百余个品种。老舍和夫人胡絜青则经常在菊花开放的仲秋和初冬，请友人来赏花，把盆菊送给挚友（图五）。

再来看看家里的房间。老舍客厅里的陈设是严格按老舍的意图布置的，处处透着他的情趣、爱好和性格。老舍很喜爱这些家具，每次写作间歇，他都要亲自擦拭它们。桌面上不摆放繁多的陈设，但花瓶和果盘却总是很夺目。花瓶中各种鲜花四季不断，果盘中时令鲜果常常更换。老舍先生十分好客，好交朋友，他生前，这间客厅里总是高朋满座，其中不乏文化名人和著名的艺术家。与老舍私交甚好的周恩来总理，就曾经三次来到舒家做客。客厅里另一大特点就是画多。西墙是挂中国画的地方。以齐白石、傅抱石作品为主。每次展出两三幅不等，常更时换，显得新鲜。老舍最崇拜齐白石的画作。根据“蛙声十里出山泉”诗句

① 史宁：《一生爱好是天然——老舍与丹柿小院》，《博览群书》2016 年第 8 期。

图五　1952 年秋，老舍和胡絜青在院内菊花丛中

创作的水墨画，成为白石老人的代表作，邮电部还发行了特种邮票，被国内、外收藏爱好者视为珍品。到老舍家做客、观画，是公认的一大乐趣。老舍愿意把他的观感向客人倾诉，看画和听他谈画，都是莫大的享受，常常叫人流连忘返。

从上边的日常小事中，我们不难发现，老舍是一位多么热爱生活、有生活情趣的人，从中体会到老舍有多爱他的这个家啊！

（5）淳朴的家风

作为一名丈夫和慈父，老舍也为“和美家庭建设”贡献着自己的力量，特别体现在良好家风的传承上。他的教育观又是怎样的呢？

老舍大女儿舒济与父亲一般高，父亲常拿出自己的衬衫和衣服给她，衬衫的领子磨坏了，便反过来接着穿。

老舍也是一位拥有一颗童心的慈父，他特意为孩子们写下很多作品，把孩童的纯真看作是极珍贵的品质。他认为，应该自由发展儿童的天性，维护他们的天真活泼，满足他们的正当爱好，拥有愉快的心情、健康的身体和健全的人格最为重要。一次，小女儿舒立哭哭啼啼地回到家中，拿着60分的数学试卷伤心地哭个不停。老舍弄明原委后，依然像平时一样潇洒，他笑着安慰女儿道："咳，我还当发生什么大事了，不要紧，60分已经挺高了。再说现在的题越来越难，要是我，我还考不了这么多呢，顶多考20分。"父亲的话，让悲伤的小女儿破涕为笑，同时暗暗下决心，以后一定更加努力学习，不能辜负了父亲对自己的理解。

这就是老舍淳朴的家风，透露着老舍的为人，和对子女的教育和关爱。

（二）老舍辛勤办公的地方

新中国成立以后，老舍先后被选为北京市文联主席、北京市人民政府委员、政务院华北行政委员会委员、中国文联副主席、中国作家协会副主席，后来又连续担任了北京市及全国人民代表大会代表、全国政协常务委员会委员、中国作家协会书记处书记、中国民间文艺研究会副主席、中国剧协和中国曲协理事以及《北京文艺》刊物的主编等职务，忙于参加各种各样的会议活动、做报告、出访及接待，为新中国的文化事业做着自己力所能及的事情。

他曾经办公的地方主要有以下几处。

（1）由他主持工作的北京市文联

1950年5月17日，北京市文学艺术工作者联合会（简称"北京文联"）成立，老舍就任主席，连选连任了十六年，直至去世。北京文联先后有两个办公的地方。一处是东城王府井大街南口的霞公府街十五号，老舍的办公地点在一层右侧房间内。1956年北京文联搬走后，他才离开这里。另一处是西长安街七号大院，老舍在这里办公，一直到他去世的前一天。

（2）全国文联和全国作协

这两处离他的住家很近，出灯市口西街东口，向北走不到一站地，路东就是全国文联和全国作协大楼（现在是中华书局）。他经常要到那里去开会，处理他分管的工作。那时，人们也许还会在便道上碰到他拄着拐棍儿赶着去开会呢！

（3）中国青年艺术剧院和北京人民艺术剧院

新中国成立以后，老舍主要是在戏剧领域里耕耘，同一些剧院的导演和演员建立了密切的关系，剧院成了他经常去的地方。他到那里给演员们朗诵自己写的剧本，征求他（她）们的修改意见，也看他（她）们的彩排，给他（她）们提意见。其中去得最多的是北京人民艺术剧院和中国青年艺术剧院。青年艺术剧院的剧场在王府井大街南口，东长安街马路的北侧。老舍为青年艺术剧院写了话剧《方珍珠》，并在这个剧场上演。《西望长安》《神拳》《全家福》等，也是为青年艺术剧院创作，并在这里上演的。北京人民艺术剧院在王府井大街北头，这是老舍去得更多的地方。他同北京人艺的首次合作是排演话剧《龙须沟》，这次合作的成功，奠定了他同北京人艺密切关系的基础。这种关系在很长一段时间里，对作者、导演和演员，都产生了极深刻的影响。在《龙须沟》之后，老舍又为北京人艺写过《春华秋实》《青年突击队》《女店员》《红大院》《茶馆》等剧本，并且多数在首都剧场上演。

（三）到农村体验生活

1964 年，文艺界接连受到严厉批评，进行整风，老舍因此下到农村去体验生活，便有了几个下乡的住处。

（1）1964 年初全国文联和各协会整风开始后，老舍于 5 月到密云城关公社满蒙杂居的檀营村大队体验生活，并在社员王静之家住了三个月。

（2）1964 年下半年，文艺界再次受到严厉批评，进行整风。老舍于 10 月中旬再次去农村体验生活。他到北京海淀区四季青公社门头村大队，住在村卫生院的一间小西屋内。

（3）1966 年春，老舍到京郊顺义县木林公社陈各庄大队体验生活，住在陈福元家。

（四）老舍先生的辞世处——太平湖

老舍夫人胡絜青在 80 岁高龄时，曾写下作品《甲子感怀》，里面概括了老舍夫人一生的生活经历，寄托了对老舍的无限哀思。诗里有这样一句“伤心京华太平水，湖底竭时泪不干”，反映出胡絜青对老舍离世后的极度悲伤与悲愤无奈。里面的“太平水”，指的就是老舍辞世之处——太平湖。

1966 年 8 月 23 日下午，一群狂热的红卫兵，从市文联办公室把老舍和 20 多位作家艺术家，拉到国子监街孔庙大院里，让他们在大成门前的空地上时而下跪，时而围着燃烧的戏装和书堆跳“牛鬼蛇神舞”，肆意侮辱，野蛮鞭打。老舍的头被打破，满脸是血。后来被接回市文联，在那里红卫兵又以更加残酷的鞭打折磨他。他决定不再低头，愤然将挂在颈上的牌子扔到地下，这一举动使他被皮鞭和拳头吞没了……后来，按“现行反革命”把他送到附近的派出所，尾随而来的红卫兵，又轮番地毒打他到深夜。直到凌晨，才允许家属把他接回家。

第二天早晨，老舍独自从家中离开，在北京城西北角外的太平湖畔度过一生的最后一天，然后投了湖。

太平湖现在已经填平，在原址上建成了地铁检修车辆段。老舍的儿子舒乙说，如果从这里向南画一条直线，越过护城河，穿过原来的城墙，正好是老舍母亲的故居。老舍最爱他的母亲，母子二人离开人世的地点，原来近在咫尺。

三　新中国初期老舍在北京做出的贡献

（一）马不停蹄的老舍：新中国文化事业的排头兵

（1）担任多种职务，关心民间文化发展

老舍曾激情满怀地说道：“我爱北京，我更爱今天的北京，我热爱新北京!”他要把对新北京的赞美之声撒向祖国四面八方。

老舍回国后担任多种职务，如中国作家协会副主席、中国文联副主席、北京市文学艺术工作者联合会主席等，工作十分繁忙。他还是第一至第三届全国人大代表，全国政协第三、第四届常委，北京市人民政府委员，忙于参加各种活动，为新中国的文化事业而不辞辛劳、竭尽心力。

老舍曾多次出访。1953 年 4 月，老舍与骆文到布拉格参加捷克斯洛伐克作家代表大会，观摩捷克全国职业剧团会演。1953 年 5 月，以李富春为团长的中国政府代表团到布拉格，参加祝贺捷克斯洛伐克解放八周年庆祝活动。1953 年 10 月，老舍任副总团长，随贺龙为总团长的中国人民第三届赴朝慰问团奔赴朝鲜。1954 年 12 月，以周扬为团长，丁玲、老舍为团员的中国作家代表团赴苏联，出席第二次全苏作家代表大会。1956 年 12 月，以茅盾为团长，周扬、老舍为副团长的中国作家代表团，出席在印度新德里召开的亚洲作家会议。1965 年 3 月，老舍率中国作家代表团访问日本。他到东京、大阪、京都等地参观访问，广泛地会见了日本著名人士与作家，受到日本友人热烈欢迎。

同时，老舍为推动新中国曲艺的发展做了很多实事。

老舍曾经说过："北京是世界上最可爱、最美丽的城市，现在她是新中国的伟大首都，北京人民选举我们作政府委员，给了我们无穷的力量，它使我们感到非多做些事情不可，使我们不得不想尽办法来做好这最伟大、最民主的人民政府各项工作。"为此，老舍做了许多事情，特别是在改善和发展曲艺上面。他关注民间文艺的保护和发展，以极大的热情投入了对曲艺的改革，写新内容的鼓词、相声，介绍写作经验，与新、老艺人们合作改编旧的曲艺作品等，做出了积极的贡献。

老舍推进相声的改革。他提出，改进相声首先应"力避口脏"，将低级趣味和不伦不类的比喻，特别是丑化与侮辱劳动人民的言语，坚决去掉。他还热情鼓励相声演员加紧推动识字运动，提高思想，使相声"成为既轻松可喜，又能担起点宣传责任的东西"①。

他还促成了"曲剧"的诞生和发展。1951 年，老舍创作了曲剧《柳树井》，北京市曲艺工作团演出时，试验把曲艺的各种形式，如琴书、大鼓、莲花落、单弦等，融会在剧中，尤其是将单弦的不同曲牌容纳在内，因情调不同而灵活使用，充分表现了丰富复杂的感情，受到了

---

① 老舍：《谈相声的改造》，《老舍全集》第 17 卷，人民文学出版社 1999 年版，第 154 页。

观众的欢迎与文艺界的重视。从此，民间曲艺中便发展出了“曲剧”这一新剧种。此后，曲剧不断发展，出现了不少受欢迎的剧目。

老舍打小喜爱京剧，自然也关注着京剧的发展。新中国成立后，老舍作为北京戏曲改革小组的成员，经常观摩各地的戏剧演出，他还和老艺术家们一起研究戏剧曲目的保留和剧本的改编。除了改编，老舍还尝试着创作京剧剧本。1959 年，他为马连良和北京京剧团编写了一出京剧《青霞丹雪》。他还改编过《十五贯》《王宝钏》等京剧的剧本。

（2）老舍为保护杨柳青木版年画尽心出力

“杨柳青年画”是天津最具代表性的民间艺术，是中国年画艺术的代表，在中国民间文化和天津文化发展史上占有重要地位。1961 年冬，周恩来总理来杨柳青镇年画车间视察后，一直关心着杨柳青年画的进步，他专门委托老舍先生到当地指导工作。1964 年春天，老舍专程来津考察杨柳青年画的历史和发展工作。每天晚上，老舍和老艺人们座谈，认真地听取大家的意见。深夜里，他不顾疲劳，伏案整理工作建议，作为回京向周总理汇报的材料。老舍指示，要把画店保存百年以上的原画刻板送到妥善之处保管，对外就说是为了战备需要，实际是保护文化遗产。老舍特别提出了木版年画要推陈出新的主张，要去创作世人都喜欢的题材，像《白蛇传》《红楼梦》长篇手绘画册，就是根据老舍建议去创作的。他还让艺人们要跟上形势发展需要，向世界友好国家宣传杨柳青年画艺术，在国际艺术舞台上争取一席之地。老舍提出，把年画零售价格再降一些，使农村人都买得起。由此可以看出，老舍对杨柳青年画的保护和发展都做出了重要的、前瞻性的建议。他建议把画板送到博物馆去保存，才使之躲过了“文化大革命”那场空前劫难。他提出的创作世人都喜欢的题材，既是“以人为本”的有力体现，也拓展了杨柳青年画的取材内容。此外，他主张年画走向世界，更是符合文化大发展、大繁荣的形势和需要。老舍的这些建议，对日后杨柳青年画的发展起到了至关重要的作用。

（二）埋葬旧社会，书写新中国，赞美新北京

（1）埋头写作

老舍在归国后曾写道：“新社会激励全国的作家奋发写作，每一位

作家都在辛勤耕耘。”他本人更不例外，积极学习党的政策和文化理论，把他所能了解的政治思想，他看到听到的种种新现象，放进文字里去，再利用通俗的语言扩大影响。

回国后，老舍先生立即投入创作，以极大的热情歌颂新中国，歌颂共产党。这一时期他的创作以话剧为主，前后共计 20 余部，还有散文、小说、诗歌、曲艺等各种作品，迎来了又一个创作的高峰期。

老舍也不忘关心儿童，给儿童写作。他曾为孩子们写了三幕五场童话剧《宝船》。剧中描写一位勤劳善良的樵夫救起了落水的老人，老人送给他一艘神奇的宝船。一次山洪暴发，樵夫乘宝船搭救遇险的生灵。宝船被坏人偷盗，樵夫在众生灵的帮助下将宝船夺回。1962 年 6 月，《宝船》由中国儿童艺术剧院首次公演。此外，他还在 1960 年 6 月《人民文学》上发表儿童歌剧《青蛙骑手》。

老舍最后一部未完成的自传体长篇小说《正红旗下》，1961 年开始创作，1962 年完成前 11 章。遗憾的是，因当时的政治环境发生变化，老舍未完成，就被迫停笔。在这部作品中，老舍以自传为线索，表现社会风俗与历史的变迁。他在这部作品中，对本民族的历史——清末旗人的生活习气作了出色的描写。“老舍通过各色各样的人物形象要告诉读者：清朝是怎样由‘心儿里’烂掉的，满人是怎样向两极分化的，人民是怎样向反动派造反的，中国是一个何等可爱的由多民族组成的统一的大有希望的国家。”①

纵观老舍一生的写作情况，作品达 900 多万字，小说 300 多万字。其中，《四世同堂》是 100 多万字的巨著，只保存 89 万字，因为末卷丢失。笔者在写这篇文字时，一个好消息传来，老舍在美国佚散的英文原始翻译手稿被找回，老舍英文原稿中从未面世的部分，被译成 10.7 万字中文，将在 2017 年《收获》杂志上发表。老舍这部百万字的抗战巨著即将恢复原貌。老舍从长篇小说开始写作，20 世纪 30 年代以小说家闻名，抗日战争时期开始写戏，共 9 个话剧，其中独创 6 个，合作 3 个，奠定了戏剧方面的基础。50 年代后他主要创作戏剧，共计 43 部戏剧。老舍是小说家、戏剧家，并写作大量曲艺作品，共 70 多篇，其中

---

① 胡絜青：《写在〈正红旗下〉前面》，《新文学史料》1980 年第 1 期。

相声30多篇，还有鼓词、太平歌词、单弦等。他还创作新、旧体诗几百首，文学理论作品也很有建树，文学写作经验作品有《老牛破车》和《出口成章》，还有译作《苹果车》以及英文理论和小说。他用英文写作小说《鼓书艺人》，英文稿后来翻译成中文出版。还写有电影剧本，未涉足舞蹈，但懂舞，写京剧。可见，老舍是绝无仅有的全才。

（2）《龙须沟》和《茶馆》的故事

老舍是小说家，是戏剧家，更是“人民艺术家”。“人民艺术家”是人民内心对老舍最直接的褒奖，但这个褒奖最初是从一部话剧开始的。

这部话剧就是我们再熟悉不过的《龙须沟》，他通过描写北京天桥东边一条有名的臭沟——龙须沟及沟边几户人家在新中国成立前后不同的生活状况，反映了新旧社会北京人民生活和命运的变化。那么，这样一部家喻户晓的话剧，它是怎么缘起，其创作过程又是怎样的呢？

1950年7月14日，与老舍私交甚好的周恩来总理宴请老舍，鼓励他多为人民而进行创作，多写他自己熟悉的北京，多写北京解放后所发生的巨大变化。据老舍夫人胡絜青的文章回忆，周总理当时关心地问老舍有什么创作计划。老舍说，他打算马上动笔写一部以龙须沟的变迁为题材的话剧，通过新旧社会对比，歌颂毛主席、共产党和新政府。总理听后很高兴。当老舍说他已约好在第二天就上金鱼池、龙须沟去实地采访时，总理连声说：对，对，一定要去，等着看你的新戏。这次接见和这些热情洋溢的鼓励，像春风一样，使老舍感到无限温暖和喜悦。转过一天，7月15日，老舍便同李伯钊、濮思温等一起到龙须沟、金鱼池及新忠庙实地采访，为创作剧本《龙须沟》收集素材。据随行的濮思温回忆，当时的龙须沟很脏，臭气熏天，烂泥遍地，骄阳似火，到处是蒸热的尘土伴随着阵阵腥臭，几乎令人窒息。但是老舍边走边谈笑，兴致勃勃。他看到前几天大雨冲塌的房屋还没有修复，居民们却已经投入到赖以生计的紧张劳动，在仅可蔽身的荫凉下，锁扣眼、接袖头、焊镜框……老舍对这种劳动予以了极大的关注。他问了好几个地方，问了好多人。之后因为腿疾加重，那次去后，就由濮思温每天上午往龙须沟跑，把耳闻目见向先生汇报。很快的，老舍于7月26日写完《龙须沟》的第一幕，8月8日就完成了这部三幕话剧。

老舍对自己的这部话剧是否满意呢？老舍自己这么说：在我二十多年的写作经验中，写《龙须沟》是个最大的冒险。不错，在执笔以前，我阅读了一些参考资料，并且亲临其境去观察。可是，那都并没有帮助我满膛满馅地了解了龙须沟。不过冒险有时候是由热忱激发出来的行动，不顾成败地勇往直前。我的冒险写《龙须沟》就是如此。感激政府的岂止是龙须沟的人民呢，有人心的都应当在内啊！我受了感动，我要把这件事写出来，不管写得好与不好，我的感激政府的热诚使我敢去冒险。假若我随便编造一个故事，并不与臭沟密切结合，便是只图剧情热闹，而很容易忘掉反映首都建设者的责任。

对于剧中的人物，老舍评价道：假若《龙须沟》剧本也有可取之处，那就必是因为它创造出了几个人物——每个人有每个人的性格、模样、思想、生活，和他（或她）与龙须沟的关系。这个剧本里没有任何组织过的故事，没有精巧的穿插，而专凭几个人物支持着全局。没有那几个人就没有那出戏。

通过这些记载，大家对这部经典作品的诞生有了一定了解，接下来还有故事。

《龙须沟》是老舍创作的一部话剧，之后几经修改，成为人民艺术剧院的经典剧本并成功搬上舞台。老舍曾说这本戏很难写。多亏了人民艺术剧院的领导者与工作者给了他许多鼓励与帮助，才能写成。他们还要去初稿，并决定试排。老舍和他们讨论了多次，并把初稿加以补充与修改。老舍虽然已经是著名作家，但他秉承对人民的负责态度，对艺术的精益求精，不辞辛劳，一字一句反复斟酌，多次修改此剧，令人钦佩和感动。之后他还积极参与到话剧的排演过程中，他曾经在家中教《龙须沟》中扮演刘巡长的演员李大千学习台词。1950 年 10 月 23 日，早晨李大千已经是第三次去老舍家学台词，因为他说话有天津口音，老舍就叫他每天到家里去，从语气、节奏、轻重音，到如何准确地表达人物的思想感情，总是面对面地一句一句地耐心教他，一直到他学得有点意思为止。就是在老舍这样的关怀和指点下，李大千对刘巡长这个角色有了进一步的认识和理解，使他逐渐地接近了这个人物，为话剧《龙须沟》的成功演出奠定了基础。

1951 年 2 月 2 日，为庆祝北京解放两周年，北京人民艺术剧院在北京剧场首演了老舍的这部新作——三幕话剧《龙须沟》。导演焦菊隐，主要演员是叶子、韩冰、于是之、黎频、杨宝琮、郑榕、李大千、李滨等。这之后的 3 月 31 日，《龙须沟》进入中南海怀仁堂演出，老舍一家应邀前往观看。演出前，老舍受到了毛泽东主席、周恩来总理的接见。

由于《龙须沟》的演出成功，1951 年 12 月 21 日，在北京市人民政府委员会和各界人民代表会议协商委员会的联席会议上，老舍被授予了“人民艺术家”的荣誉奖状。

老舍为民、务实、清廉，立足专职作家的身份，开拓进取，勤奋工作，务求实效；把广大人民群众的利益视为最高利益，对身边的人没有等级观念，一视同仁，时刻想着群众，一切为了群众；自身严格要求，保持我们党所倡导的艰苦奋斗的优良传统，廉洁奉公，毫无私心。这些精神品质都值得我们终身学习和传承。

接下来还有故事与大家分享，那就是《龙须沟》和两张奖状（图六、图七）。

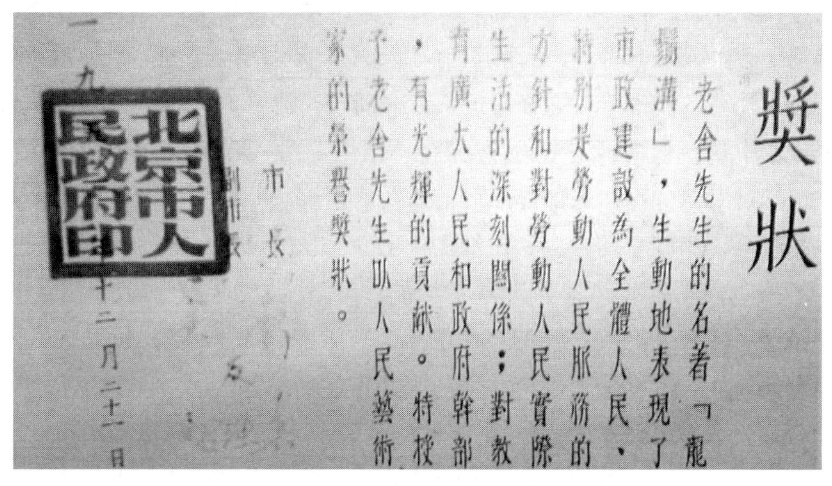
奬狀

老舍先生的名著「龍鬚溝」，生動地表現了市政建設為全體人民，特別是勞動人民服務的方針和對勞動人民實際生活的深刻關係；對教育廣大人民和政府幹部，有光輝的貢獻。特授予老舍先生以人民藝術家的榮譽奬狀。

市長

副市長

北京市人民政府印

一九……十二月二十一日

图六　“人民艺术家”奖状

在老舍纪念馆的生平展厅中，我们可以清晰地看到“人民艺术家”荣誉奖状的图片，据老舍的大女儿舒济先生介绍，这张奖状原件非常不

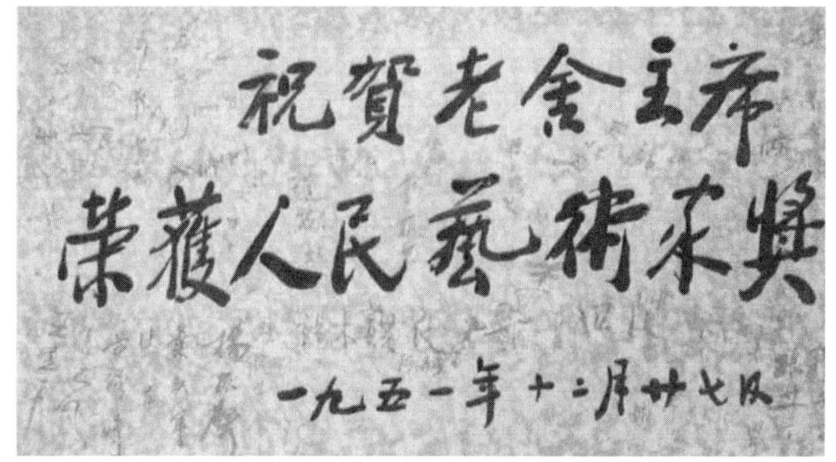

图七　北京市文联祝贺老舍主席荣获“人民艺术家”称号的奖状

幸地于“文化大革命”时期被抄走，再也没有找到。时过境迁，那已经不再重要，因为老舍无论是作品还是那为人民无私奉献的精神，已经深深根植于人民心中。奖状的原文，足以昭示出老舍获此殊荣的真正原因：“老舍先生的名著《龙须沟》生动地表现了市政建设为全体人民、特别是劳动人民服务的方针和对劳动人民实际生活的深刻关系；对教育广大人民和政府干部，有光辉的贡献。特授予老舍以人民艺术家的荣誉奖状。市长：彭真；副市长张友渔、吴晗。”

通过对老舍创作这部作品前前后后的了解和回顾，透过这份殊荣背后的故事，我们深切体会到这纸奖状上面文字的意义和分量。

在“人民艺术家”奖状图片上方，我们还能看到一张奖状，上面醒目地写着几个大字“祝贺老舍主席荣获人民艺术家奖”。这是怎么一回事，为什么还有一张奖状？原来这是北京市文学艺术工作者联合会对老舍荣获“人民艺术家”光荣称号给予的奖励，奖状上布满了市文联朋友的签字，例如中国作家协会会员、全国曲协常务理事、北京市文联秘书长王亚平，北京市文艺事业的开拓者王松声，跨越现当代文坛的辽宁籍著名作家端木蕻良，现代著名小说家、人民艺术家赵树理等，他们纷纷向老舍表示敬意和祝贺。

一部话剧，两张奖状，一份根植人心、永不泯灭的荣耀，这就是老舍“人民艺术家”称号背后的故事。

接下来说一说《茶馆》。

“东方舞台的奇迹”，指的是老舍写作的三幕话剧《茶馆》，写于1957年，同年7月在《收获》创刊号发表，1958年8月由中国戏剧出版社初版（图八）。

图八　《茶馆》国内、外版本

剧本以北京裕泰大茶馆为中心聚集点，通过70多个出入茶馆的人物从清末至解放战争爆发前近50年的生活变迁，再现了半封建半殖民地社会近半个世纪的风云变幻。时间跨度从戊戌政变失败后的晚清末年，到袁世凯死后军阀混战的民国初年和抗战胜利后国民党统治时期。剧本是从横纵两方面来概括广阔的社会生活的。横的方面，通过茶馆这个窗口，截取一个个社会生活的横截面，展示出一幅幅社会风俗画。“茶馆是三教九流会面之处，可以容纳各色人等，一个大茶馆就是一个小社会”（老舍语）。老舍就抓住这一典型环境，通过茶馆里出现的稀奇古怪、荒唐可笑的人和事，让观众去认识那个已经不复存在的时代。第一幕以维新运动失败为背景，以茶馆表面的繁荣，凸显清王朝灭亡前的回光返照。这里，一方面是达官贵人、阔家公子为争一只家鸽而大打群架，另一方面却是饥肠辘辘的农家姑娘被卖入火坑。旗人茶客常四爷一声“大清国要完”的感叹，竟招致银铛入狱的飞来大祸。第二幕以军阀混战为背景，突出一个“乱”字。乱敲、乱诈、乱抓、乱杀。王利发的茶馆危在旦夕。第三幕以解放战争前夕为背景，通过茶馆被占，改成特务情报站，表现了国民党的倒行逆施和垂死挣扎。王利发（茶馆掌柜）、秦仲义（实业资本家）和常四爷（旗人）三位老人绝望的控诉，宣判了旧世界的末日。纵的方面，剧本通过各种贯穿全剧人物生活上的变化，反映了社会的发展演变。一方面，对于依附于帝国主义和国内反动统治阶级的爪牙和社会渣滓，如慈禧太后的宠奴庞太监、说媒拉纤的人口贩子刘麻子、相面为生的鸦片鬼唐铁嘴、特务打手吴祥子、宋恩子、二德子之流，作者用“子承父业”的手法来表现他们生活变迁的共同特点——越变越无耻，越变越反动。从而揭示了中国社会 50 年来虽然几经变换，但黑暗社会吃人的本质却始终没变。另一方面，通过茶馆掌柜王利发、民族资本家秦仲义、旗人常四爷、破产农民康六、康顺子等人物从青壮年到老年的命运遭际，鞭挞了旧社会的黑暗、腐朽，指出了旧制度必然为新社会取代的历史发展趋势。

《茶馆》在老舍所有的话剧中，是上演次数最多、反响最为强烈的一出戏。1958 年 3 月由北京人民艺术剧院在北京首演，导演焦菊隐、夏淳，主要演员有于是之、英若诚、黄宗洛、郑榕、蓝天野、童弟、林连昆、李翔、李婉芬等。1963 年第二次公演，1979 年在纪念老舍诞辰 80 周年之际第三次公演。它成为北京人民艺术剧院久演不衰的保留剧目。1980 年，《茶馆》应邀到联邦德国、法国和瑞士三国演出，引起强烈反响，掀起了欧洲的《茶馆》热。1983 年《茶馆》到日本演出，使日本在 20 世纪 50 年代和 70 年代前期两次“老舍热”之后，出现了第三次“老舍热”。《茶馆》在艺术上的卓越成就使它被誉为“东方舞台的奇迹”“现实主义戏剧的高峰”，被载入世界文化史册。1982 年，《茶馆》由北京电影制片厂搬上银幕，谢添任导演，1983 年荣获第三届金鸡奖的特别奖。迄今在北京人艺，《茶馆》已经上演了 600 余场。

四　欢迎到老舍“家”做客

老舍从美国讲学归国后，于 1950 年 4 月购买了北京市东城区乃兹府丰盛胡同 10 号（现东城区灯市口西街丰富胡同 19 号）的一所普通四合院，一家人在此定居。老舍在这里居住了 16 年，写下了新中国成立后的全部作品，诸如《龙须沟》《茶馆》等，都是在这里创作完成的。在这个小院中，老舍一家种下了两棵柿子树，每到秋季，果实累累，火红亮丽，因此得名“丹柿小院”。老舍是个恋家的人。他吃在家里，写在家里，把朋友请到家里。他很少离开这个院子，开会不住招待所，一定回来住。午饭也回来在家吃。[①] 他喜爱这个院子，并会无私地把在院子中获得的丰硕成果与友人一同分享。因此，小院中总是充满了欢声笑语；因此，老舍是个好客的人。

老舍好客，这和他母亲的影响是分不开的，他曾在散文《我的母亲》中这样写道：“从这里，我学得了爱花，爱清洁，守秩序。这些习惯至今还被我保存着。有客人来，无论手中怎么窘，母亲也要设法弄一点东西去款待。舅父与表哥们往往是自己掏钱买酒肉食，这使她脸上羞得飞红，可是殷勤的给他们温酒作面，又给她一些喜悦。遇上亲友家中有喜丧事，母亲必把大褂洗得干干净净，亲自去贺吊——份礼，也许只是两吊小钱。到如今如我的好客的习性，还未全改，尽管生活是这么清苦，因为自幼儿看惯了的事情是不易改掉的。”

老舍好客，喜爱交朋友，这往往跟他的情趣爱好联系在一起。

（一）老舍家的画

老舍喜爱国画，在国画界有许多画家老朋友。回到北京后，经老朋友介绍，又有不少新朋友经常出入“丹柿小院”。

老舍家的客厅里一大特点就是画多。西墙是挂中国画的地方，以齐白石、傅抱石、黄宾虹、林风眠作品为主，也常有吴昌硕、李可染、于非闇等的作品更换挂出。每次展出两三幅不等，常更时换，显得新鲜。

① 史宁：《一生爱好是天然——老舍与丹柿小院》，《博览群书》2016 年第 8 期。

老舍最崇拜齐白石的画作，其中有老舍选诗、由齐老人按诗作画被誉为“国宝级”珍品的，有查慎行的诗句“蛙声十里出山泉”，曼殊的诗句“手摘红樱拜美人”，赵秋谷的诗句“凄迷灯火更宜秋”等图。这些诗句体现出齐白石老人的丰富想象力，还有他的创造性和独特的艺术技巧，成为罕见的杰作，构图之绝令人倾倒，给到过老舍客厅的朋友们无限的艺术享受。到老舍家作客、观画是公认的一大乐趣。老舍愿意把他的观感向客人倾诉，如果谈得投机，兴趣所至，他还会由书房壁橱里取出更多的画来展示，比较讲解，颇有独到见解。看画是享受，听他谈画也是莫大的享受，常常叫人流连忘返。

（二）香飘四溢的“丹柿小院”

“丹柿小院”的院子，是个百花盛开的地方。一进院门，首先映入眼帘的是一大簇太平花，春天缀满无数的白色花朵。进二门，迎面是五彩木影壁。入夏，一缸出泥不染的红荷伫立于木影壁前，风雅富丽。老舍喜爱一种俗称“小鬼脸”的草花，因它一朵双色或多色颇似花脸而得此名。春天他从早市上买些花苗，亲自种在院子里，它便像花蝴蝶般飞落在各个角落。从春至夏，院里的长叶紫花的鸢尾、各色的芍药、牡丹相继开放。洁白的玉簪花和昙花，会在静静的夏夜里散发出阵阵幽香，伴着家人们纳凉，会让客人们深夜不得离去。金秋，院中的两棵柿树果实累累，小院里暖日与黄柿相与辉映，给人们带来祥和、丰收的喜悦，令到访的宾客都为之动心。一俟柿子熟了，老舍会请朋友来品尝柿子，或摘下来送往友人家。自家留存的，都放到缸里冻着，冬天来的客人就能吃到冻柿子，赛过冰激凌，享用者无不为女主人胡絜青的手艺叫绝。

老舍和胡絜青还酷爱菊花。养菊花很费时、费力，要由春忙到秋。老舍的兄长舒子祥老人是养花的行家里手，胡絜青老人操作时，是有心的学生。她不怕苦，从上肥到给菊花上盆、打杈，她都用心用力，到后来她自己成了行家。老舍则把养花作为调剂写作疲乏的活动。因为他腰腿疾患，不能久坐，又不能有过量的运动。所以，他选择搬搬花盆、摘摘枯叶、给花喷喷水诸如此类的活儿，再适当不过。菊花开放的仲秋和初冬，百余种单株、单朵的盆菊摆满小院。此时，老舍和夫人胡絜青请友人来赏花，也把盆菊送到挚友的书案上。冬季里，兰花、银星海棠、柱顶红、仙客来等盆花，都纷纷被搬进了客厅。多盆各色的仙客来总是常开不断，莳养仙客来，已成为胡絜青的拿手活儿。春节时，兰花香遍客厅各个角落，柱顶红开着硕大的花朵迎来了春天。

老舍夫人胡絜青在纪念馆开馆时曾经说过："贺我们的家成为大家的家。"所以，我们真心欢迎喜爱老舍的朋友们来到老舍"家"做客，走进"丹柿小院"，把自己当作老舍家的一分子，去感受小院浓浓的生活气息，真正走进老舍先生的内心世界，"聆听"老舍留给我们的声音，也来此和老舍先生说说你们的心里话。

作者尉苗为老舍纪念馆馆员，郑小惠为老舍纪念馆馆员

践行美术革新思想　奉献毕生艺术才情

——徐悲鸿与北京

武　川

北京，这座有着3000多年建城史和850余年建都史的古老城市，在岁月的变迁中，形成了自己独特的历史风貌和人文气质，在千百年来的历史积淀与文化碰撞中，不断涌现出灿若群星般的历史人物。北京作为中国政治、文化、教育的中心，一直吸引着全国的优秀人才在这里工作、生活，施展才干抱负，实现人生理想。尤其是自近代史以来，孙中山领导的辛亥革命后，随着千年封建制度的土崩瓦解，禁锢人民思想的枷锁被打破，进步的文化思想、科学精神、革命理念不断冲击和改变着这座古老的城市，新文化运动为这座尘封已久的古都带来了充满蓬勃生气的文化活力，北京作为新文化运动的前沿阵地，会聚了思想学术界的各类精英，他们翻开了中国文化的新篇章。新中国成立后，北京作为共和国首都的独特地位，更加吸引会聚了各行业的优秀人才，其中包括许多文化名人，他们虽然来自祖国大江南北，但出于对新中国、对首都北京的热爱，都为北京的建设和发展付出了自己的心血。这些文化名人留存在北京的故居，如今也成为北京一道独特的人文景观，它们见证了北京从六朝古都到国际化现代大都市的发展与蜕变，印证着北京包容、厚德的城市精神。

著名画家、美术教育家徐悲鸿先生，在北京正好经历了这两个重要的历史时期。新文化运动时期，他身处新、旧思想激烈碰撞的学术重地——北京大学，与北京文化界的名人互相切磋技艺、交流思想，并与他们结下了深厚的友谊。他在北京见证了科学与民主带来的思想巨变，受各种进步思潮的影响，徐悲鸿提出了向西方学习，改良中国绘画的美术革命理论。新中国成立前，作为文化界的知名教授，为了促成北京和平解放，保护北京城市文化遗产，他四处奔走游说，建言献策。徐悲鸿去世后，家属将他的全部心血力作和视为生命的珍贵收藏——约2500件珍贵画作和上万件的图书资料，全部捐献给国家，国家在徐悲鸿故居的基础上成立了徐悲鸿纪念馆，为北京留下了一笔珍贵的文化遗产。

回顾徐悲鸿先生在北京的岁月，机缘巧合或是命运使然，几乎每一段都是北京正处于中国历史舞台的聚光灯下。徐悲鸿身边站满了历史的巨人，从这里徐悲鸿开始了探寻改良中国美术的求学之路，走出了国门，走向了世界。也是在这里，他成为新中国美术的领袖，开创了中国美术教育的新纪元。功成名就，蜡炬成灰，徐悲鸿在这里走完了最后的人生道路，把宝贵的艺术遗产留在了这座城市，命中注定他与北京这座千年古城有着化不开的缘分，追思先贤的历史足迹，弘扬传承他们的不朽精神，是我辈不可推卸的责任和使命。

一 1917年12月至1919年1月

（一）自幼刻苦学画，有志青年独闯上海滩

徐悲鸿出生于1895年（清光绪二十一年乙未）。他23岁时，1917年底来北京之前，在十里洋场的上海滩，他已经闯出一番天地。

这个来自江南小镇江苏宜兴的瘦弱青年，自幼家贫，跟随身为乡村画师的父亲从小学习诗书画印，并在父亲的教导下学完四书五经。11岁时，徐悲鸿随父亲坐船出行，触景生情，随口赋诗一首："春水绿弥漫，春山秀色含。一帆风信好，舟过万重峦。"这首小诗表现了他观察生活的敏锐，初步显露出了艺术上的才华。1912年，徐悲鸿根据在家乡看到的戏曲场景，创作了白描人物画《时迁偷鸡》，投稿上海商务印书馆主办的《时事新报》画刊，没想到居然获得二等奖。虽然在以后徐悲鸿获得的无数荣誉中，这个奖项显得微不足道，但是，这个奖却给了这个乡村少年极大的自信和闯荡上海滩的勇气。

1916年徐悲鸿考取上海震旦大学预科，攻读法文。上海哈同花园的仓圣明智大学在《时报》征稿仓圣遗像，徐悲鸿创作的画像力压群雄，获得哈同花园的认可，并被聘为哈同花园的美术指导兼仓圣明智大

学美术教授。在哈同花园里，他认识了人生中的第一位重量级导师——康有为。维新变法失败后的康有为对政治心灰意冷，只剩下学贯中西的艺术素养，年轻的徐悲鸿跟随国学大家康有为学习国文、书法和文物鉴赏，康有为收藏的字画碑帖，让徐悲鸿对中国传统书画有了更深入的学习机会。康有为在艺术上主张合中西以求变，开拓中国绘画新纪元的见解，深深影响了徐悲鸿。1917 年，康有为在《万木草堂藏画目》序言中哀叹："中国近世之画衰败极矣。"接着，他进一步慷慨陈词阐述遍历"百国"之画所得的结论。认为，中国宋代以前的绘画"未尝不极尚逼真"，这种画法"今欧人尤尚之"。总体而言，康有为尖锐地批评了几百年来的文人写意画风，但仍然主张中西结合，"取欧画写形之精，以补吾国之短"。他建议徐悲鸿到国外去看看西方的绘画，认为中国绘画如果想要有前途，必须融入世界文化的潮流中，完成自身的丰富和改造。徐悲鸿决定听从老师的建议，到欧洲文化的中心——法国去留学考察。由于此时的欧洲正在经历第一次世界大战，所以他决定，先去已经开始美术改革的日本考察。

（二）为留学赴北京寻求机遇

从 1917 年 5 月到 12 月，经过几个月赴日本的短暂游学后，徐悲鸿回国，从上海北上来到了北京。在康有为的推荐下，准备申请官派赴欧洲留学的名额，康有为写了数封推荐信给北京的友人，极力赞赏这位才华过人的年轻人。

"徐悲鸿偕夫人蒋碧薇踏上了北上航程。从上海到北京，本应走津浦路，但为了省钱，先乘轮船到天津，再乘火车到北京。"① 可见，初到北京的徐悲鸿还是一个一心求学的穷困青年。"他拿着康有为的推荐信，去看望了罗瘿公先生，罗是康有为的大弟子，和樊樊山先生、易实甫先生，同为当时北京的三大名士，在政教两届说话都很有力量。"② 罗瘿公，名敦曧，字掞东，号瘿公。诗人，京剧剧作家。民国后，先后任总统府秘书、国务院参议、礼制馆编纂等职。后愤于袁世凯复辟帝制而弃政从文。

① 王震：《徐悲鸿年谱长编》，上海画报出版社 2006 年版，第 20 页。

② 同上。

他与王瑶卿、梅兰芳深有交往，尤与程砚秋交谊深厚。随后，罗先生写信介绍徐悲鸿去看望时任北京教育总长的傅增湘先生，申请公费留学名额。傅增湘（1872—1949），字沅叔，四川江安县人，清末进士，民国初年任北洋政府教育总长。他思想开明，力主教育救国，曾创办第一个女子师范学堂。与傅增湘见面的情景，后来徐悲鸿在《徐悲鸿自述》里写道："时蜀人傅增湘先生沅叔长教育，余以瘿公介绍谒之部中。其人恂恂儒者，无官场交际之伪。余道所愿，傅先生言：闻先生善画，盍令观一二大作。余于翌日挟所作以付教部阍人。越数日复见之，颇蒙青视，言：此时惜欧战未平。先生可少待，有机缘必不遗先生。余谢之出，心略平，惟然祝天佑法国，此战勿败而已。"由于此时欧洲正处于战争期间，欧亚通航中断，所有赴欧留学计划暂时中断，徐悲鸿只能在北京继续等待。由于没有收入来源，所带积蓄日渐消耗，生活逐渐陷入窘境。

在友人华林先生的推荐下，徐悲鸿认识了当时的北京大学校长蔡元培，希望蔡先生能安排个职务，以解燃眉之急。1916 年至 1927 年蔡元培任北京大学校长，他革新北大，开"学术"与"自由"之风，把原来如官僚养成所的北京大学，改造成新文化运动的发源地。他认为，大学应该囊括大典，网罗众家，学术自由，兼容并包，这是各国大学的通例。所以他提倡学术研究，展开百家争鸣，不拘一格选用人才，对中外教员一视同仁，并在大学里鼓励学生组织各种社团，进行学术活动。

此时，蔡元培正本着兼容并包、百家争鸣的办学方针为北大"招兵买马"，他聘请陈独秀到北京大学担任文科学长，还请李大钊、胡适、刘半农、钱玄同、周作人、鲁迅等人到北大执教。在看了徐悲鸿的画作后，他毫不犹豫地聘请徐悲鸿出任北京大学画法研究会的导师一职。北京大学画法研究会是民国时期美术教育从传统走向现代的一个重要社团组织。该会由北京大学校长蔡元培于 1917 年 11 月创立，蔡元培对该会的章程、导师聘任、课程安排等一系列的具体事物，都亲力亲为。北大画法研究会会章规定："本会以研究画法、发展美育为宗旨，以研究画艺、培养人才、倡导美育为宗旨。"① 画法研究会分为中国画部和外国画部，中国画部设有山水、花卉、人物三科，外国画部分为铅

---

① 《画法研究会会章》，《北京大学日刊》1918 年 4 月 15 日。

笔画科、水彩画科。最初蔡元培聘任的导师有陈师曾、汤定之、李毅士等人。徐悲鸿因为出色的画功和技法，被聘为人物画和水彩画两科导师，那年他才 23 岁（图一）。

图一 1919 年北京大学画法研究会师生合影（后排右五为徐悲鸿）

徐悲鸿逐渐在北京大学找到了符合自己理想气质的特有氛围，那时，知识界的精英云集北大，陈独秀主持的《新青年》《每周评论》等刊物，在校园内外传播变革中国的理念，整个校园仿佛是中国文化革命的指挥中心和思想中心。同时，北大也有一批以刘师培、辜鸿铭为代表的所谓旧派教授，可见，北大的教学格局确实体现出兼容并包的精神，是当时全国思想活跃、学术兴盛的学府，只有这样的氛围，才能培养和造就一大批具有新思想的青年。这些进步思想深深影响着徐悲鸿，慢慢地，这个 23 岁的青年不再是凭画笔吃饭的书斋画师，他也开始怀揣改变中国文化的革命思想。

画法研究会除了每周的教学活动外，还定期举办美术学术讲座，每期由一位导师主讲美术史和美术理论，其中涉及对中西方绘画传统的认识和评价、美术教学的方法、中国画革新等话题。在这段时间，北京大学开放的校园风气，活跃的学术氛围，严谨的治学态度，让徐悲鸿大为感动，多次撰写文章并发表慷慨激昂的演说。1918 年 4 月 23 日，他在《北京大学日刊》发表《美与艺》一篇。5 月 10 日，他在《北京大学日刊》发表《评文华殿所藏书画》一文。1918 年 5 月 14 日，徐悲鸿针对当时画坛仿古盛行的现状，做了题为《中国画改良之方法》的讲座，5 月 23 日在《北京大学日刊》开始连载《中国画改良之方法》演讲稿，至 25 日止。1920 年又转载于《绘学杂志》，题目改为《中国画改良论》。文章认为，“中国画学之颓败，至今日已极矣！其原因在于守旧和失真学术独立之地位。造化之奥颐繁丽，壮大纤维有迹象者，于画弥不忞，故须以慧眼人竭毕生之力研究之”。而中国画的物质材料逊于西方，“西方之物质可尽术尽艺，中国之物质又不能尽术尽艺”，也要改进。并说生纸最难尽色，是绘画进步一大障碍，砂色不易分明暗，容易流于平淡无味，似可先写暗处，以砂色敷明处较能尽形。并提出：“古法之佳者，守之；垂绝者，继之；不佳者，改之；未足者，增之；西方画之可采入者，融之。”这种引西润中的美术思想，逐渐成为指导徐悲鸿一生艺术创作和美术教育的根本信念。

蔡元培校长是一位温和的文化改良主义者，他认为，中国艺术应该吸收有正面价值的西方艺术资源以补救积弊，开创新路。徐悲鸿与蔡元培关于艺术的理念不谋而合，特别是对于西方写实绘画的精神极为推崇。新文化运动的兴起，民主和科学两面旗帜的树立，使中国许多方面都发生了翻天覆地的变化，还提供了新思想、新理论广泛传播的大好机遇。科学主义的思潮受到民众的普遍推崇和提倡，人们力图以科学为中心建立一个新的价值体系。在这种背景下，徐悲鸿认识到西方写实主义绘画发展的原因，是西方开始重视自然科学的缘故。徐悲鸿从“绘画中国”开始关注到“现实中国”，不仅对绘画技法，也对自身民族的命运产生了深深的忧患。

在北京大学画法研究会担任导师期间，徐悲鸿与同校师生参加了学校组织的西山旅行队，赴郊区野外进行采集标本、测绘地理、绘画写生等活动。他对北京周边郊区有了进一步的游览考察机会，并在 1918 年 6 月到 8 月暑假期间，赴西山写生，创作了《晴岚翠嶂》和《西山古松柏》等作品。他在《晴岚翠嶂》上题诗云：“晴岚翠嶂暑蒸腾，山径沉沉气欲昏。世外人家幽乐甚，长林万尺不开门。”用文字和绘画描述了在北京盛夏山林中的所见所感（图二）。

图二　1918 年，徐悲鸿作《晴岚翠嶂》（现藏于徐悲鸿纪念馆）

同年，在友人的陪同下，徐悲鸿游览了故宫等北京的名胜古迹。在北京期间他还经常得友人之便观摩私人藏家的艺术品，开阔眼界，增长见识。在北京短短一年时间里，徐悲鸿不仅增长了见识，也不断扩大朋友圈的范围。在罗瘿公的介绍下，他在 1918 年结识了京剧大师梅兰芳先生。一日观赏完梅兰芳演的《天女散花》后，他兴致大发，为梅兰芳画了一幅《天女散花图》，并在画上题："花落纷纷下，人凡宁不迷。庄严菩萨相，妙丽藐神姿。款题：戊午暮春为畹华写其风流曼妙天女散花之影，江南徐悲鸿。"这幅画开脸参用西法写真，衣纹线条采用中国画的勾勒法，部位准确，色彩调和。梅兰芳又请罗瘿公在画心题一绝："后人欲识梅郎面，无术灵方更驻颜。不有徐生传妙笔，安知天女在人间。"① 此

① 王震：《徐悲鸿年谱长编》，上海画报出版社 2006 年版，第 23 页。

画如今保存于北京梅兰芳纪念馆，成为几人友谊的见证。

徐悲鸿与同为画法研究会的导师陈师曾也有着一段深厚的情谊。陈师曾在山水画的学习上竭力避免受近代尤其是“四王”流派的影响，甚至持坚决反对的态度。他努力恢复中国画“师造化”的优秀传统，并且吸收西方对景写生的特点，突破了山水画程式化的陋习。另外，陈师曾与徐悲鸿的情谊还包含了更为复杂的感情因素，由于陈师曾与梁启超是至交，而梁启超是康有为的弟子，徐悲鸿又是康有为竭力提携的年轻人。因此，除了同事之交，陈师曾也对徐悲鸿有种故人的情谊。1919年1月在徐悲鸿留法的欢送会上，陈师曾此时因为对艺术的主张与蔡元培校长有了分歧，已经离开北大画法研究会，但他仍来为徐悲鸿送行。他鼓励徐悲鸿：“东西洋画理本同，阅中西古本，其与外画相同者颇多，西洋画如郎世宁旧派，与中国画亦极相接近。西洋古画一方一方画成者，与中国之手卷极相似。希望悲鸿先生此去，沟通中西，成一世界著名画者。”① 并赠送徐悲鸿印章一枚，留作纪念。

1918年10月，徐悲鸿听闻教育部仅派出北大教师朱家骅、刘半农两人赴欧留学，心中不免着急起来，立刻找到教育总长傅增湘质问缘由。傅增湘解释道：欧洲战事还未停止，朱家骅赴欧洲只是考察性质，你应该再安心等等。徐悲鸿回家后左思右想不能接受，给傅增湘写了一封措辞尖锐的信，指责他自食其言，出尔反尔。同年11月徐悲鸿遇到罗瘿公，罗告诉他，傅增湘收到他的指责信非常恼火，并说教育部并没有派出任何留学生，也没有取消徐悲鸿的公派留学资格。徐悲鸿听后感到深深的内疚。后来欧战结束，徐悲鸿因为指责过傅增湘先生，他没有脸面再去找傅先生询问留学的事情。蔡元培先生得知后，给傅增湘先生写了一封信来化解这段矛盾。徐悲鸿后来在《徐悲鸿自述》里提到这段传奇经历：“讵七年十一月，欧战停。消息传来，欢腾大地。而段内阁不倒，傅长教育屹然，无法转圜。幸蔡先生为致函傅先生，先生答曰：可，余往谢，既相见，觉局促无以自容，而傅先生恂恂然如常态不介意，惟表示不失信而已。余飘零十载，转走千里，求学之难，难至如此。吾于黄震之、傅沅叔（傅增湘）两先生，皆终身感戴其德不忘

① 龚产新：《陈师曾年表》，《朵云》总第六集，上海书画出版社1984年版。

也。”黄震之是徐悲鸿独闯上海时走投无路之际，帮助过他的人。后来，学成归国的徐悲鸿为此二人都画过肖像画，并赠送画作，报答知遇之恩。可见，徐悲鸿对于危难时帮助过自己的人时刻牢记心中，不忘恩情，是个重情义、有担当的青年，也正是对“情义”二字的看重，让他走到哪里都能广结善缘，得贵人相助，所以在他有能力后，不遗余力地提携有才华的后辈，帮助救济穷苦大众，都是对当初青年求学时获得帮助的一种感恩和回报。傅增湘先生虽然面对徐悲鸿的无端指责颇为恼怒，但在关键时刻仍不失君子风度，不计前嫌，不失信于他，给了徐悲鸿珍贵的留学名额。在那个军阀混战、政权轮番更替、人人自危的动荡年代，广大的知识分子阶层还是秉持着高尚的道德情操，把名誉、信任、情义看得如此珍贵，这正是那个时代的闪光之处。

1918 年 12 月上旬，徐悲鸿正式得到批准，以官费生资格留学法国。1919 年 1 月，徐悲鸿话别了北京的众友人后，从上海开始了赴法国的求学之路。在北京的这段时间虽然短暂，却对徐悲鸿的艺术思想产生了极为重要的影响。新文化运动的洗礼，“德先生和赛先生”的到来，让 20 世纪初的中国思想界空前解放，在中国社会许多方面发生巨大变化。在新思想、新理论广泛传播的大时代氛围中，文学和美术都处在变革的风口浪尖。徐悲鸿也在重新审视着中国传统绘画和西方写实主义美术的价值所在，虽然在京时间短暂，新文化运动却在青年徐悲鸿的心里种下了变革的种子。直到之后的数十年，徐悲鸿都“独持己见、一意孤行”，坚定地引入西方写实主义，并以之作为中国画改良的参照，把如实表现现实的生活作为权衡艺术的准绳，这一艺术理论，在当代仍对中国美术界产生着重要影响。

二　1928 年 10 月至 1929 年 1 月

（一）八年欧洲留学，学成载誉归来

1927 年 9 月，经过在欧洲八年的刻苦研读，徐悲鸿带着精湛的写生技法和广博的艺术知识，还有他视为生命的中外书画作品，从巴黎回到上海，受到国内艺术界人士的热烈欢迎。在欧洲留学期间，他刻苦钻研西方绘画，观摩大师作品，先后游历法国、德国、比利时、意大利等

国家，深刻感受欧洲浓厚的古典人文传统，探索发掘欧洲文艺复兴的强大原动力。徐悲鸿的勤奋在学校被传为佳话，这个来自东方的青年学生时刻不停下他的画笔，很快，他的画作便得到了同学和老师们的赞扬和认可。他先后师从四位欧洲现实主义绘画大师，在名师的指导和帮助下，徐悲鸿在绘画上的成绩不断进步，更得到了法国画坛的认可。1927年5月，他的九幅作品入选法国国家美术展览，这是给予徐悲鸿八年刻苦学习的极大褒奖，大大提高了徐悲鸿的国际知名度，对于一个外国画家来说，可谓是至高无上的荣誉。

回国后，徐悲鸿应友人田汉之邀，在上海共同筹办南国艺术学院，并出任美术科主任，田汉主持文科，欧阳予倩主持戏剧科，以“团结能与时代共痛痒之有为青年，作为艺术上之革命运动为办学宗旨”。南国艺术社充满革命激情的办学理念，感动并鼓舞着徐悲鸿，他满腔热忱地奔波忙碌于南国艺术学院的教学活动，不计报酬，甚至常常自掏腰包补贴学院费用。可在他的精神世界，他却感到非常满足，多年西方绘画的学习和研究，积聚已久的艺术能量，终于可以在教育工作中得到释放。他渴望中国绘画改革的心情更加急切，所以，这一时期他的创作力也极为强劲，在南国艺术学院的画室，先后创作出了《田横五百士》《希我后》等大型油画作品。

因为家人的强烈反对甚至对抗，徐悲鸿被迫放弃长期不计薪酬的义务教学，离开南国艺术学院，前往早已对他发出邀请的南京国立中央大学艺术系任教。这一时期的徐悲鸿，已经和十多年前那个落魄穷困的徐悲鸿不可同日而语。归国后，他受到美术界人士的欢迎和瞩目，相继举办了多次美术展览、艺术讲座，同时，新作、力作不断问世，在社会上获得了空前的反响，全国媒体的追踪报道，各种美术组织和学校的不断邀约，使得徐悲鸿先生的名气和社会地位得到极大的提升，很快成为全国知名的画家、学者。在学校教学期间，对待学术，徐悲鸿是学识广博、谈古论今的留洋教授；对待学生，他又像一位和蔼的挚友亲朋，指导学生画作总是用商量的口气，温和而委婉。他鼓励学生以自然为师，不拘泥，不守旧，勇敢创新，营造出自然和谐的教学氛围。徐悲鸿的新派思想观念和教学模式受到学生的欢迎，更赢得了学生们的尊敬和爱戴，这使他很快成为全国著名的美术教育家，各地考生纷纷慕名而来，报考他任教的学校。

（二）赴京任职革新美术受挫　慧眼识才结下半世知己情缘

1928 年 6 月国民政府通过决议，将北京改称北平。1928 年 10 月，应北平大学校长李石曾、副校长李书华之邀，徐悲鸿接受北平大学艺术学院院长之职务。全国的许多报纸都报道了这一消息。

1928 年，南京政府接受蔡元培的提议，为改变教育行政机关的官僚风气，推行教育改革，效仿法国教育体系，推行大学区制，即改教育部为大学院，全国分设几个大学区，以大学区为教育行政单位，由国立大学校长总理国内大学区内的教育行政和学术事宜。首先在北京的大学区改革，合并九所高等国立学校，成立国立京师大学校，后改名国立中华大学，任命蔡元培为校长。后中华大学又改名北平大学。北京大学此时成为北平大学的国立北平大学北京大学院，国立北京艺术专科学校改为北平大学艺术学院。然而北平大学区自成立之日起，便引起各方面的议论和反对，北京大学、北京师范大学等学校纷纷反对并入北平大学，由此引发了一系列的学潮。此时的北平大学副校长兼艺术学院院长李书华整日陷入处理纠纷当中，没有能力兼顾艺术学院，于是邀请徐悲鸿赴北平，出任北平大学艺术学院院长一职。

徐悲鸿于 1928 年 11 月 15 日抵达北平就任。就职演讲中，要求全体同学热爱自己的专业，并提出对教员的考核任用，罢免没有真才实学、不懂教学的教员。同时提出筹备雕塑系的设想，呼吁北平大学校方为艺术学院增加预算。初掌艺术学院，徐悲鸿满怀激情，处处为学院的建设和教学劳心费力。为提升学校师资水平，徐悲鸿多次向上级机关递交报告。其中一封是恳请为艺术学院调拨钢琴的函：“日来检院内所存音乐系，仅有钢琴一架。查师范第一院有七架，师范第二院在封锁中有十一架，此两院俱无音乐（系），女师大前因办音乐系时购置，后停办乃令闲置锈坏，相形之下可悲可叹，蔽院目下形势绝无能力得自购置，恳尊处采用任何方法拨钢琴五架，备蔽院明日开学急需。事关学业，请速予调用，实为德便。”可见，徐悲鸿刚刚上任艺术学院院长，便亲自对学校各方面细致考察，突出问题即刻上报解决，显露出严谨务实，充满干劲的领导作风。徐悲鸿还提出，艺术学院应该更名为美术学院：“艺字之义，在古训为致用之学，如六艺包含礼乐射御书数。游于艺者，亦别于道，于德于仁之蕴蓄于中之天性而言，故训艺为业，亦无不可，而无美之义，以艺术名学校，适如法国 Ecolesd Arts et de Meters，仅属百工技巧之学校，而非从事学术之美术学校，美术视艺术，其义为狭为严？例如以平板置于四足之上，皆名之于桌，为正为平，艺之事也，若求其为美术品，则需令其有 style，虽不甚正平，亦无大妨碍，推之一切皆然。北平大学艺术学院之地位，在法国为 Ecol Notionnale Des Beauxarts，在意则仅易校以 Academle，皆以美之形容词冠与艺术名词之前，他国文之有定义者亦然。名不正，不特言不顺，即精神亦有背谬之虞。夫一国最高学术机关，且不能自正其名，得毋贻讥于世之大雅君子。用敢疏解本末，恳贯会付议纠正，俾资率从，实为学术前途之幸。"① 然而这一请求未被采纳。命运轮回，22 年后，在新中国的最高美术教育学术机构——中央美术学院命名时，徐悲鸿的这一愿望最终得以实现。

徐悲鸿这次赴北平任职，正好处于大学区教育改革的风口浪尖，北平各大高校学生运动激情高涨，游行、罢课，甚至武装护校，阻挠接收人员。由于各派势力坚持己见，谁都无法妥协让步，大学的教学活动基本停滞，蔡元培和李书华相继向教育部提出辞呈。鉴于以上种种原因，1929 年 6 月，南京政府宣布，大学区制停止施行。从 1927 年至 1929 年，国民政府的大学区教育改革，是我国近代以来教育行政制度的一次大变革，也是欧洲教育制度在我国的一次重要实验，其目的是要改变教育行政机构的官僚习气，使高等学府保持学术独立性，避免受政治影响。最终导致教育改革失败的原因，一是教育界人士从不理解到不适应；二是教育学术机关和政治机关一体化，加剧了官僚学阀争夺教育权的斗争。

徐悲鸿先生从 1928 年 11 月到 1929 年 1 月离任北平大学艺术学院院长，历时短短 70 余天。本来他已经厚积薄发，踌躇满志，做好了建设符合自己艺术思想理念的美术学院的准备，然而大时代、大环境却没有给他这个机会，满腔的革新美术教育的热情和筹划已久的宏伟事业蓝

① 徐悲鸿：《请改北平艺术学院校名——给北平大学委员会分会意见书》，上海《时事新报》1928 年 12 月 30 日。

图，被学生们抵抗旧政府教育改革的反对浪潮无情地击碎，冲垮。形势复杂，枝节丛生，教学主张无法贯彻，他只好选择辞职离去，继续回到南京中央大学任教。

这次到北京的时间十分短暂，徐悲鸿的美术革新理想也受到打击，似乎一无所获。但是这短短的几个月，徐悲鸿却开始了与美术大师齐白石长达 25 年的知己情谊。

徐悲鸿的学生吴作人曾在《追忆徐悲鸿先生》一文中，记述了徐悲鸿从北平归来时的谈话："这次去北平，最大的收获是结识了几位很有艺术才能的画家，他们有坚实的绘画基础，也富有创新精神，其中最重要的一位是多才多艺的齐白石先生"。徐悲鸿对齐白石的推崇主要来自齐白石勇于创新的艺术精神。齐白石的作品具有一般文人绘画没有的写实能力和风格，同时，鲜活的绘画形象充满对自然和生命的感叹，这种对传统的颠覆和挑战，对"真"和"美"的追求，都和徐悲鸿在艺术上产生了共鸣。因此，在传统之气密不透风的北京画坛，徐悲鸿感受到了难得的"清新空气"，同时感叹齐白石在诗书画印，工笔写意，山水、花鸟、人物画等方面都有所成就，可谓全才，所以，他对齐白石满怀欣赏和尊敬。

1928 年徐悲鸿接任北平大学艺术学院院长后，对教师队伍作了新的部署和调整。他不拘一格，聘请了像齐白石这样的木匠出身，但艺术才能出众的画家，来学院任教，这在当时遭到了很多质疑和非议。徐悲鸿坚持自己的艺术理念，出于对艺术、对人才的热爱和珍惜，他顶着巨大的压力，亲自多次上门请齐白石出山授课。最开始，白石老人顾虑重重，坚决婉拒，后来，33 岁的徐悲鸿用他的真诚和执着感动了 64 岁的白石老人，齐白石同意去艺术学院教课。每次上课，徐悲鸿亲自接齐白石去学校；授课期间，也陪同老人一起面对学生，调整教学氛围；课后，他亲自把老人送回家里。出身旧社会底层，多年靠卖画为生的齐白石，哪里受过这样的待遇，在徐悲鸿的贴心安排下，他很快打消了对大学授课的种种顾虑。齐白石曾自述："广东搞出来的北伐军大获胜利，统一了中国，国民革命军到了北京，因为国都定在南京，把北京称作北平，艺术专科学校改成艺术学院，我的名义也改称为教授，木匠当上了大学教授，跟十九年以前，铁匠张仲扬当上了湖南高等学堂的教务长，

总算都是我们手艺人出身的一种佳话了。”（图三）

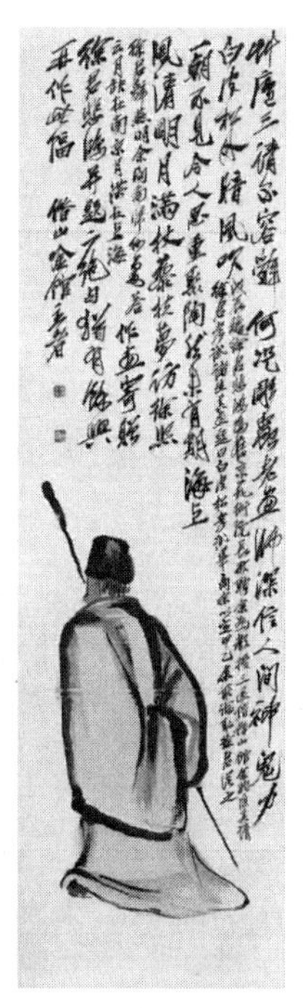

图三　20 世纪 30 年代，齐白石作《杖藜扶梦访徐熙》
（现藏于北京画院）

20 世纪 30 年代初，齐白石曾满怀感恩和思念之情作诗《杖藜扶梦访徐熙》，寄赠徐悲鸿：“草庐三顾不容辞，何况雕虫老画师。深信人间神鬼力，白皮松外暗风吹。戊辰秋，徐君悲鸿为旧京艺术院长，欲聘余为教授，三过借山馆，余始应其请。徐君考试诸生，其画题曰白皮松，考试毕，商余以定甲乙，余所论取，徐君从之。一朝不见令人思，重聚陶然未有期，海上清风明月满，杖藜扶梦访徐熙。徐君辞燕时余问南归何处？答曰：月缺在南京，月满在上海。作画寄赠徐君悲鸿，并题二绝句，犹有余兴，再作此幅。借山吟馆主者。”从这首诗中可以感受到徐悲鸿与齐白石之间深厚的友情。徐熙是我国南唐的著名画家，擅长画花果林木、禽鱼虫草，才气过人，齐白石借以比喻徐悲鸿。白石老人在诗中不断回忆起与徐悲鸿交往中的点点滴滴。除了“三顾茅庐”之情，徐悲鸿在艺术学院学生考试完毕，还要依据齐白石的意见来考量成绩，这样的尊重是齐白石从未感受过的。“白皮松外暗风吹”一句，暗含了两人在当时环境下备受冷落的共同境遇。吴作人曾在《追忆徐悲鸿先生》中提到：“当时他（徐悲鸿）发觉北平艺术学院的国画教学基本上是掌握在保守派的手里，而他素来主张对陈陈相因，泥古不化的所谓传统，要进行改革的。他的大胆吸收新的以写生为基础训练的主要教学方向，是不见容于当年画必称四王，学必循《芥子园》的北平艺术学院的。尽管还有少数新意的画家如陈衡恪、姚茫父等人，但他预见到他在北平是孤掌难鸣的。他在北平待了不到三个月就束装南回了。”可见，在传统之风盛行的北京画坛，画风习古，徐悲鸿的革新主张肯定得不到理解和支持，离家千里，那种无人理解支持的落寞和孤寂可想而知。白皮松为北京特有树木，徐悲鸿向来主张以造化为师，鼓励学生观察生活，写生创作，他以白皮松为题考学生的观察记忆能力。齐白石巧妙地用白皮松暗指北京画坛。“暗风吹”，是说徐悲鸿为请他执教所承受的来自各方的压力，同时也表明了二人在北京画坛同样受到排挤的境遇。齐白石遭到北京画坛的排挤，是因为北京画坛对齐白石艺术的不认可，认为他的诗书画印都过于粗野，没有来历，就连齐白石的穿戴、做派也看不惯。另外，齐白石自身不善交际，寡言少语，怕惹是非，喜欢关起门来，清清静静画自己的画，作自己的诗。他的印语“一切画会不能加人”，“还家休听鹧鸪啼”和题画句“人骂我我也骂人”，都生动地体现出他对当时的北京画坛的疏离态度。对艺术的创新和追求，相同的处境和命运，使得二人倍加珍惜这份难得的忘年友情。同时，这首诗也饱含了齐白石老人对徐悲鸿辞职离开北京的满怀惦念和牵挂。

在北京的这段短暂相处，仅仅是这两位艺术巨匠半生伟大友谊的开始。此后徐悲鸿回到南京，一直与齐白石书信往返不绝，其间他不断推荐齐白石的艺术，并收购、收藏大量齐白石的绘画作品，通过展览等公开方式，增加大众了解齐白石的机会。1931 年，他亲自策划并作序，出版了《齐白石画册》，宣传齐白石。1931 年 5 月和 1935 年 2 月，徐悲鸿短暂逗留北京，与白石老人小聚。直到 1946 年徐悲鸿再度返回北平，主持北平艺专工作，两位老友再度重聚。

三　1946年7月至1953年9月26日

（一）烽火岁月激荡家国情怀

1929年3月，回到南京后的徐悲鸿继续到中央大学艺术系任教，他将全部的精力和心血投入到美术教育事业上，中央大学成为其传道授业、哺育艺术人才的摇篮。十年磨一剑，他渴望把他在欧洲的所学所思，力图求变的革新中国美术之理论，通过美术教育带入中国画坛。然而让他始料不及的是，他原以为可以专心投入的教育事业，却在抗战烽火中饱受颠沛之苦。

1931年九一八事变爆发，日军掀起侵华战争。徐悲鸿面对侵略者的行径，于10月16日在南京《中央日报》发表《誓死以抗强暴　再来肃清国贼》一文。他说："日本果要杀人，他那几十年来，追随物质文明的进步，其利器舍飞机战舰大炮不计外，又如毒气炸弹等，当然应有尽有，不难一举消灭各大都会数十百万生命。""我手无寸铁之华人，只有消极的一口气，守着人的尊严，曰不屈服，准备着死，还是抵抗。"[①] 满怀着对国土沦陷的屈辱与愤恨，徐悲鸿坚决主张与侵略者誓死抵抗。他以画笔为武器，一幅幅充满爱国情怀的画作，不断鼓舞着中国军民的士气，振奋民族精神。1932年1月28日，日军炮击上海，我十九路军奋勇抵抗。徐悲鸿被十九路军的英勇事迹感动，作中国画《雄鸡》，画题："雄鸡一声天下白——十九路健儿奋勇杀敌，振华毙亡民族，图以美之。"1933年，事业如日中天的徐悲鸿面对国难当头、民不聊生的国家境遇，无法沉浸在一己的满足之中，他把自己位于南京傅厚岗4号、新落成的寓所命名为"危巢"，以示居安思危之意。1935年1月，徐悲鸿又创作了中国画《新生命活跃起来》，画面以雄狮比喻中国，飞跃崇山峻岭，气势十足，这幅作品以写实风格结合了浪漫主义色彩，抒发了他强大的民族自尊心和对祖国奋发图强的期盼。画上题写："危亡益亟，愤气塞胸，写此自遣。"1937年，他又创作《壮烈之回忆》一画，画面是一只雄鸡矗立在岩石之上，正引昂长鸣。题曰："二十六年（注：

---

① 王震：《徐悲鸿文集》，上海画报出版社2005年版，第44页。

1937年）一月二十八日，距壮烈之民族斗争又五年矣，抚今追昔，曷胜感叹。”以画寄情，表达了他对民族危亡的忧思和感慨。

1937年，抗日战争全面爆发，徐悲鸿随中央大学从南京迁往重庆，继续教学工作。从1938年开始，日军开始不断轰炸陪都重庆，并不断增加侵华总兵力，从黄河以北到东南半壁，已占据中国的大片国土，全民族的抗战进入最艰苦的阶段。徐悲鸿看到战况惨烈，许多难民流离失所，决定前往南洋，用画展义赈的方式筹款，扶助难民，报效祖国。1939年1月8日徐悲鸿抵达新加坡，日本军队在中国大举进攻之时，新加坡虽然没有与日本开战，但血脉相连，战局仍是当地华侨民众关注的话题。3月14日，徐悲鸿筹赈画展在新加坡维多利亚纪念堂开幕，徐悲鸿日以继夜为画展潜心创作。画展场面热烈，除非卖品外，全部画作与纪念品一售而空。当时筹款数额巨大。画展还没有结束，徐悲鸿寄给他中央大学的学生一张《南洋商报》上写道：此时筹款数额已达一万一千。画展结束后，徐悲鸿把画展所得的款项全部捐献给了国家，他说：身居后方者无论如何努力总比不上前方将士兵器悬殊，无间寒苦之苦战，出钱者无论数量如何之大，必不能比得为民族而牺牲性命者之贡献。

筹赈画展之后，徐悲鸿受到泰戈尔的邀请，赴印度访问，1942年6月，他回到重庆中央大学。1943年，他受命在重庆磐溪筹建中国美术学院。1946年秋，徐悲鸿被南京中央政府教育部任命为国立北平艺术专科学校校长。抗战中的徐悲鸿，深深被抗日军民的爱国热情感动，激情满怀创作出《奔马》《狮吼》《九方皋》《愚公移山》等鼓舞人心的爱国主义巨作，虽不能亲自横刀跃马上阵杀敌，但他用手中画笔日以继夜，为中国的抗战不断输送能量。

（二）再度返京，汇聚人才，开创美术教育典范

1946年7月下旬，徐悲鸿由上海乘轮船北上，抵秦皇岛后，转乘火车到达北平。这位已经闻名全国的美术教授，受到北平艺专学生的热烈欢迎。51岁的徐悲鸿再一次执掌国立艺术学府。此时的他正处于人生中的黄金阶段，事业稳定，家庭和睦，艺术思想和办学理念也日趋成熟。而且，此时的北平环境已和17年前大为不同，抗日战争的胜利，让人民充满了对战后重建家园的向往和憧憬。

抗日战争胜利后，国民政府接收北平，将日伪统治时期北平八所院校临时合编，名为“教育部特设北平临时大学补习班”。北平艺专作为第八分班，由哲学家邓以蛰担任接管主任。徐悲鸿到任后，迅速进行了教学和师资的调整，使学校焕然一新。从接手北平艺专开始，徐悲鸿便明确了自己的办学志向，在就任国立北平艺专校长记者招待会上，徐悲鸿说：“本校虽为接收旧校，而实际等于创新，因原系与学制均有改变，国立北平艺专学制四年，预科一年，专科三年。设绘画、雕塑、图案、陶瓷、音乐五科。”徐悲鸿的学生艾中信教授回忆说：“徐悲鸿要把艺专办成一所左的学校，代表了要民主、要进步、艺术上坚持现实主义。”徐悲鸿所谓的“左”，并不是将学校政治化，而是针对艺术上的保守势力。他公开发表见解：“若此时再不振奋，起而师法造化，寻求真理，则中国虽不亡，而艺术必亡，则文化顿将暗无光彩。”从北平艺专开始，徐悲鸿在青年时代受到启蒙提出的中国画改良思想，在这一刻终于落地生根，随着中央大学、北平艺专、中央美院的一代代学生毕业、工作，徐悲鸿艺术思想的种子随着他们散播到世界各地。此后几十年直到今时今日，仍对中国的美术教育和艺术创作产生着深远的影响。

上任国立北平艺专校长后的徐悲鸿，再一次发扬严谨务实的领导作风。清理学校旧藏资料时，发现了学校收藏的144件书画，虽然作为校藏名书画保存，但他看后指出，均为赝品。原来，这是一个名叫薛慎微的北平古玩商卖给日本人小谷的。徐悲鸿开玩笑说：“薛某之能聚如许赝品，实为惊人，而日本人小谷实一笨蛋，所以站在狭义的国家立场言之，则中国胜利，盖日人被骗而受损也。”徐悲鸿宁可校产缩水，也要鉴别真伪，可见，徐悲鸿无论做人还是作艺，都秉持求真务实、不容掺假的坚决态度。在对学校进行了细致的考察后，他提出，要首先解决校舍狭小问题。北平国立艺专位于东总部胡同十号，在一座旧的王府里，房屋狭小，留给教学的面积更有限，光线昏暗，不利于绘画创作。徐悲鸿找到担任北平行辕主任的李宗仁，请他另拨一处宽大的校舍用于艺专教学，并不断用自己的画作为“疏通手段”进行交际。在他的不懈努力下，校舍问题总算有了结果。他曾专门致函李宗仁，感谢他出面协助：“德公尊鉴，国防部已有令到校，谓尊重行辕威信，将神社借于蔽校，入是下台办法亦佳，特此报闻。今日有事未能面谒。敬请俪安。”

艺专终于在1947年搬到了王府井帅府园一处更宽阔的校舍。

在不断改善教学条件的同时，他也网罗人才，加强教师队伍建设。徐悲鸿在中央大学虽然长期以艺术系主任的身份主事，但他胸怀抱负，责任自持，以爱才识珠、教而无私之德，栽培提携后辈，其恩泽往往令受教者没齿难忘，并愿随时听其调遣。所以，1942年徐悲鸿筹备中国美术学院，1946年重组国立北平艺术专科学校，1949年与华北大学三部美术科合并，组建中央美术学院之时，所招揽教师中，有不少出自中央大学艺术系。中央大学艺术系（现南京师范大学美术系）奉行美术师范教育，以培养艺术教育人才为教学目标。许多学生毕业后留在中大继续任教。这支由徐悲鸿亲自调教的教师队伍，为北平艺专乃至后来中央美院的师资队伍建设，打下了坚实的基础。

现中央美术学院院长范迪安曾说：现在央美还保留了国立北平艺专的档案，有教务部分的，也有管理部分的。他在研究这些档案后注意到，徐悲鸿全力以赴地投入，考虑聘请什么人当教员，给予尽可能好的生活待遇，同时安排好专业大纲和教材。在那个动荡的年代，徐悲鸿真正地实现一种教育的抱负，事必躬亲，巨细无遗。

当时的北平艺专教师不仅有吴作人、王临乙、艾中信、冯法祀、李斛、戴泽等原来中央大学艺术系毕业的美术家，同时，他本着举贤使能、举善荐贤的态度，以艺术才华为第一考量，聘任了叶浅予、蒋兆和、李桦、董希文等大批非中大毕业、和他没有师承关系的美术家。同时，像李苦禅、黄宾虹、齐白石等一批坚持民族气节、主张美术革新的艺术家，也被他聘为艺专教授，传道授业（图四）。

徐悲鸿选拔人才的标准不拘一格，不看背景，只看重真才实学，为新中国的美术事业培养、造就了一批难得的人才。当代著名画家、雕塑家，中央美院教授钱绍武先生在报考北平艺专时，素描绘画成绩突出，但是其他科如数理化等，成绩较差，部分考官不同意录取。徐悲鸿亲自在考场监督考试，看到钱绍武的绘画作品，他力排众议，录取了钱绍武，现在钱绍武先生每次回忆起来，依旧难掩感恩之情。

曾荣获法国金质奖章的著名雕塑家滑田友，1929年报考国立中央大学艺术系失利，只能回乡找了一份小学教师的差事。1930年，他抱着试试看的心情，毛遂自荐将自己的木雕作品照片寄给徐悲鸿，希望能

图四　部分北平艺术专老师（前排是齐白石、徐悲鸿，后排是李桦、吴作人）

做徐悲鸿的学生。让他万万没想到的是，徐悲鸿居然回信了。徐悲鸿大大赞扬了他的雕刻技艺，并说明不必做他的学生，以朋友相称，设法帮助他到法国巴黎去留学，去看看世界历代的雕塑大师，比做徐悲鸿的学生更好。徐悲鸿相信，他很快能为中国培养出一位雕塑家。1933 年，徐悲鸿赴欧洲举办画展，特地邀请滑田友同行，借此机会，将他推荐到巴黎高等美术学院学习。滑田友刻苦努力，不负众望，于 1936 年获得法国铜质奖章，里昂中法大学也提供给滑田友三年的奖学金，解决了他的后顾之忧。1939 年，滑田友完成了他的作品《出浴》，获得了法国金质奖章。法国教育部和巴黎市政府纷纷收藏他的作品，他旅居巴黎，成为一名华人艺术家。1947 年，徐悲鸿就任国立北平艺专校长后，招揽各路专业人才，提到雕塑系，首先想到的就是滑田友。他让他的弟子吴作人到法国考察期间，带着他的亲笔信，请滑田友回国到北平艺专执教。收到恩师的召唤，滑田友毅然决然放弃了法国的优越生活，回到北平艺专与徐悲鸿共事，后来成为中央美院雕塑系主任。

徐悲鸿的学生、中央美院教授艾中信先生曾指出："徐悲鸿在二十多年持续不断的教育工作中，培养了五辈人才，绵延至于今日，实际上形成了一个人数众多的美术教育学派……他们大多数兼教学和创作，推动和发展了中国的美术事业，首先是美术教育事业。"①

在教学上，徐悲鸿注重学生的基本功训练，提倡以素描为绘画基础训练手段，无论油画、国画、雕塑专业，均学习一至两年素描。他鼓励学生写生，以自然为师，坚持现实主义创作，这一教学主张随他从中央大学艺术系到北平艺专，再到中央美院，到今日中国的各种美术教育机构，形成了特有的以素描为基础的美术教育体系。当今许多艺术院校，仍然把素描教学看作所有不同美术专业方向的基础教育。

徐悲鸿曾提出：素描在美术教育中的地位，如同建房屋打基础一样，房屋的基础打不好，房屋就砌不成，即使勉强砌成也不牢靠，支撑不久便倒塌。在1932年编成的《徐悲鸿选画范》中，他针对素描教学提出"新七法"：位置得宜，比例准确，黑白分明，动态天然，轻重和谐，性格毕现，传神阿堵。这七个标准不仅可以用到评价素描作品，对于其他美术作品的优劣，这"七法"也树立了一个严格的评价标准。1929年4月，徐悲鸿在致徐志摩的信中就提出："弟对美术之主张，为尊德性，崇文学，致广大，尽精微，极高明，道中庸。"之后他多次在文章中阐述这一观点。"致广大，尽精微"，成为徐悲鸿艺术理论的最高形态，即在艺术上求真，求善，求美，这成为徐悲鸿后来的美术教育的总的指导原则。2003年中央美术学院正式确立，"尽精微，致广大"成为美院校训。作为中国最高美术教育机构，这六字校训，传达出国家对老院长徐悲鸿的美术教育思想的认可和尊重。

2011年，位于北京天安门东侧的中国国家博物馆新馆开馆，一进入大厅，迎面可见巨幅浮雕作品《愚公移山》，巍峨屹立在主厅入口上方。这就是以徐悲鸿的国画《愚公移山》为原本，由著名雕塑家曾成钢用花岗岩创作的大型浮雕，长36米，高12米，这也是目前全国最大

① 艾中信：《关于徐悲鸿美术教育学派的研究——纪念徐悲鸿老师九十寿辰》，郭淑兰、赢枫编著《艺坛春秋》，浙江美术学院出版社1988年版。

的室内石雕作品。作为国家级的博物馆，用如此大体量的形式表现徐悲鸿画作，放在如此重要的入口位置，也体现了政府对于徐悲鸿具有爱国精神艺术创作的褒奖和赞誉。

（三）爱北京，爱祖国，守卫文化热土

1946 年 9 月，徐悲鸿的次子徐庆平诞生于北平。由于这个儿子怀胎在重庆，出生在北平，所以取名庆平。1947 年徐悲鸿和妻子廖静文带着襁褓中的幼子庆平，从原先租住的东裱褙胡同二十二号，搬进了东受禄街十六号院子。这是一栋老式的四合院，也是徐悲鸿在难得的闲暇时光里与家人共享天伦、招待宾朋的乐园。徐悲鸿爱这个家，与妻子一起在院子里种了桃树、海棠、丁香、榆叶梅等各种花草树木、蔬菜瓜果，最多时候还养了 8 只猫。也是在这里，徐悲鸿度过了他生命中最后的六年时光（图五）。

图五　1947 年，徐悲鸿和夫人廖静文及次子徐庆平在北京家中

1948 年平津战役之后，中国人民解放军占领南苑机场，切断平津线路，前线广播不断要求保护平津文物，北平已经处在解放军的包围之

中。国立北平艺专作为官办高等学府，被南京政府教育部一再催促，要求所有北平高校尽快南迁。徐悲鸿由于多年在中央大学任教，抗日战争期间随学校颠沛流离，走遍了大半个中国，亲眼目睹大众生活疾苦和国民党政府的腐败无能。由于受身边的进步人士如田汉、郭沫若等人的影响，徐悲鸿对共产党的新政府充满了期待。虽然南京政府逼得很紧，但他早已下定决心，留在北京，迎接新中国的到来。但作为艺专校长，他也不能独自决定全校师生的命运。他召集校务会议，各部门领导和师生代表参加，讨论艺专去留问题。徐悲鸿的学生、著名油画家、中央美院教授李天祥回忆说：他当时是学生会主席，所以也参加了这次校务会议。对于去留问题，徐校长表现得很坚决。校长把南京政府发放的用于学校搬迁的“应变费”，换成了小米，用来发放教师工资，给食堂做饭，表明绝无去意。由于兵临城下，形势日趋紧张，北平城内物价飞涨，粮食成了这个时期的硬通货，有了粮食，便稳定了人心。

1948 年寒冬，到了要求撤退的最后时刻。由于南苑机场已经无法降落，蒋介石派了一架专机停在东单临时机场，要接北平的 12 个著名学者到南京，徐悲鸿就在名单之上。但他坚决拒绝登机，并与同事、学生一起到学校护校，防止特务破坏。同时，田汉带来了毛泽东和周恩来对徐悲鸿的嘱托，希望他在任何情况下都不要离开北平，并尽可能在文化界为党多做些工作。徐悲鸿听到这个消息，激动万分，强烈的使命感油然而生。

徐悲鸿不仅自己没有走，还力劝好友齐白石先生留在北平。根据徐悲鸿夫人廖静文回忆：“当我们像往日一样走进他那安静的庭院时，却发现老人家正愁容满面的坐在画室里，见到我们他连忙颤颤巍巍的站起来，衰老的脸上已经失去了往常的那种安宁、沉静的笑容。这时我们才知道他受到了恫吓，有人对他造谣说，共产党有一个黑名单，进城后要把这些有钱人都杀掉，名单中就有齐白石，于是，白石先生怀着深深的忧惧，正准备立即携带全家老小，离开北平。”① 徐悲鸿首先劝解齐白石不要听信谣言，他表明自己不会离开，也谈到北平和平解放的可能性很大，希望白石老人也能留在北平，并为他安排好日常生活等问题。徐

① 廖静文：《徐悲鸿传》，中国青年出版社 2010 年版，第 300 页。

悲鸿表明，艺专的师生愿意和他一起共命运。视悲鸿为知己的齐白石当然对他是百分百的信任，老友既然都选择留下，他也很快打消了顾虑，放弃了全家去香港的计划。

此时，另一件徐悲鸿最为忧虑的事就是：一旦和谈失败，发生战事，如何能使北平这古老而美丽的城市免受摧残呢。兵临城下，是战是和，手握几十万大军、镇守北平的傅作义犹豫不决。他请了北平的各大专院校校长等名流学者，到中南海召开座谈会，请教北平何去何从。座谈会上，大家面面相觑，都不敢妄自揣测傅作义的态度。这时，徐悲鸿先生第一个发言，声明自己不会离开，并希望傅作义以民族利益为重，顺应民意，北平是驰名中外的文化古都，不战则可保存这座名城。徐悲鸿发言后，北京大学史学教授、毕业于英国牛津大学的著名学者杨人楩教授，接着发言："徐先生的建议我完全赞成，望傅将军接受他的建议，和平解放北平的问题。如果真这样做，我将在中国的历史上为傅将军大书一笔。"之后其他专家学者纷纷发言，赞同和平解放北平。会后，徐悲鸿立刻召开艺专校务会议，叙说了这次讨论的经过，说服了曾经动摇的人，也拒绝了南京政府教育部给他南迁的飞机票，争取了绝大部分艺专的师生留在北平，做好各种准备，迎接解放军入城。1949 年 1 月底，南京政府教育部再一次派飞机，强迫徐悲鸿和一批文化人士离开北平，但徐先生以心脏病无法乘机为由，再一次拒绝离开。

1949 年 1 月 31 日，在各方的共同努力下，北平得以和平解放，历史悠久的古城保住了。徐悲鸿先生继续留任北平艺专校长，在大会上他说：他过去的一切都不足为荣，到今天，人民对他的信任，才感觉到真正的光荣，他表示一定要为美术教育事业做出贡献，更加努力培养青年。面对即将诞生的新中国，徐悲鸿充满了期待。

同年 3 月，徐悲鸿被选为第一届世界拥护和平大会代表，与郭沫若、丁玲、田汉、艾青、曹禺、马寅初、程砚秋、古元、洪深等二十七人组成代表团，赴捷克斯洛伐克首都布拉格出席大会，这对于徐悲鸿可谓是高规格的政治待遇。大会期间，徐悲鸿和代表团成员访问了苏联和东欧各国。行程中，徐悲鸿最感兴趣的还是各国的文物商店和书店，他心中一直有一个愿望，就是要建一座中国自己的美术博物馆。为此，他多年潜心收藏了中国各个朝代的美术作品以及一些西方艺术品，无论走到哪里，他都要去当地的文物市场逛一逛，看看能否淘到些宝贝。徐悲鸿曾经在南京中央大学校舍改造期间，向校方提出在新校区建立一座美术陈列馆的建议，他愿意捐献出全部的画作和收藏，可惜抗日战争爆发，学校迁往重庆，他的愿望没有实现。徐悲鸿曾在中央美院教职工登记表中自己的个人特长一栏，写道："能鉴别古今中外艺术之优劣。"足见其对自己艺术鉴赏能力的自信。

徐悲鸿的学生宋步云回忆说："1949 年春末夏初，徐先生参加保卫世界和平大会归来，我去接站，徐先生见到我就高兴地说：步云，这个东西最重要，千万保护好。徐先生从国外带回一匹马的石膏解剖模型，来回辗转多地，他一直这样抱着它，生怕磕碰坏了，还嘱咐我，带回学校教具组保管，供教学使用。"在千里之遥的异国他乡，徐悲鸿先生带着这样的易碎物品，不辞辛劳，心中惦记着教学工作，足见他对艺术教育工作的无限热爱之情。

1949 年 6 月 15 日，政协会议筹备会在北平召开，议程中有拟定国旗、国徽、国歌的内容，毛泽东主席亲自参加讨论会，集思广益。当会议讨论国歌方案时，对征集来的 600 多件作品，大家都不满意。此时，徐悲鸿提议用田汉作词、聂耳作曲的《义勇军进行曲》代国歌，一些代表认为其中歌词"中华民族到了最危险的时候"这句不太妥当。最后周恩来总理说，这个词没问题，我们要居安思危，要是一改词的话，就没有革命历史的意味了。同年 6 月，徐悲鸿被选为第一届全国政协代表和北京市政协委员，中华全国美术工作者协会主席。1949 年 9 月 21 日，中国人民政治协商会议第一次会议在怀仁堂召开，会议宣告中华人民共和国诞生，正式通过《义勇军进行曲》代国歌的提案（图六）。

1949 年 11 月，国立北平艺专与华北大学三部美术系合并，成立国立美术学院，徐悲鸿写信给毛主席，请他为国立美术学院题写校名。毛泽东于 1949 年 11 月 29 日亲笔回信："悲鸿先生：来示敬悉，写了一张，未知可用否？顺颂教祺！"毛泽东对徐悲鸿非常尊敬，他与徐悲鸿的书信往来，都不假秘书之手，也不是官样的文章，都是商量的口气，像两个平等的朋友。1950 年 2 月，经中央人民政府正式批准，国立美术学院更名为中央美术学院，这是新中国第一所全国性的高等美术学府，政务院总理周恩来颁布委任状，徐悲鸿被任命为第一任院长（图七）。

图六　1949 年，文艺界代表出席第一届全国政治协商会议时合影
（前排左一为徐悲鸿）

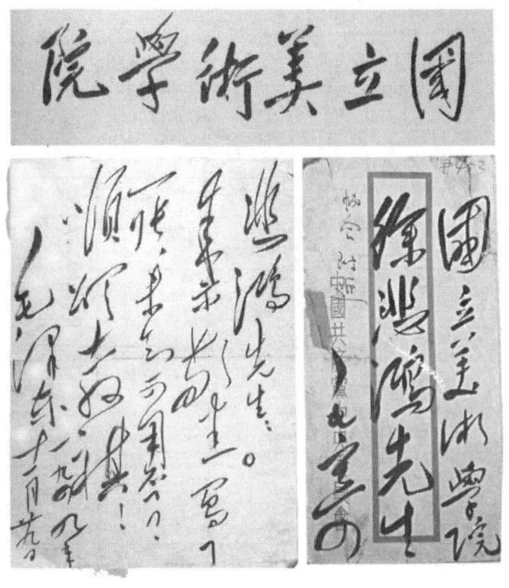

图七　毛泽东于 1949 年 11 月 29 日给徐悲鸿的回信，
他还亲笔为国立美术学院题写院名

（四）响应时代召唤，挥毫艺术人生

新中国成立之初，到处是一派百废待兴、生机勃勃的兴旺景象，人民做了国家的主人，各行各业铆足了干劲建设新中国。可徐悲鸿的身体每况愈下，血压值高压经常冲到200。徐悲鸿夫人廖静文回忆说，徐悲鸿常常感叹自己不能晚出生十年，他惋惜自己那些年富力强的日子都在旧中国度过了，他多希望能以更加充沛的精力来为新中国工作（图八）。

图八　1952年秋，徐悲鸿与廖静文在北海公园合影

1950年，全国战斗英雄劳动模范大会在北京隆重召开，徐悲鸿亲自带领中央美院的教师，去为来自全国各地的著名英模画像。他被这些英模的光荣事迹感动着，感慨每一个建设者都在为祖国竭尽全力地贡献力量，大有开天辟地的气势。徐悲鸿慢慢有了创作的思路，他渴望创作一幅大型油画——《当代新愚公》，歌颂劳动者改造天地的壮阔气势和创造精神。为此他绘制了大量的劳模素描手稿，用以创作之

需。还亲自坐火车跑到山东“导沭整沂”水利工地，进行实地写生，为油画创作积累素材。辛勤的绘画创作，加上本就积劳成疾的身体状况，回到北京后不久，徐悲鸿因突发脑溢血，住进了医院。住院半年，徐悲鸿无时无刻不牵挂他的艺术创作和教学工作，在他的一再坚持下，医生同意他出院，回家继续疗养。之后很快，徐悲鸿拖着病体又投入到繁重的教学工作中。加上日渐堪忧的身体状况，他的创作一度陷入了中断。

1953 年 9 月 23 日，第二届全国文艺工作者代表大会开幕，作为美术家协会主席和文联委员，徐悲鸿担任大会执行主席。会议当天，他被在场的近千名中国文艺工作者的热情所感染，异常兴奋，久违的活力和创作的激情似乎又回到了他的身体中。晚间，在欢迎波兰代表团的宴会上，徐悲鸿突感身体不适，没有任何征兆，猝然倒下。妻子廖静文闻讯赶到休息室，躺在沙发上的徐悲鸿望着妻子说：“孩子们怎么没有来?”这成了他生前说的最后一句话。之后他被送入北京医院抢救，然而他却陷入昏迷，再也没有醒来。这位驰名中外、学贯中西的艺术家，美术教育家，就这样突然与世长辞，匆匆走完了他五十八年的人生道路。

1953 年 9 月 23 日凌晨三时，徐悲鸿最终被确诊为突发脑溢血逝世，时年 58 岁。周恩来总理等国家领导人亲自去北京医院，向徐先生的遗体告别。徐悲鸿先生的灵堂被设置在中央美院大礼堂，美院的师生轮流为校长守灵数日。9 月 28 日，灵柩安葬于八宝山革命烈士公墓。

1953 年 12 月 12 日，徐悲鸿先生的遗作展览在北京中山公园中山堂举行，由中国美术家协会和中央美术学院联合主办，展出 1921 年至 1953 年徐悲鸿各个时期的美术作品 226 件。周恩来总理亲临参观，当他看到徐悲鸿先生书写的鲁迅诗句对联：“横眉冷对千夫指，俯首甘为孺子牛”时说：徐悲鸿便有这种精神。周总理还亲笔题写：“悲鸿故居”四个大字（图九）。

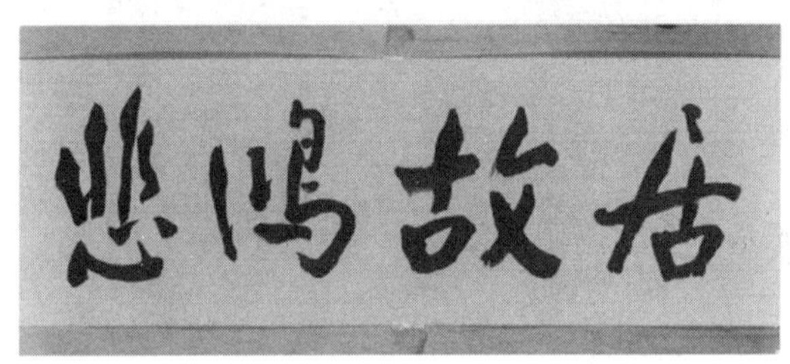

图九　1953 年，周恩来总理在中山公园参观徐悲鸿遗作展览，并亲笔题写“悲鸿故居”

四　建设纪念馆陈列画家作品，弘扬悲鸿不朽精神

（一）徐悲鸿纪念馆的历史沿革

由于徐悲鸿去世突然，没有留下任何遗嘱，但他生前的最大愿望是家人共知的。徐悲鸿理想博大，壮志未酬，他始终如一的收购、收藏中外名家名作，不遗余力地收购和保护古书画，唯恐珍宝流失海外，就是为了建设属于我们中国自己的美术博物馆。为了完成徐悲鸿的这一心愿，他的妻子廖静文将他的一生全部心血力作 1200 余幅画、他耗费半生收藏的唐、宋、元、明、清各个朝代和近现代中外名家的书画作品

1200 余幅，还有大量的碑帖、画册、资料图书等 10000 余件，全部捐献给国家，这些以一位艺术巨匠特有的眼力和其毕生积蓄，苦苦收集到的艺术珍藏的价值，是无法用金钱计算的。

在周恩来总理的关怀下，1953 年，国家在北京徐悲鸿故居的基础上成立了徐悲鸿纪念馆，用以展示、收藏徐悲鸿的画作，弘扬徐悲鸿的爱国精神，徐悲鸿夫人廖静文被任命为纪念馆馆长（图一○）。

图一○　20 世纪 50 年代的北京徐悲鸿故居门前

1966 年“文化大革命”爆发，徐悲鸿家属受到冲击。为了保护这些珍贵的画作，廖静文馆长写信请求周恩来总理保护悲鸿遗作。在周总理的安排下，这些珍贵画作被转移到故宫南朝房存放，徐悲鸿纪念馆暂时关闭。

“文化大革命”期间，位于东受禄街 16 号院的北京徐悲鸿故居，因为地铁及城市建设被迫拆除。

1973 年，廖静文馆长写信给毛主席，请求恢复徐悲鸿纪念馆，得到批准。终于，北京市政府在西城区新街口北大街划出一块土地，用于徐悲鸿纪念馆的重建。

1983 年，徐悲鸿纪念馆新馆在北京市西城区新街口北大街 53 号落成，郭沫若亲笔题写馆名，全部画作由故宫运回纪念馆。新馆设七个展厅，展示徐悲鸿的生平和艺术作品。在时任国防部长张爱萍将军的关怀下，向纪念馆派驻一个排的武警部队，保卫这些珍贵文物。在共和国的历史上，这是唯一的有军人站岗的艺术家个人纪念馆（图一一）。

图一一 20 世纪 90 年代的徐悲鸿纪念馆

2010 年 10 月，徐悲鸿纪念馆改扩建工程启动。全新的徐悲鸿纪念馆将以全新的面貌、现代化的设施和一流的服务，继续为全世界热爱艺术、热爱徐悲鸿的观众提供服务，将通过更现代的手段，全面地展示徐悲鸿大师的艺术作品，传承徐悲鸿的人文精神。

（二）北京徐悲鸿纪念馆的特殊性

（1）无故居之名，存大师之魂

近年来旅游经济的飞速增长，带动了城市人文旅游景点的建设发展力度，巨大的经济利益的刺激带来了行业发展乱象，甚至有的地方开发孙悟空故居、西门庆故居等，把名人故居纪念馆当成一块扬名纳财的金字招牌，而忽略了名人故居纪念馆最根本的历史人文气息。如不加以严格管理，连同名人故居纪念馆所在的城市形象都会一落千丈。名人故居纪念馆是一个城市的标记，代表城市的文化内涵，精神气质，能唤起人们对城市的记忆，是城市人文名片中不可或缺的部分。

大部分名人纪念馆都是以故居改建或复原而成的，充满地域特色的故居建筑本身，也体现了不同城市文化的特色。故居包括了主人工作、生活的环境，日常陈设的情景再现或还原，结合相关的实物、图文、影像等资料进行展示和陈列，很好地呈现了故居主人的生活状态和人生轨迹，给观众很强的带入感，是一种普遍且效果卓越的展陈手段。故居对研究故居主人甚至研究城市历史文化，都提供了充分的依据。

徐悲鸿故居在全国各地有多处，如南京、桂林、重庆、宜兴、贵阳等，许多他生活居住的场所，均被作为故居保留下来，有的也被辟为文物保护单位，但从建筑规模和藏品数量、质量上，都无法和北京徐悲鸿纪念馆比较。

北京的一座座名人故居，几乎串起了北京这座城市的历史，不同时期、不同地域、不同文化，融汇交织在北京，呈现出北京独特的城市人文精神。据不完全统计，北京原存 340 处名人故居，因城市建设，117 处被拆，剩下的也深居小巷，存在交通不便、私搭乱建等情况，现状不容乐观。因此，故居的保护与城市建设之间形成了尖锐的矛盾，这也是近几年在建设“人文北京”中，政府急需解决的问题。

1966 年“文化大革命”开始，北京徐悲鸿故居也没有逃离被拆除的命运。1983 年，徐悲鸿纪念馆在西城区新街口落成开馆。徐悲鸿纪念馆虽然不是徐悲鸿故居，但是新馆建成后，在一层展厅，建筑复原了原北京徐悲鸿故居的四合院大门和徐悲鸿的起居室。纪念馆完整地保留了徐悲鸿先生起居室的家具陈设及生活工作用品，通过场景的还原再现，实物的展示，营造出那个时代的历史氛围，让观众能够很直观地感受到，这位爱国画家工作和生活的环境状态。虽然很遗憾没有保留下北京的徐悲鸿故居，但是，被徐悲鸿先生视为生命的全部绘画作品和收藏，都完整地保存在徐悲鸿纪念馆，这些作品是凝结了徐悲鸿大师一生丰富情感的艺术创作，是他全部艺术思想和爱国精神的不朽遗存。这些书画文物构成了徐悲鸿纪念馆的灵魂，因此，北京徐悲鸿纪念馆虽然没有故居之名，但却保存了大师的艺术之魂（图一二）。

图一二　20 世纪 50 年代，徐悲鸿北京家中的起居室

（2）丰富完整的馆藏

徐悲鸿纪念馆另一个特殊之处就是，徐悲鸿纪念馆拥有数量庞大的馆藏绘画作品。

徐悲鸿爱画如命，他有一枚印章，刻着："悲鸿生命"，专门盖在喜爱的画作上，可见他对艺术品的热爱如生命般珍惜。筹款义卖时，很多他得意的画作如果被人预订，他一定会再画一幅，留下自己最满意的作品带在身边。因此，近几年拍卖市场上出现了许多与纪念馆馆藏作品内容相同的画作，除了伪作外，其他应该都是徐悲鸿赠送或出售的同类画作，但与馆藏作品比较，还是高下立现。

有些名人纪念馆仅仅保留了故居部分，除建筑和生活物品外，其他展览内容都来自创作和征集，有的艺术名人纪念馆仅仅是收藏馆主的作品，有的纪念馆馆主名气大，作品数量多，但都流于市场，馆内收藏有限或质量一般。

徐悲鸿从海外求学归国后，一直投身美术教育事业，有一份固定的工资收入，并不靠卖画为生，他的绝大部分收入反而都花在收购艺术品上。每次去逛画店遇到心仪的画作时，他都难掩欣喜之情，不惜任何代价也要购得。所以徐悲鸿收藏家的身份可能一直不被外界熟知。从他启蒙受教一直到事业高峰，直至生命的尽头，他人生的每个阶段，几乎全部的绘画作品都完整地、成体系地保存于徐悲鸿纪念馆，这在国内甚至国际上也是少有的。除了徐悲鸿本人的绘画作品 1200 多件，馆内还收藏了徐悲鸿通过购买或交换获得的各类美术作品 1200 余件，时间跨度从唐朝到近现代，地域从欧洲到中国，形式包括油画、水墨画、书法、扇面、册页、长卷、素描等多种艺术形式。由于徐悲鸿本身精通中西绘画，他的鉴赏能力毋庸置疑，因此，他所收藏的绘画作品有着极高的艺术价值。

如此数量巨大、质量上乘的绘画作品，几乎可以支撑起一个独立的美术馆体系，这也是徐悲鸿最初的心愿。由于在国外留学时，他经常参观国外的博物馆和美术馆，深刻地体会到了博物馆的教育研究功能之强大，他立志要建立国家自己的美术博物馆。因此他从在国外留学开始，便广泛购买画作，为了筹措买画的钱，他常常节衣缩食，导致求学期间患下了胃痉挛的毛病。他还常常自嘲："人只有在饥寒交迫的时候，艺术的灵感才会猛烈迸发。"回国后，他也把大部分的收入用于购买艺术品。正是因为徐悲鸿有如此宏大的理想，才留下了如此丰富和厚重的艺术藏品。徐悲鸿纪念馆不仅仅是一个艺术家的个人纪念馆，还可以成为一个展示东西方绘画作品的艺术博物馆。庞大的馆藏作品数量和极高的藏品质量，都决定了徐悲鸿纪念馆的特殊地位。

（3）徐悲鸿家属对纪念馆的大力支持

徐悲鸿纪念馆的建立离不开徐悲鸿夫人，前徐悲鸿纪念馆馆长廖静文的无私捐献。徐悲鸿逝世后，她完全不考虑个人的生活问题，无条件地捐出全部画作，把和徐悲鸿共同居住的四合院捐出，用于建设徐悲鸿纪念馆，自己和孩子搬到了堆煤的小屋居住。1982 年，廖静文馆长完成长篇传记《徐悲鸿一生》的撰写。《徐悲鸿一生》共计 25.8 万字，配珍贵插图 60 余幅。书中提供了大量资料，对徐悲鸿的成长历程、艺术思想和教学方法作了详尽介绍，对徐悲鸿的代表作品作了分析鉴赏，特别是对徐悲鸿强烈的爱国精神以及为振兴中国美术所做的努力，作了深刻阐述。该书一经出版，立即在海内外产生强烈反响，被翻译成英、法、俄、日等多国文字，成为国际上研究徐悲鸿的主要资料。

为弘扬徐悲鸿的艺术思想和爱国精神，宣传中国美术精髓和优秀民族文化，扩大博物馆影响，自 1985 年起，廖静文馆长不顾年老多病，先后组织带队赴印度、加拿大、日本、前苏联等多个国家、港澳台地区以及国内大、中城市，举办徐悲鸿画展。每次外出办展，她都不辞辛苦，坚持和群众见面，为观众签名，有时亲自为观众讲解。她经常忍着双腿肿痛，在高温天气中连续几天为观众签名，不肯休息，受到当地观众的爱戴。

担任徐悲鸿纪念馆馆长半个多世纪以来，廖静文为纪念馆的建设和发展不懈努力。始终坚决拥护党的路线方针政策，坚持正确的办馆方向，把爱国主义教育和弘扬优秀民族文化放在首位。处处以身作则，辛勤工作。作为“窗口”单位，纪念馆承担着重要的外事接待任务，廖静文馆长在年事已高的情况下，经常亲自接待各国来宾参观访问，出色地完成了国家交办的重大外事活动。

作为徐悲鸿纪念馆馆长，廖静文为纪念馆的发展贡献了毕生精力，为文物保护的宣传普及和文化、文博事业做出了突出贡献。一直到她 2015 年 6 月 16 日逝世前，她惦念的还是徐悲鸿纪念馆新馆的建设问题。廖静文馆长一生爱国爱民，生活简朴，淡泊名利，始终保持着领导干部的优良作风，深受大家的尊敬和爱戴。廖静文馆长的逝世，对徐悲鸿纪念馆、对文化界都是一大损失，她的高尚品德和人格魅力，已成为宝贵的精神财富。

廖馆长去世后，徐悲鸿先生与廖静文馆长的儿子——中国人民大学徐悲鸿艺术研究院院长徐庆平教授，继续担任徐悲鸿纪念馆馆长。徐庆平馆长自幼在父亲身边学画习字，深受家庭艺术环境熏陶，后考入中央美术学院附中学习，之后赴法国留学深造，考取巴黎大学美术史博士学位。徐庆平馆长曾先后任教于中央美术学院和人民大学，担任博士生导师和艺术学院院长等职务。曾著有《西方艺术史》《光荣属于希腊》等著作，他的书画作品曾赴加拿大、新加坡和国内多地展览。徐庆平馆长在中西方美术史、中西绘画鉴赏和书画创作等方面有极高的造诣。

徐悲鸿纪念馆有了这些具有很高学术水平的家属的大力支持和参与管理，这对于徐悲鸿艺术理论的研究、徐悲鸿精神的传承以及文化交流和社会活动，都起到了不可替代的重要作用，这些条件也是很多名人纪念馆不具备的。

（4）徐悲鸿艺术的影响力

绘画是世界性的语言，美术作品不同于其他艺术形式，它是通过视觉给人最直接的信息传递，跨越了地域和文化的差异。徐悲鸿的写实风格绘画作品无须语言文字解读，便能带给观众最直接的心理感受，他所寄情于画的各种表现方式，均能与观众产生碰撞与共鸣。徐悲鸿从求学开始走遍神州大地、世界各国，徐悲鸿自成一派的美术教育体系，从他1927年回国任教，一直沿用至今，其徒子徒孙、亲朋好友遍布海内外。徐悲鸿的画展也从20世纪30年代开始至今，在许多国家和城市成功举办，因此，在世界范围内，徐悲鸿的艺术拥有很广泛的群众基础，颇负盛名。这就使得徐悲鸿纪念馆在宣传教育、文化传播等方面拥有了得天独厚的优势。

如今，社会上研究徐悲鸿的文章和论著层出不穷，对他的作品和艺术思想不断产生新的解读，即有认同也有否定。这种学术交流为研究徐悲鸿提供了更多的方向，也为徐悲鸿纪念馆的科研、教育工作提供了丰富的理论参考。

基于以上几点徐悲鸿纪念馆的特殊性，徐悲鸿纪念馆虽然不是故居或古建，却因为这些徐悲鸿的书画作品和生活用品的陈列展示，处处散发出名人故居那种独特的历史人文气息。同时，徐悲鸿纪念馆也具备了成为艺术博物馆和研究近现代美术的教育学术机构的条件。

五　结　语

名人故居纪念馆体现了一个城市特有的文化基因和人文积淀。作为中国的首都，北京在 2008 年奥运会后获得了全世界更多的瞩目，因此，政府部门更应该具备国际眼光，对名人故居纪念馆的保护和利用有正确的认识。在城市规划建设中，不能总以为经济建设服务为首要标准，更应该清醒地认识到在未来的城市发展中，文化实力的重要价值，应该深刻理解历史文化遗产对城市的重要价值，应该认清故居建筑的不可再生价值，即便做了整体迁移，也割裂了原来的环境，不能完全承载特定的时代记忆和历史信息。名人故居纪念馆的保护、利用和发展，不仅关系到一个城市的历史文化血脉传承和文化品位，也体现了政府对待历史、对待文化的态度，意义重大而深远。

作者武川为徐悲鸿纪念馆助理馆员

参考文献：

1. 廖静文：《徐悲鸿传》，中国青年出版社 2010 年版。

2. 傅宁军：《悲鸿生命——徐悲鸿的生前死后》，人民文学出版社 2013 年版。

佳人君子一身芳　梅韵悠长伴京华

——梅兰芳与北京

李维一

秋天是北京一年中最美的季节。秋高气爽，蓝天白云，特别是西边的香山红叶节，每到10月中下旬，吸引着无数游客观赏。就在香山的东侧，有一座“万花山”，在山脚的幽静之处，长眠着一位文化艺术大师——梅兰芳先生。

作为新中国文化艺术界的重要代表，影响中国京剧历史进程的领军人物，梅兰芳为何没有安葬在革命烈士公墓呢？原来，梅兰芳青年时期就喜爱去香山游玩，当他站在碧云寺高处观望时，顿觉心旷神怡。远望东侧的山腰中，有一座小山十分秀美，经打听叫作“万花山”，恰与自己的名字畹华同音。于是，他就在山中买下一块地，上面种了几十株翠柏松树，在山坡中间修了一条小道，在路口还盖了三间小砖房，时不时小住几天，平时雇请专人看管。后来他的第一任夫人病故后，就安葬于此。1961年梅兰芳先生去世后，家人就将这块地重新修整，成为梅家世代安息之地。梅兰芳先生生于北京，长于北京，最后留在北京，他与北京的故事就要从秋天开始。

一　老北京

1894年10月22日，在南城李铁拐斜街的小四合院里，梅竹芬在院子里紧张地等着屋里的消息，他的妻子杨长玉正在生产，这是他的第一个孩子。他的心里既兴奋又紧张：兴奋的是自己也终于要当爹了，紧张的是，家里从父亲梅巧龄开始就是戏班唱男旦的，但是大哥的几个孩子都是女儿，不知道这个孩子是男孩还是女孩？若还是女孩，这继承祖业的任务不知何时才能确定？一声婴儿的啼哭打断了他的思绪，他回过神来，看着娘满脸喜气地走来，他立即明白，梅家的事业后继有人了。

这个刚出生的男婴，就是后来风靡全世界的京剧巨星梅兰芳。兰芳是他的艺名，他本名澜，字畹华。在封建社会，女性地位低下，如同男人的财产一般，只能每天待在家中，越是不出门，越是守妇道。别说演戏，甚至连去听戏都被视为不检点，进入 20 世纪后，这种情况才逐渐改变。因此，戏班里的角色，无论男女，都由男性扮演。梅家所从事行当，就是扮演女性角色的旦角，在记录同治、光绪年间最出名的 13 位京剧演员的肖像画“同光十三绝”中，萧太后的扮演者梅巧龄就是梅兰芳的祖父。但是梅兰芳出生时，梅巧龄已经去世多年了，家中由梅兰芳的大伯梅雨田夫妇管家。梅兰芳出生时，家境十分窘迫。祖父执掌四喜班多年，虽留下一些房产，梅雨田胡琴伴奏的报酬也还可以，但是洋兵进城，烧杀抢夺，房子都已损毁，战乱期间戏班也都长期停演，梅家只能靠积蓄维持，有出无入，渐渐家里就衰落下去了。一家人辗转搬了好几次家，直到梅兰芳成名以后，担负起了全部家庭生活费用，经济情况才有所好转。除了生活条件的不如意，梅兰芳的个人身世也是不幸福的。他四岁丧父，依靠伯父梅雨田操琴的收入生活，与母亲相依为命。从祖母那里获得的关爱，能稍稍安慰他幼小的心灵。等到 8 岁试着学戏时，偏偏又资质平平，气走了老师。或许是老天垂怜，或许是经历挫折后的早慧，当梅兰芳正式拜吴菱仙开蒙学戏后，一切走上了正轨。

（一）前门胡同里的野孩子

作为梅家三代第一个男丁，梅兰芳的出生让乱世里的一家人增添了喜庆和活力。他的父亲梅竹芬要为孩子的成长更加辛苦地卖力演出了。梅竹芬是一个苦干苦学的忠厚老实人。他先学老生，又改小生，最后唱青衣花旦，梅巧龄的戏他都会唱。梅巧龄去世之后，有的时候，老观众们想念他，就来看梅竹芬贴演的《德政坊》《雁门关》《富贵全》。一看到他出台，观众们就仿佛看到梅巧龄又回来了，这些戏都十分叫座儿。当时梅竹芬搭的是迟家的福寿班，他性情温和好说话，班里只要有人闹脾气告假不唱，就请他来代唱。他唱的是梅巧龄的连台本戏，已经非常辛苦，又要替别人的班儿，外面应的堂会也不能得罪，日子一长，身体支撑不住，病倒没几天就去世了，这年的梅兰芳才四岁。据梅兰芳的姑母秦氏回忆："畹华是生在李铁拐斜街的老宅里。那时先父已经去世多年，他的父亲竹芬是我的第二个哥哥，为人心地光明，存心厚道 。唱的昆曲、皮黄，全是学的他老爷子的玩意。可惜活到二十来岁，就病死在这老宅里了。那年畹华才四岁，就成了一个没有父亲的孩子……我大嫂养了几个孩子，偏偏都是闺女，没有儿子。畹华在名义上是兼祧两房，骨子里的滋味可并不好受……在他十岁之前，有一个时期，几乎成了一个没人管束的野孩子。"

庚子年（1900）的北京内忧外患。义和团运动在中国北方达到了高潮，八国联军攻入北京，把慈禧和光绪皇帝赶到了西安。城里的老百姓人心惶惶，哪里还有心思到戏楼看戏。梅家原就拮据的生活更加雪上加霜。八国联军侵略中国的残暴不亚于 37 年后的南京大屠杀，他们到处烧杀、奸淫、掳夺。梅家住的李铁拐斜街是重灾区，洋兵常常闯进来索取银圆和表。不管谁家，只要洋兵高兴，就往里闯，翻箱倒匣，一个挨着一个，轮番更替。梅兰芳的母亲、姑母尤其害怕，每天都得化妆，在脸上抹上黑煤，躲起来不敢见人。为了家里的安全，也为了省一点开销，梅家把李铁拐斜街的老屋卖掉，租住百顺胡同，与杨小楼、徐宝芳两家同住（徐宝芳是徐兰沅的父亲，徐兰沅是梅先生的姨父，为谭鑫培、梅兰芳的琴师）。街市上一片萧条，戏院、茶园大都被焚毁，剩下的几家也掩门歇业。演员有的闭门在家，有的逃离京城，有的生活没有着落，只得改行。伯父梅雨田虽然是个名琴师，但戏院长期关门，为了一家老小的生存，也不得不改行。幸好他与一家修表铺的师傅交往甚厚，梅雨田学了一手修钟表的好手艺，在此时派上了用场。小梅兰芳还不懂家里的困难，每天除了玩，就是到附近的私塾上学，在那里开始读《三字经》《百家姓》一类的书。每天早上，邻居杨小楼要出去练武功、吊嗓子，和梅兰芳去上学的时间差不多，他就常常抱着梅兰芳送到书馆，有时还让他跨坐在肩上，给梅兰芳讲故事听，买糖葫芦给他吃，梅兰芳也与杨大叔十分亲热。当梅兰芳成名之后，与杨小楼同台唱戏，说起往日，两人不禁开怀大笑。

到了七岁这年，家里决定让梅兰芳开始学戏，就请了名小生朱素云的哥哥来家里教他。可是这时的梅兰芳并没有表现出过人的天资，他相貌平平，小圆脸总是低着，两只眼睛被下垂的眼皮盖住了，看起来很没有精神。按照青衣的传统，开蒙学的一般是《二进宫》《三娘教子》一类老腔老调的戏，对于梨园子弟来说，即使从来没学过，听大人们哼唱练嗓，耳濡目染也应该很快上手。谁知四句简单的慢板，教了多时梅兰芳也没学会，怎么也唱不出。朱先生见他进步太慢，认为这孩子不是唱戏的材料，再加上年轻气盛没有耐心，对梅兰芳说了一句重话："祖师爷没给你饭吃。"一赌气再也不来教了。这句话如同一道闪电打在梅兰芳的心上，家里人惋惜的神态让梅兰芳十分震撼。他不想让家人失望，从此梅兰芳少了几分懵懂，多了几分坚强，他下定决心好好学戏（图一）。

图一　梅兰芳与老师吴菱仙合影

（二）从演员到名角的点滴

老师不来家里教唱戏，梅兰芳就去姐夫朱小芬家学戏。他与小伙伴一起拜吴菱仙为开蒙教师。吴菱仙曾在梅巧龄的四喜班搭班多年，梅家温良恭俭让、乐善好施的家风，为吴菱仙解决了多次困难，让他心存感激。因此，他对梅兰芳格外用心，把大部分的精力用在他身上，好像他有一种特别的希望，要把梅兰芳教育成名。这种照顾不仅是因为对梅家的感恩，还因为此时梅家的生活十分困难，需要梅兰芳能早点挣钱，贴补家用。吴先生同情梅兰芳的处境，他耐心而负责任地教授，从不打骂学生。一段唱要反复唱到几十遍，一个身段要不停地加强练习，为梅兰芳打下了坚实的基础。虽然比王蕙芳、朱幼芬学戏晚，但梅兰芳却是第一个出台演戏的，这进步与老师的教导和自己的勤学苦练是分不开的。

光绪甲辰年七月初七，广和楼贴演昆曲《天河配》，10 岁的梅兰芳第一次登台演织女。那天，舞台上搭了一个桥的布景，桥上插着许多喜鹊形状的灯，梅兰芳被吴菱仙抱到椅子上，站在桥后面开始演唱。梅兰芳早已将这段烂熟于心，他投入地演唱着，将老师所教完美地表现出来。第一次成功的演唱，预示着他一生与京剧的不解之缘，一代京剧大师从此登上历史舞台。

广和楼的第一次登台后，吴菱仙又安排梅兰芳不断在各戏班里串演小角色，让他逐渐适应和多加锻炼。舞台实践开阔了梅兰芳的眼界，也使他的技艺大大进步。他一边继续与吴先生学戏，一边再登台练习，家里也多了些收入。14 岁那年，他正式搭班喜连成，每天在广和楼、广德楼这些园子里轮流演出。那时各园子都是白天开张，梅兰芳吃过午饭，就去园子里演出。每年平均算下来，演出的日子将近三百天。除了斋戒、忌辰、封箱的日子以外，不分寒暑，每日必唱，唱完了回家继续跟吴菱仙学戏。若赶上行业戏、堂会、馆子营业戏碰一块儿，就得马不停蹄地四处赶场。预先会有专人安排调度，把时间算好，吃饭、路上行程的时间都要掐准，以免误场。梅兰芳一天要唱好几处，有时累得在马车上晃着就睡着了。除了学习、演出，梅兰芳将剩余时间全部用来观摩前辈的表演艺术，找出自己的不足。观摩久了，在演技方面，梅兰芳不知不觉有了提高，慢慢地，他在台上“一招一式，一哭一笑都能信手拈来”。

就在一切好转之时，梅兰芳的母亲又去世了，梅兰芳悲恸不已。小小年纪失去双亲，这对一个14岁的孩子来说是一个致命的打击。幸好还有祖母和大伯一家，相互扶持度日。到了17岁时，梅兰芳因为倒仓（变声）退出喜连成，他也在这年与第一任夫人王明华结婚。通过几年的学习实践，梅兰芳已经积累了不少舞台经验，但是有一个事情一直困扰着他，就是他的眼睛。许多时候，演员需要用眼神来表现人物性格，但梅兰芳因为近视，眼珠转动不够灵活，他想了很多主意，收效却不大。这天早上，梅兰芳早起锻炼后，眼前飞过两只鸽子，他的眼睛也下意识的随着鸽子远去的小影子转了过去。这倒是个办法，他开始养鸽子。每天除了给鸽子喂水喂食，他还要清扫鸽子窝，给鸽子洗澡。从几对到一百多对，几百只鸽子都由梅兰芳亲自照料。他按照飞行能力给鸽子编了队，先放飞行能力强的，再放飞行力弱的，还要让老鸽子训练新鸽子。他注视着鸽子，眼睛随着鸽子越望越远，眼神越练越精神。梅兰芳手上拿着竹竿指挥鸽子，两个胳膊要不断挥舞，对于臂力的增加有很大的帮助，全身的协调性也得到增强。梅兰芳养鸽子一养就是十年，直到戏务繁忙抽不开身为止。所以，直到老年，梅兰芳的眼神还十分传神，演《贵妃醉酒》时，穿着分量很重的宫装，照样能做下腰身段，与他年轻时养鸽子锻炼也有很大的关系。

倒仓的时间是不一定的，有的演员需要很长时间，有的会因为恢复得不好而永远告别了舞台，有的则恢复得很快。梅兰芳属于后者，不到一年嗓子就恢复了。他重新登台演出，先搭鸣盛和班，后搭俞振庭组成的双庆班，主要在天乐茶园、广德楼、文明茶园演出。梅兰芳复出后，将梅雨田所教的新腔《玉堂春》在文明茶园第一次演出，在戏迷里引起了广泛的探讨。这使梅兰芳从众多京剧演员中脱颖而出，而这种新唱法也成为广为流传的《玉堂春》的标准唱腔。本时期的梅兰芳唯一的活动就是不停地演戏，既参加戏园的营业戏演出，也从不放过参加义务戏、堂会戏演出的机会。连续不断的演出给了梅兰芳更多的实践机会，使他的表演日臻成熟，在大班进入主要演员行列，他开始有叫座儿能力，似乎有盖过杨小楼、谭鑫培的趋势。梅兰芳扮相俊美，嗓音清脆甜润，做工细腻灵活，其唱腔的优美得到了老戏迷的肯定，其亮眼的形象更吸引了一大批新的观众。当时，京师大学评学馆学生为梅兰芳的基本观众。还有一些观众是从日本留学归国任职者，如冯幼伟、吴震修、李释戡、黄秋岳等，他们由长期的观众成为梅兰芳的朋友。其中就有在日后给梅兰芳演艺生涯提供极大帮助的齐如山。

梅兰芳与齐如山相识于正乐育化会。辛亥革命推动全国各界走向维新的道路，戏曲界也不甘落后。一些有识之士想通过自己的团体，向戏曲界同行传播新思想，灌输新知识，提高他们的文化修养。著名京剧演员田际云、余玉琴等组织“正乐育化会”取代原来北京戏曲艺人组织“精忠庙”，由谭鑫培任会长，田际云任副会长，梅兰芳也被邀请入会。正乐育化会经常请学术界人士到会演讲，其中就有齐如山。当时梅兰芳第一次听到齐如山讲戏剧理论，之后才通过书信交往。梅兰芳回忆时是这样说的：“1912 年清帝推翻以后，全国各界都向新的路上走去。戏剧界自然不甘落后，组织了‘正乐育化会’。会里附带了一个育化会小学，鼓励本界的子弟入校读书……这是我第一次看到齐先生，我们并不认识，也没有交谈。转过年来，他常到天乐茶园听我的戏。我先没有注意到他，有一天我接到一封署名齐如山的信，批评我的演技，某处的身段可以改一下，某处的表情还不够深刻，某处词句可以改动一下。我看完了这封信，觉得他说得有对的地方，下次再演这出，或者在别出同类的戏里，我就按着他的提议修改了。”

齐香在《我的父亲齐如山和京剧》中，对梅兰芳与齐如山的相识亦有记载：“民国元年，父亲偶尔看梅兰芳的戏，认为这是一位有天才的演员，扮相、表演、唱腔、身段，各种条件都极好。一次看《汾河湾》，梅各方面表演都好，只是薛仁贵在窑外唱那一大段时，柳迎春面向里休息，毫不理会仁贵所唱。父亲于是给梅写了一封长信，指出这不符合国剧的规则，因为按规则不允许在台上有人歇着，连配角都须有相应的表情和动作。柳迎春是主角，对方是否是自己的丈夫，全在她的一番话，因此应注意听，并配以各种表情，如难过、好奇、悲痛等。父亲这封三千余字的信，引起梅兰芳的注意，他认真思考，接受我父亲的正确意见，下次再演这出戏，果然加了很多表情手段，大受欢迎。父亲也受到鼓舞，于是每看完一次戏，就写一封信提意见，两年多来，先后写了百余封信，从此二人成为莫逆，互相尊重。”

（三）终成梅派 名垂京剧史

梅兰芳在北京有了名气，演出的戏码已排为倒数第二三，并不时与玉成班的当家老生孟小茹合演生旦“对儿戏”大轴。而他成为全国的明星，还是在上海一炮打响之后。在上海演出的45天里，这位来自北京的第一青衣给上海观众留下了极为深刻的印象，他的扮相、嗓音、身段、台风、气度是以前来上海的旦角演员所没有的，令人倾倒。梅兰芳面对成功喜悦并不张狂，他是个有心人，从他进入上海开始，他就时时处处体会到上海与北京的不同。在结束演出之后，他曾到各大戏馆观摩考察，发现上海戏馆的舞台要比北京现代化得多，灯光、布景、舞台美术等，都让他开阔了眼界。这个时期的上海，资产阶级民主革命走向高潮，先进的京剧演员将改良运动从案头剧本和舆论宣传为主的局面，转入进行大规模的有着广泛艺人参加的舞台演出实践，上演了许多时装新戏，反映了封建社会的种种黑暗。这给梅兰芳很大的灵感和启发。从上海回来后，他根据时代和观众欣赏的需要，编演了大量与社会现实生活结合较紧的新剧。陆续排演了《孽海波澜》《宦海潮》《一缕麻》《邓霞姑》《童女斩蛇》等提倡妇女解放、揭露官场黑暗、反对包办婚姻、破除神权迷信的时装戏。这些戏，在当时社会上都产生了一定的移风易俗的作用，有些迄今还有其现实意义。

除了时装新戏，梅兰芳以大胆革新的精神，创造了舞台上从未出现过的古装新戏。如《嫦娥奔月》《天女散花》《黛玉葬花》《千金一笑》《洛神》《太真外传》等。在这些戏中，梅兰芳根据古画中的仕女形象设计服饰和妆容，与传统的梳大头的扮相完全不同，但是符合观众的审美情趣。在唱腔和身段上从人物的性格入手，通过细腻优美的演绎，将故事中人完美地呈现在舞台上。他还注重开发运用当时先进的舞台技术，“追光”就是从梅兰芳的嫦娥开始，第一次在北京的舞台上呈现。

创新是京剧向前发展的推动力，继承弘扬传统也是梅兰芳能够全面发展的重要原因。他主张学习昆曲，认为昆曲的身段、表情、曲调非常严格，这种基本技术的底子打好了，再学皮黄，就省事得多，因为皮黄里有许多玩艺儿就是从昆曲吸收过来的。因此，梅兰芳早年学习昆曲是为了提高演艺水平和修养，当他的表演艺术日渐成熟时，梅兰芳仍积极倡导发扬昆曲，以挽救濒临灭亡的传统民族艺术。而对于京剧传统老戏，如《宇宙锋》《贵妃醉酒》《霸王别姬》等，在他一生的舞台生活中，总是在不断地改编改进，使这些旧剧更加积极向上，更能反映女性人物在封建社会压迫下的坚强与勇敢。他始终能很好地把握继承与创新的关系，不仅在艺术上精益求精，而且目光远大，考虑整个京剧事业的未来。在他的努力下，旦角一跃超过老生，成为最受观众欢迎的行当，京剧艺人的社会地位也得到提升。梅兰芳自己也从这块艺术土壤上获取养分，茁壮成长，开创了梅派表演体系，最终成为一代大师。1927 年，北京《顺天时报》举行全国首届旦角名伶活动，梅兰芳、程砚秋、尚小云、荀慧生当选，被誉为京剧“四大名旦”。梅兰芳也被评为“伶界大王”，同时成为四大名旦之首。

（四）缀玉轩的高级策划团

梅兰芳一生的成功，自然与他本人的努力分不开，但更可贵的是背后一直支持他的社会各界的朋友。京剧鼎盛时期，捧角儿风行北京城，一些文人贤达名流对所喜爱的角儿给予热捧，既为消遣又算雅好。其中志同道合者渐进形成圈子，由小及大而成为迷党。梅兰芳的“梅党”就形成于这样的历史背景当中。这里不仅有戏曲圈的票友，还有银行家、金融家、文人墨客。他们聚集在梅兰芳的身边，以当时最高水准的文化修养和审美经验，为梅兰芳的艺术生涯出谋划策，编戏改戏。他们常常在梅兰芳的书房开艺术沙龙，聚会之处的梅兰芳书斋名为“缀玉轩”。

在《梅兰芳舞台生活四十年》中，梅兰芳对自己的书房有过这样的描述：“我从民国五年起，我用两千几百两银子在芦草园典了一所房子（笔者认为指的是现在与芦草园胡同交会的青云胡同的旧宅）……它是由两所四合院合并起来，在里边打通的。上房是十间，南房也是十间。南房这部分外面的三间打通了是我的客厅，里面的四间也打通了，是我用做吊嗓、排戏、读书、画画的地方。我们都叫它书房。有些熟不拘礼的朋友，和本界的同人来了，就在这一大间书房里谈话……晚上大家又来讨论有关我的业务上的事情。”“我的芦草园那间书房，在我编排新戏和学习昆曲的早期，有着很重要的历史性，因为在这里面完成的新戏和学的昆曲真不能算少了……进门就能看见放着四个玻璃大书橱，橱里面装的都是戏本子、书画和我常看的一些书……靠墙横放着一张大书案，两边都有抽屉，两对面都摆着椅子。书案上陈列着一些文房四宝，尤其是关于绘画的工具最多，紧里边的犄角上，斜放着一架钢琴，琴上摆的都是各国的戏剧家、音乐家的小型石膏像。钢琴旁边的墙壁上和架子上，挂着的和放着的，全都是各种各样的乐器……墙壁上挂的一些美人、佛像、花鸟都是我学画的画稿。另一个犄角上，摆着我练习武工用的宝剑、刀、枪、马鞭子、云帚，横七竖八地堆了一大堆。”

梅兰芳排新戏的步骤，是从收集素材开始，到大家共同满意结束。几位爱好戏剧的外界朋友，随时留意把比较有意义、可以编制剧本的材料收集好了，再由一位担任起草，分场打提纲讨论完成。梅党们在缀玉轩工作常常废寝忘食。有时梅兰芳演出回来，几位编写新戏的老朋友仍然在这里研究剧本。有的坐在沙发上沉思，有的嘴里叼着烟卷来回地踱方步，有的低着头靠在书案前看本子。一个个都全神贯注地在工作着。想到了好词儿，先念给大家听完了，就拿起笔来写在本子上。这样你一段我一段地推敲斟酌，综合了大家的经验和意见，很快一出戏的初本就大致完成了。其实，梅兰芳与知识分子的交往早在清末宣统年间就已经开始了，当他在舞台上崭露头角时，这些文人为梅兰芳灌输了不少新知识，使梅兰芳不再像他的父辈那样局限于狭小的戏曲天地里。以后，缀玉轩里又汇集了诗人罗瘿公，画家王梦白、陈师曾、齐白石、姚茫父等，使缀玉轩里充盈着浓厚的艺术气氛。具有深厚的文化底蕴是梅派艺术的主要特征，这与梅兰芳注重与知识分子的结交有很大关系。

齐如山与梅兰芳的关系世人皆知。他们亦师亦友，在最初书信交流两年之后，在百十来封信笔谈后，两人正式成为朋友。齐如山是京剧理论研究的专家，他对京剧事业的热爱和对梅兰芳的慧眼识人，使他辞去工作成为梅兰芳的专职编剧、导演、经纪人，从最初帮助理解人物与剧情，为之设计正确的身段与表情；到帮他进行舞台改革，编写新戏；再到帮他出国发展，获取全国和世界性的荣誉，将中国京剧推向世界艺术之林。以齐如山为首的文学推手们，推动梅兰芳成为一代京剧大师。在经济和其他各方面，给予梅兰芳最大支持的是冯耿光。他早年留学日本，民国初期先任中国银行总裁，后任新华银行董事长，并任北平戏曲音乐分院院务委员会主任委员。蒋介石执政期间，冯耿光辞去总裁一职，保留中国银行董事席位。新中国成立后，冯耿光任中国银行及公私合营银行董事、首届全国政协委员。冯耿光性格豪爽，仗义疏财，尤其迷恋皮黄。他与梅家的交往从伯父梅雨田就开始了，梅兰芳 14 岁就与他结识。冯六爷不仅是梅党的发起人，更直接参与主持梅兰芳诸多重大事项，而且付出了极大的人力、财力、物力，梅兰芳的生活用度、事业决策、结交朋友、搭班演出均由冯六爷把持，包括是否与齐如山见面，都由冯耿光帮助他决定。梅兰芳对冯耿光格外信任和倚重，他曾说过："我跟冯先生认识得最早，在我 14 岁那年，就遇见了他。他是一个热诚爽朗的人，尤其对我的帮助，是尽了他最大的努力的。他不断教育我、督促我、鼓励我、支持我，直到今天还是这样，可以说四十余年如一日。所以我在一生的事业中，受他的影响很大，得他的帮助也最多。这大概是认识我的朋友，大家都知道的。"李释戡、吴震修、许伯明、舒石父与冯幼伟同为日本留学生，都是文学修养深厚，诗文俱佳，对戏曲服装舞美素有研究，也是梅党骨干。四人对冯六爷始终认可尊重，有关梅兰芳的重大事项决策，完全遵从他的意见。当时名流罗瘿公曾有诗云："梅魂已属冯家有"。冯耿光可以说是当之无愧的梅党领袖（图二）。

图二　梅兰芳与友人一起研究艺术革新

（左起：梅兰芳、齐如山、罗瘿公）

（五）民国时期的外交使者

梅兰芳在没有成名之前，在北京城搬了很多次家。他出生在李铁拐斜街的祖屋，他的父亲病死在这里。七岁前后搬到百顺胡同，是开蒙演戏和最初搭喜连成班时期。而后又搬到芦草园，这是家里住过的房子里最小、最简陋的，他的母亲就在这里去世了。而后又搬到鞭子头条、鞭子三条，都是极小的四合院。还有一处在青云胡同，是成名后购置的，由两个四合院打通的宅子，有 30 多间房。等到 1923 年之后，梅兰芳又买了无量大人胡同的大宅院（在今天的红星胡同，但是这座宅院已经拆改成写字楼），一处有假山、花园、西式洋楼的四进院落。此后直到 1932 年，这里一直是梅兰芳居住的宅邸。这处宅邸可以说是众故居中最出名的一处，在此居住期间，梅兰芳艺术和影响极盛。当时在访华的外籍人士中留传着的一句说法，“来北京登长城，观颐和园，访梅宅”，就是指的这里。他曾在这里招待国际友人，诸如印度大诗人泰戈尔、美国好莱坞影帝范朋克、意大利女歌唱家嘉丽·古契、日本著名歌舞伎表演艺术家守田勘弥以及当时的瑞典王储古斯塔夫六世夫妇、美国总统威尔逊的夫人等众多国际名流。梅兰芳成为中国对外文化展示的民间外交使者。

1924 年初夏，为促进中印文化交流，印度著名学者、诗人兼作家泰戈尔应邀访华。以徐志摩为首的文学团体新月社，特意在北京协和医学院礼堂用英文演出了泰戈尔创作的话剧《齐德拉》，梅兰芳陪同观看。演出结束时，泰戈尔对梅兰芳说：“在中国看到了自己的戏，很高兴，可我希望在离京前还能看到你的表演。”于是梅兰芳在北京开明剧场为泰戈尔和随行人员专场演出了神话剧《洛神》。梅绍武在《梅兰芳与泰戈尔》一文中写道：“5 月 19 日，父亲在开明戏院为泰翁专演了一场《洛神》。泰翁身穿着他所创办的国际大学的红色长袍礼服莅临，聚精会神地观看，随后又到后台道谢说：‘我看了这出戏很愉快，有些感想明日见面再谈。’”第二天中午，在饯行宴席上，泰翁首先赞扬了梅兰芳的表演，然后开诚布公地对“川上之会”一场的布景提出了意见。他说：“这个美丽的神话剧，应该从各方面来体现出伟大诗人的想象力，而现在所用的布景显得平淡。”梅兰芳后来根据他的建议，重新设计了那一幕的布景，果然取得很好的效果，此后一直沿用下来。泰戈尔还即兴赋诗，并用毛笔写在纨扇上，赠给梅兰芳。诗文为孟加拉文，他又亲自译成英文，一并写下，还兴致勃勃地朗诵给大家听。泰戈尔回国前热情地表示，希望梅兰芳能率领剧团访问印度，使印度人民能有机会欣赏他的艺术。随泰戈尔访问的著名画家难达婆薮观看了梅兰芳演出的《洛神》，后绘制了一幅大型油画相赠。

1926 年 10 月，瑞典王储古斯塔夫斯六世夫妇在瑞典大使的陪同下，来到无量大人胡同梅宅。王储此次来华是以私人名义，所以抵京后即声明不受官方接待，因此，北洋政府的外交人员没有提前告知已赴济南演出的梅兰芳。但王储自己又提出想见三个人，梅兰芳就是其中之一。其他两位是顾维钧和张学良。他说："在瑞典的时候，早闻其名，今番来华，必须一观芳容，一顾妙曲，然后快心。"梅兰芳闻讯后立即返京，以个人名义筹备一切，邀请王储夫妇到无量大人胡同家里做客。27 日晚上，梅宅周围守候了大量警察，梅宅里被布置得辉煌华贵，曲折的走廊上，满挂了纱灯，十分壮观。梅兰芳亲自出来迎接，将客人领入客厅。在客厅，王储就中国的戏剧和艺术问题同梅兰芳会晤良久，陶益生做翻译。梅宅临时搭了小小的戏台，观众席能容下 30 个人，座后预备了冷西餐的陈设。梅兰芳为客人们演出了《琴挑》和《霸王别姬》中的"舞剑"。还赠以画扇、田黄图章等。此次友好会晤一直持续到午夜一时，王储临别时，还与梅兰芳等合影留念。

30 年后，已是瑞典国王的古斯塔夫斯六世偕王后，在瑞典首都斯德哥尔摩皇家剧院观看了中国古典歌舞团的演出，当他听说梅兰芳的女儿梅葆玥也随团来访时，立即要求见见她。在皇家剧院的休息室里，国王握着梅葆玥的手，回忆了当年和梅兰芳会晤时的情景，那块珍贵的田黄图章，已经随自己的其他藏品捐赠给皇家博物馆妥善保管，以供瑞典人民欣赏。他还叮嘱梅葆玥回国后，转达他对梅兰芳的亲切问候。梅葆玥回国后，将国王的问候转达给父亲，梅兰芳很高兴，不由得翻出相册观赏起当年的合影。如今，这张珍贵的照片就收藏在梅兰芳纪念馆（图三）。

图三 1926 年，梅兰芳（前排左三）在北京无量大人胡同寓所会见瑞典王储古斯塔夫六世（左五）及夫人（左四）

梅兰芳那些年接待过国外包括文艺界、政界、实业界、教育界等各界人士多达六七千人，由于当时的北洋政府不愿意支付外交费用，梅兰芳每次接待外国友人都是自掏腰包。梅家女佣张妈曾对梅夫人福芝芳开玩笑说："梅大爷每次要花那么多钱开茶会招待洋人，我看早晚会让他们给吃穷了！"而梅兰芳却对此从未有过怨言，心甘情愿地为国家传统文化的传播做贡献。当年的美国驻华商务参赞阿诺德于 1926 年 11 月 29 日撰文，概括了梅兰芳那时期的外交活动："那些在过去十年或廿年旅居北京的外籍人士，满意地注意到梅兰芳乐于尽力在外国观众当中推广中国的戏剧。他把自己的艺术献给祖国人民，使他们得到愉快的享受。与此同时，他在教育外国观众如何更好地欣赏中国戏剧表演这方面所尽的力量，也许同样可以使他感到自豪。我们祝愿他诸事成功，因为他在帮助西方人士如何更好地欣赏中国文化艺术方面所尽的一切力量，都有助于东西方之间的相互了解。"

（六）国剧改革与爱国之心

在新文化运动的背景下，曾经爆发过一场有关戏曲问题的大论战，论战的焦点是全盘否定旧剧还是全面继承旧剧。针对辛亥革命后出现的尊孔复古逆流，以陈独秀、刘半农、钱玄同、郑振铎为代表的一些人，在对封建道德、礼教猛烈抨击的同时，对戏曲也进行了全面批判。他们片面地认为，戏曲的剧情都是色情和弘扬帝制的，戏曲的形式都是“实在毫无美学之价值，不能不推翻”，“没有丝毫继承的价值”。他们主张西方戏剧理论和舞台艺术，应该全盘向西方学习模仿，“把西洋戏剧看成是唯一先进的戏剧”，从而建立一种新的“国剧”取而代之。这一论点一出台，立即遭到反对派的反驳，他们认为，“国剧”就应该是“上自院本、杂剧、传奇，下至昆曲、皮黄、秦腔等中国旧有戏剧”。“国剧”一词由此而来。

1925 年，在徐志摩的支持下，余上沅、闻一多、赵太侔回国后，在北京国立艺术专门学校开办戏剧系，创立“中国戏剧社”，第二年又在北京《晨报》副刊开办专门讨论国剧问题的《剧刊》。但是，这些有关国剧的运动并没有引起社会关注。直到 1931 年，梅兰芳和余叔岩创办成立“国剧学会”，收集、整理了大批京剧和地方戏的艺术资料，出版了《戏剧业刊》《国剧画报》，对中国戏曲的研究和教学做了巨大的贡献，才将国剧运动推向了一个新的阶段。梅兰芳更是进一步将“国剧”界定为“代表中国最好的水准的戏剧”，“国剧运动”就是要走一条“以旧剧为基础使它适应时代潮流而进行不断革新的道路”（梅绍武：《梅兰芳与国剧学会》，《大地》1997 年第 2 期）。

1931 年 12 月 21 日，由梅兰芳、余叔岩、齐如山、张伯驹等人创办的国剧学会，在北平虎坊桥 45 号（现晋阳饭店原址）正式成立，并召开第一次会议。到会祝贺的有李石曾、于学忠、胡适之、袁守和、刘半农、刘天华、梁思成、王梦白、焦菊隐等各界人士数十人。为祝贺学会成立，当天有一场精彩的演出，特别的是在大轴的《大八蜡庙》里，所有的角色都反串表演。梅兰芳戴上白胡子，反串武老生，饰老英雄褚彪，这是他首次戴髯口。张伯驹饰黄天霸，朱桂芳饰费德功，程继仙饰朱光祖，徐兰沅饰关泰，钱宝森饰张桂兰，老生陈霭如饰老妈，唱铜锤花脸的陈香雪饰老道，还有姜妙香、刘连荣等。大家欢聚一堂，热闹地唱起来。可见，当时的角儿并非只会本行，对其他行当的基本功都信手拈来，值得后来的京剧从业者学习。

成立国剧学会不仅要进行理论研究，还要附设一所教学机构——国剧传习所。这个机构介于科班和票房之间，招收的学员有一定的演戏基础，年龄在十六七岁以上且过了倒仓期。教师都是当时的京剧大明星，梅兰芳也亲自参加教学，负责青衣组，每星期给学员讲课两次。梅兰芳讲课时十分认真细致，大到身段，小到眼神、手指、脚跟，他都一一讲解，毫不保留。他在讲授每一个具体动作时，都亲自示范，并逐一纠正学员姿势。当讲到旦角如何走“一”字形路时，他领着学生一遍遍地走，足足走了数十遍。当讲到双手的各种表示时，也是领着学生练习多次。如此一节课讲下来，他已大汗淋漓，衬衫都湿透了。此时的梅兰芳刚刚从美国载誉归来，头上围绕“梅博士”“艺术大师”“风靡世界”的光环。但他冷静面对既往的成功，内心仍在追求理想。此时他的梦想不单是个人艺术事业上的更进一步，还要为京剧能够真正代表中国戏剧艺术而努力，他承担了薪火相传，为培养新一代优秀的戏曲接班人的历史使命，为京剧事业的发展不断探索着。但是，九一八事变之后，时局形势紧迫，梅兰芳被迫迁居上海，国剧学会只维持了不到两年就停止活动，只在虎坊桥会址陈列一些戏剧资料。时间虽短，但对戏剧理论研究工作的推动是毋庸置疑的。

在上海居住的日子里，梅兰芳用自己的实际行动表现了他的爱国气节。他编排号召民众抗敌救国的新戏《抗金兵》，反映沦陷区人民痛苦、激励斗志的《生死恨》；为各地的灾民举行赈灾义演；赴苏联演出宣传国剧，受到热烈欢迎，并被公认为世界三大表演体系之一。直到 1937 年七七事变以前，他仍然到全国各地巡演。抗日战争全面爆发之后，梅兰芳的名气招来了日本人、汉奸的劝降，软硬兼施。有打旧情牌的，有名义上是营业戏，实则作亲日宣传的，还有请他去作广播的，但梅兰芳全部不参加，甚至不惜通过打针引起 42 度的高烧来拒绝敌人。即使是单纯为戏迷们来求他，梅兰芳也不愿因一次破例而让人有了请他出山的借口，绝不复出。为了彻底让日本人死心，梅兰芳开始留蓄胡子，宣布退出舞台。因为不能演出，梅兰芳断了生活来源。除了要养一大家子人，继承梅家厚德的家风，他还要尽力帮助剧团里生活困难的工作人员。便是金山银山也会有用完的一天，他的生活终于陷入了困顿，只好将北京无量大人胡同的屋子卖掉，全家人节衣缩食度日。

赋闲在家的日子里，梅兰芳以画画写字度日。全国资源紧缺，每晚10点就停止供电，而梅兰芳习惯于晚上安静之时作画，就在微弱的汽油灯下挥毫泼墨。他的秘书许姬传一觉醒来，天已微微亮，梅兰芳毫无倦容，仍在作画，上了瘾似的不眠不休。朋友们都担心他长期在汽油灯下作画伤了眼睛，便劝他不要这样，可他却说："一个演员正在表演力旺盛时候，因为抵抗恶劣环境而谢绝了舞台生活，他的苦闷是无法用语言形容的。前天还有戏馆老板揣着金条来约我唱戏，广播电台又时时来纠缠我，我连嗓子都不敢吊。我画画，一半是维持生活，一半是借此消遣，否则我真是要憋死了。"他的爱国气节感动了老百姓，当他迫于生计举办画展时，闻讯而来的仰慕者都来买他的画，170余件作品出售了近80%。其中《双红豆图》当场有人复订五张，《天女散花图》也是抢手货。

八年抗战，梅兰芳宁可靠卖画为生以保全清白与忠贞，他的高尚品格令世人敬佩。戏剧大师田汉曾作诗赞许道："八载留须罢歌舞，坚贞几辈出伶官。轻裘典去休相虑，傲骨从来耐岁寒。"（图四）

图四　梅兰芳蓄须照

二 新北京

1945 年 8 月 15 日，上海的老百姓打开广播，想在艰难的生存中寻求一些精神上的喘息。因为近一段时间以来，一股红色的热流给日伪统治下的阴暗带来了色彩，人们敏感地捕捉到周边氛围渗透些许微妙的变化，仿佛将有一个震荡世界的事件发生。不负众望，在这一天，日本裕仁天皇以广播《终战诏书》的形式，宣布向盟国无条件投降。中国共产党领导的人民通过浴血奋战，在抗日战争中取得了最后的胜利。我们不再是亡国奴，中华大地又回到中华儿女的怀抱。梅兰芳先生的家里也一片欢腾，大家从沉默到怀疑，从怀疑到喜悦，从喜悦到热泪盈眶，梅夫人拿出红酒给老朋友们倒上，大家纷纷向梅先生举杯祝贺！但找了一圈，梅兰芳却没有在欢庆的人群中。大家抬头观看，只见梅先生在楼梯上已经换好八年来从没穿过的新衣新鞋向大家微笑招手，脸上的胡须被剃干净了！他守口八年杜门谢客，今后将重新登上舞台，为获得新生的中国人民奉献自己的艺术。梅兰芳在《文汇报》的采访中，表达了他对重返舞台的渴望及喜悦的心情。文章中记录道："沉默了八年之后，如今又要登台了。诸君也许想象得到，对于一个演戏的人，尤其像我这样年龄的人，八年的空白在生命史上是一宗怎样大的损失，这损失是永远无法补偿的。在过去这一段漫长的岁月中，我心如止水。留上胡子，咬紧牙关，平静而沉闷地生活着……我有一个决定：胜利以前我决不唱戏。胜利之后，我又有一个新的决定，必须把第一次登台的义务献给祖国……我对于政治问题向来没有什么心得，出于爱国心，我想每一个人都是有的吧？……《自由西报》的记者先生说我'一直实行着个人的抗战'，使我感激而且惭愧。"从 10 月开始，梅兰芳在上海恢复公演，场场爆满。他八年来从未间断的练习加上扎实的功底，使观众们从心中赞叹：梅先生重新登台，功夫不减当年，真了不起！

一年多来在上海的演出，让梅兰芳重燃信心。他心中一直惦念着故里北京的老朋友、老观众们，于是，1946 年 12 月，他起程赴京演出。这次回到北京，他有幸会见了周恩来。周恩来热情而诚恳地对梅兰芳说："希望你不要随国民党撤退而离开上海，希望你留在上海，我们欢迎你。”梅兰芳没有犹豫就答应了，不但亲朋好友都在内陆，热爱他的观众也都离不开他，他也不愿与观众们分开。此时的梅兰芳虽已五十多岁，但艺术造诣更加精深，风格更趋于雍容典雅，舞台表现浑然天成。他的重新登台不仅是京剧艺术之幸事，更是戏曲表演艺术的巅峰。中国优秀文化需要像梅兰芳这样国宝级的艺术大师传承和发展，其精湛的艺术价值和高尚的品格，需要每个人学习和发扬。时至今日，梅兰芳在文化艺术领域仍然具有重要的地位。

转眼间到了 1949 年，中国共产党为中国人民走向新生活指明了方向。全国第一次文学艺术工作者代表大会在北京召开，梅兰芳作为上海文化界的代表，离沪北上参加会议。梅兰芳在会上见到毛泽东、朱德、周恩来等领导人，并作了大会发言。当梅兰芳第一次与毛主席握手时，毛主席风趣地提及北京人对梅兰芳的欢迎程度，不亚于解放军进北京时的情形。他幽默地对梅兰芳说：“你的名气比我大。”（图五）文代会期间，大会组织了演出委员会，梅兰芳演出了《霸王别姬》。谢幕时，毛主席和大家一同起立鼓掌。梅兰芳回家后对家人说：“我一出场就见到了毛主席，坐在楼下第五排中间。他穿的是短袖白衬衫，神采奕奕地观看了演出。这个戏，我演了一千多场，都没有今天这样淋漓酣畅。”

大会闭幕时，周恩来副主席专程看望了梅兰芳，表示希望梅兰芳到北京工作，并嘱有关方面尽力促成此事。周恩来对梅兰芳说：“我希望你们到北京来主持即将成立的中国戏曲研究院，你可以住到旧居无量大人胡同。”许姬传在《许姬传艺坛漫录》中回忆道：“那天，梅先生和我商量说：‘此房在解放前卖给柯家（名字记不得了），现在如果住进去，人家会怀疑我倚靠政府力量强占此屋，你把这层意思告诉阿英同志，请他向周副主席代达我的苦衷。’我在北京饭店找到阿英，把经过告诉他。他答应当天晚上就转告周副主席。过了几天，国务院派申伯纯同志陪同梅先生选定护国寺街甲一号（现为九号）为住宅。”离开北京近 20 年后，在党和国家领导人的真诚邀请下，梅兰芳又回到了阔别已久的北京。

回到北京后的梅兰芳，身份发生了巨大变化。他从一名单纯的京剧演员，从旧社会下层劳动人民，成为代表戏剧工作者的中央机构领导人，能在国家最高权力机关讨论国家大事。一向地位卑微的艺人彻底翻

图五　毛主席接见梅兰芳（右二）、老舍、田汉

了身，他以新中国主人的身份，参加国家各种社会活动，并自豪地为国家文化建设建言献策。梨园前辈虽然名气高，但只能在当年的政治环境中随波逐流，不能为自己做主。而今梅兰芳在新时期不但可以参政议政，更要代表戏剧人发出自己的声音。在新中国，梅兰芳的多重身份让他更加忙碌，除了演出场所，他的生活和工作轨迹更加多样，活动范围也更加广泛。

（一）长安街两侧华灯初上

护国寺的院子还在修整，趁此期间，梅兰芳返回上海与家人安排整理家当。有时为了筹款救济北京的同业，他还会回北京，演出几场义务戏。尽管来回千里的奔波很是辛苦，但是梅兰芳的心里是喜悦的。他觉得，新中国的成立需要一个盛大的典礼宣告全世界，中国人民将走进新的时代。1949 年 9 月，梅兰芳接到全国政协筹备会开会通知，与夫人福芝芳、儿子绍武、秘书许姬传及王佩瑜四人起身赴京。21 日至 30 日，中国人民政治协商会议第一届全体会议在北京召开，参加这次会议的有各民主党派、团体、无党派人士和特邀代表共 662 人。在当时还不具备召开全国代表大会的条件下，本次会议肩负起执行全国人民代表大会职权的重任，完成了建立新中国的历史使命，揭开了新中国历史的第一页。会议期间，梅兰芳作为戏剧界四位代表之一，当选为全国政协常务委员，并作了大会发言。他在发言中说道："我在旧社会是没有地位的，今天能在国家最高权力机关讨论国家大事，又做到了中央机构的领导人，这是我们戏曲界空前未有的事情，也是我祖先们和我自己梦想不到的事情。……我看清楚了，解救中国的真正力量是共产党领导的人民革命。"

1949 年 10 月 1 日的天安门广场上，30 万群众聚焦在一起，用热烈的目光注目着观礼台上的国家领导人和各界代表。梅兰芳站在天安门城楼上，被欢腾的气氛感染。他身穿中山装，头戴中山装帽，手扶汉白玉栏杆，站得笔直，目光远眺，嘴角微微上扬，似有一股正气在身上涌动。耳旁听到毛泽东主席宣布：中华人民共和国中央人民政府成立了。广场上沸腾了，五星红旗在欢呼中冉冉升起，28 响礼炮齐鸣，在天空中久久回荡。海军、步兵、战车师、骑兵师、空军组成的仪仗队开启阅兵式，人民群众擎着灯，舞着火把，高呼着，欢唱着，将热闹一直持续到晚上九点。光明充满了整个北京（图六）。

作为全国政协代表大会代表、全国人民代表大会代表、全国先进工作者，这不是梅兰芳唯一一次在天安门参加活动。1952 年 5 月 1 日，首都 50 万群众在天安门广场举行庆祝五一国际劳动节游行大会，梅兰芳与首都文艺工作者 4500 人组成文艺大队参加游行。1958 年 10 月 1 日，他参加庆祝中华人民共和国建国九周年的活动，在天安门观礼。1959 年 5 月 1 日上午，他参加庆祝"五一"国际劳动节活动，在天安门观礼。同年 10 月 1 日，他在天安门城楼观看庆祝国庆十周年阅兵式和群众庆祝游行大会。晚上在天安门看焰火。

天安门向西一千米处就是中南海，怀仁堂是中南海内主要建筑之一，为仪銮殿旧址，是原来慈禧太后居住和召见大臣处理政务的地方。怀仁堂正门位于南侧，进门后为前厅，北接礼堂，可供上千人开会。第一届中国人民政治协商会议就是在这里召开的。新中国成立后，怀仁堂成为中央政府的礼堂，经常举行各种政治会议和文艺晚会。特别是京剧晚会占有很大比重，几乎所有著名京剧表演艺术家都到怀仁堂演出过。

图六　1949 年 10 月 1 日，梅兰芳在天安门城楼上参加开国典礼

他们以饱满的政治热情，严谨的创作态度，使晚会达到尽量完美的效果，给毛主席、周总理、刘少奇副主席、朱德委员长汇报成果。有一次，梅兰芳要在怀仁堂招待晚会上演出《游园惊梦》。演出前三天，毛主席派人到梅兰芳家借汤显祖原著《牡丹亭》。梅兰芳说："《牡丹亭》传奇，经过几百年来艺人和昆曲爱好者的修改剪裁，和汤显祖的原著已有很大的不同。我用的就是流行的《遏云阁曲谱》，没有单本。"那位同志说："请你把《遏云阁曲谱》交我带回，等你唱过了送还。"还说："主席正在看《舞台生活四十年》第一集中《游园惊梦》一节。"

梅兰芳在这里不但为国家领导人演出，也经常参加国内外的重要活动。比如参加人大、政协、国务院主办，在怀仁堂举行的新年晚会。他参加了第一届全国戏曲观摩大会，参加的有全国 1200 多位演员及其他戏曲工作者，梅兰芳获得大会荣誉奖。第一届全国人民代表大会第一次会议在北京中南海怀仁堂开幕，梅兰芳出席了会议，并与姜妙香、萧长华合演《贵妃醉酒》。参加李富春副总理关于第二个五年计划建议的说明报告会。他还出席全国文化工作会议，出席在怀仁堂举行的德国人民议院主席狄克曼的演讲会，等等。当时我国与苏联交好，梅兰芳也经常为招待苏联友人在此演出。

进入 1956 年，中国提前完成了第一个五年计划。人民的生活水平有了很大提高，特别是全国人民的精神面貌也发生了深刻的变化。中国共产党在全国各族人民心目中有着极高的威信，人民渴望能直接听到党中央的声音。建设一个能容纳万人的大型礼堂的呼声越来越高。在周恩来总理的领导下，经过八次方案的反复设计修改，宏伟高大的人民大会堂在 1959 年 9 月竣工。梅兰芳也成为第一批在这里演出、参加社会活动的人。他在这里演出新年联欢会，应邀出席欢迎缅甸总理奈温的欢迎宴会、万隆会议五周年纪念会、庆祝“五一”国际劳动节招待会，出席全国职工文艺会演开幕式，庆祝中国共产党成立四十周年大会……在新中国成立后的各个时期内，党和人民给予他许多荣誉和信任，他深知这信任责任重大。不管多么繁忙，总会尽力完成每次交代给他的活动。在华灯初上的长安街上，在会议厅里，梅兰芳孜孜不倦地辛勤工作着，代表身后的戏剧工作者们，为戏曲事业的发展构建蓝图。

（二）传播文化的友好使者

在戏曲艺术界，梅兰芳是将京剧艺术系统送到海外的第一人。从 1919 年首次访问日本开始，到 1960 年 2 月参加中苏友好同盟十周年纪念的活动，梅兰芳用高超的艺术魅力征服了全世界。他一方面将中国的戏曲艺术介绍给国外的观众，一方面从国外的艺术形式汲取养分，丰富我们的戏剧艺术。梅先生是一位中西文化的友好使者，在他的努力下，中国戏曲文化成为世界三大表演体系之一，为东方世界文化输出开辟航道。中国具有古老文明，在对外文化交流方面有悠久的历史和传统，比如玄奘求法，郑和下西洋等。新中国成立之初，我国外交事业在国际舞台上举步维艰，为了打破坚冰，党中央制定了“文化先行，外交殿后”的文化外交方针。梅兰芳成为中国文化外交活动的代表人物，他在 1956 年以团长的身份，带领京剧代表团赴日交流，用艺术打开了日本人民的心扉，搭起了中日人民友好的桥梁，促进了中日恢复邦交。在东城的大使馆区，也常常看到梅兰芳的身影。1957 年夏天，瑞典舞蹈促进协会主席海格尔受国际舞蹈协会委托，专程来中国，在瑞典驻华大使馆授予梅兰芳荣誉奖章。周恩来总理参加了授奖仪式，并同海格尔及瑞典大使在会上讲了话。梅兰芳是获得此项荣誉奖章的第十四位艺术家，也是我国第一位获此荣誉的京剧艺术家。1958 年，他应邀出席缅甸大使馆为庆祝缅甸独立十周年宴会。1959 年，他出席在罗马尼亚大使馆举行的欢迎罗马尼亚文化代表团酒会。同年 7 月 11 日，他出席蒙古大使沙拉布登夫人在大使馆举行的庆祝蒙古人民革命三十八周年纪念酒会。还有芬兰大使馆的国庆宴会，挪威大使馆挪威国庆酒会，等等。梅兰芳在世界各国人民心中，不仅是一位优秀的表演大师，更是代表中国优秀文化的友好使者，加快了新中国进入国际社会的脚步。

（三）百花齐放，推陈出新

戏曲是新中国成立初期社会最主流的娱乐形式，对于从旧社会延续下来的旧剧，需要去掉封建元素加以改编，推行符合主流意识形态的艺术观念。一场声势浩大的戏曲改革运动即将拉开帷幕。第一届全国政协会议期间，周恩来代表政务院，任命梅兰芳为即将成立的文化部戏曲改进局京剧研究院院长。京剧研究院是以从事京剧改革的实验示范为主要任务的艺术表演团体，是适应戏曲改革新形势而成立的演出实验机构。但是，仅靠一个演出队伍来完成戏曲改良示范的任务是远远不够的，还要加强戏曲艺术的研究和创作，培养青年一代的戏曲人才，实现戏曲改革中的理论研究、创作演出实践、艺术教育三者的紧密结合。经过党中央、政务院和文化部的研究批准，将戏曲改进局的研究、实验、教育机构及部分行政力量合并改组为中国戏曲研究院。1951 年 3 月，梅兰芳被任命为院长，马少波、罗合如也以文化部党组成员和中国戏曲研究院总支正、副书记的身份，开始进行建院的筹备工作。梅兰芳自知责任重大，他亲自到荣宝斋订裱白宣纸册页，请毛主席题词。毛主席接到梅兰芳送来的册页，就在左面题写“中国戏曲研究院”，又在右面写了“百花齐放，推陈出新”。写完以后，他觉得不够好，又在其他纸上写过两遍，觉得满意了才派人送给梅兰芳。梅兰芳接到题词非常高兴，但又奇怪为什么没题在原来的册页上，送册页的工作人员解释道：“主席写的时候，我在旁边。第一次是写在原来的册页上，写完不满意，就另换纸写，又不满意。这是第三张。”梅兰芳很受感动。

1951 年 4 月 3 日，中国戏曲研究院在大众剧场隆重举行成立典礼。

会场布置得庄严朴素，台口一圈摆着各种鲜花，大有百花齐放的气象。各界来宾数千人济济一堂，会场情绪热烈而和谐。梅兰芳在会上讲话，宣读毛泽东和周恩来的题词，“百花齐放，推陈出新”从此成为包括戏曲在内的文艺工作指导方针。

如今的中国戏曲研究院通过多次改组、合并发展，成为中国艺术研究院，是我国唯一一所集艺术科研、艺术创作、艺术教育为一体的国家级综合性学术机构。这所国家级艺术科学研究机构正在向全国一流、世界知名的发展目标努力，必将在国际舞台上取得耀眼的成就。

1952 年的冬天，外面是冰天雪地，护国寺街的梅宅却热闹得很。梅家来了不少的客人，原来是著名导演吴祖光来邀请梅兰芳拍摄纪录片。梅兰芳的艺术受世人仰慕，为了长久保留他的艺术生活，中央决定用电影的方式为他拍摄一部京剧表演示范性戏曲资料。这样可以送到全国各地去放映，使身在偏僻地区的农村、工矿等处的人们能在银幕上看到他的演唱。《梅兰芳舞台艺术》片分为上下两集，上集为生活部分及《抗金兵》《霸王别姬》《宇宙锋》三出戏，下集为《贵妃醉酒》《洛神》及《金山寺》三出戏。1955 年 2 月正式开拍，12 月初停机。在拍摄生活部分时，摄影组在北京电影制片厂搭置了一个放大两倍的北屋客厅，梅兰芳的家人和朋友模拟日常招待客人的场景，十分热闹。

在拍摄这部影片的日子里，梅兰芳付出了全部的精力。拍电影是安排在晚上进行，导演要求一遍遍地进行排练，直到他自我感觉很好，而且得到导演的认可才停机。在卸装时，他的内衣能拧出汗水，头上扎的水绸也是湿淋淋的，但从未听到他叫苦叫累。清晨回到家中，梅兰芳直奔卧室躺倒在床上，有时连早饭也顾不上吃。在整整 10 个月的拍摄影片的日子里，梅兰芳有了病也不休息。有几次发烧了，就请来老友郑河先大夫诊治，打了退烧针后，还是匆忙地赶到北影厂拍片。他总是说：“决不能为了我一个人而耽搁整个电影的拍摄进程，只要我出的力能给后人留下宝贵和丰富的艺术作品，让我付出多少代价也是值得的。”

《梅兰芳舞台艺术》受到全国观众的热捧。1959 年春，北京电影制片厂决定再请梅兰芳拍摄彩色戏曲片《游园惊梦》，著名导演崔嵬同志担任艺术指导，并请来了上海戏曲学院俞振飞和言慧珠参加拍摄，三位艺术家的合作，真可算是珠联璧合、天衣无缝了。这部电影从色彩、化妆、服饰、布景、道具以至到配音工作，都保持了戏曲表演艺术的优良传统，在镜头处理和衔接上，灵活多样而自然，发挥了电影艺术的特点。演员们以加强内心的表演来适应电影艺术的要求，这是梅兰芳生平所拍摄的电影中，最为满意和最喜爱的一部（图七）。

图七 梅兰芳拍摄电影《游园惊梦》

（四）灯光地田间的穆桂英

梅兰芳常说：“抗战八年我没唱戏，胜利后即使演出，也是为少数人服务，现在解放了，全国人民都想看到我的戏，我如果总是蹲在北京唱，倒是不累，但外地观众又不可能到北京来看戏，我如果不到他们中间去，对他们也实在太不负责了。”因此，1950 年至 1961 年的十多年中，他经常到外地去巡回演出，足迹遍布全国 20 多个省市和地区，每次外出时间短则一个月左右，长达两个多月之久，所到之处受到热烈的欢迎。

在北京的日子里，除了繁重的社会活动之外，梅兰芳最热爱的依然是他的表演事业。当初回京选择住在护国寺街，也是出于演出方便的考虑，人民剧场就在这条街上。以京剧演出为主的人民剧场曾是京城演出条件最好的剧场之一，极富民族特色的建筑风格，是中国近代建筑中的佳作。在这里，梅兰芳接待过法国总理富尔，演出《贵妃醉酒》。演出结束后，富尔夫妇到后台赠送音乐片，锡兰大学教授工会戏剧教授古纳为卡拉给梅兰芳赠送了花篮。

梅兰芳最后创编的新戏《穆桂英挂帅》也是在这里首次演出。1959 年 5 月 25 日，《穆桂英挂帅》在北京人民剧场首演，同年 10 月初，又作为国庆十周年的献礼剧目在京公演。这个戏以其激励人心的思想内容和近乎完美的艺术表现，赢得了专家和广大观众的一致好评和社会各界的强烈反响。这是解放后梅兰芳成功推出的第一部新作，也是最后一部新戏，它是梅派剧目的巅峰之作。周恩来总理看了戏后，对梅兰芳说："这个戏很好，看得出是你舞台生活 40 年的集中表演，也是你老年的代表作。在表演上，我没有意见，不过我听见台词里敌人是'安王'，是否可改为'西夏王'。"著名京剧作家景孤血在《"一个人演满台"——写在观摩梅兰芳的〈穆桂英挂帅〉后》一文中，称梅兰芳"一个人演满台"，就是说，梅兰芳精湛的演技，使整个舞台的每一个角落都笼罩在他的表演气氛之下。著名旦角演员于连泉（筱翠花）在《老当益壮》的文章中说："梅先生的艺术已到炉火纯青的地步，六十多岁的人了，还嗓子是嗓子，扮相是扮相，腰腿灵活，身上、脸上，一招一式，坦坦然然，水袖清清楚楚，跑起圆场来，脚下轻、稳、快，叫人看了舒服松心，确实难能可贵。"

除了人民剧场，首都剧场、大众剧场、天桥大剧场都是梅兰芳常常演出和参加活动的地方。有一次，他先演《穆柯寨》，接演《枪挑穆天王》，这两出戏合在一起演唱是很吃力的，别说他这么大年纪，连年轻演员也不敢唱。那几天，正下着大雪，但观众情绪高涨，深夜就站在雪地里排队等候买票。梅兰芳感动地说："这两出戏并着唱虽然很累，可是到了台上，一想到观众买票时的情景，我心里只有一个念头，把全部精神提起来，认真地演好戏，让他们感到满意，要不然我也太对不起他们了。"平时如遇上徒弟在北京演出，只要有时间，梅兰芳也总是去剧场观摩演出，他认为这是一种检阅学生成绩的方式之一，同时也可从中学到徒弟的优点。每当看完戏后，他总是要仔细琢磨思考，然后再给他们指出不足之处，要是在艺术上有所改革或创造，他也热情肯定。他曾不止一次地说过："在培养弟子时，我不但重视表演艺术，更重视对于他们的为人和生活上都要给予提醒和指点。在平时我就从自我做起，既教戏、又教人，使他们在各自的艺术团体里成为德才兼备的演员。"

梅兰芳在剧场里演出，似乎是天经地义的事儿，但若在田野里唱戏，这也不是每一个演员都经历过的。梅兰芳曾随首都文艺工作者访问京西门头沟煤矿、城子煤矿，他身穿矿工服，头戴矿工帽，在300米的矿井下，与正在劳动的矿工同志见了面，亲切地交谈，还试着拿起钻枪与大家一起劳动。在井下是无条件扮装演出的，只能给矿工师傅们清唱，虽然满足不了他们的全部要求，但是有一位矿工兄弟对梅兰芳说："我们干得好，把您们引来啦！您一来，我们要干得更好！"这朴实动听的两句话，表达了千千万万矿工同志对梅兰芳的厚爱。在与农民、工人的访问演出中，他的精彩表演也博得了广大农民的热情欢迎，他们在梅兰芳演出时，把白头巾从头上摘下来，过一会儿再扎上。等梅兰芳谢幕时，农民兄弟又将头巾摘下来，向他鞠躬致敬，这让梅兰芳感受真诚的敬意。除了下矿工、进农场，梅兰芳也曾经在福建的前线慰问演出过。在炮声隆隆的前沿阵地，梅兰芳的演出，大大鼓舞了战士们的战斗情绪。

（五）护国寺胡同传出琴声

"梅兰芳要搬到咱们这儿来住了！"护国寺街甲1号（现为9号）的街坊们将这个消息传遍了胡同。一想到要和这位大艺术家做邻居。激动之余不免有些好奇。什刹海地区可以说是一块风水宝地，集商、学、住、游一身的胡同里，藏着许多文化名人。除了梅兰芳以外，宋庆龄、郭沫若、侯宝林都在这附近居住过。如今的梅兰芳纪念馆，是梅先生解放后唯一居住过的地方，他在这个幽静的小院子里度过了最后的十年。今天我们在《梅兰芳的舞台艺术》中，依然可以看到，那时，护国寺街甲1号是戏曲界、文化界雅集和交流的重要场所，是人们心目中的文化圣地。

这里是一座典型的两进院落四合院，占地1200平方米，原为清末庆亲王奕王府的一部分。20世纪50年代修缮后，梅兰芳搬入居住。每天吃过早饭，梅先生会在院子里晒太阳，散步练功。院子里铺的是水泥砖，平坦而又整齐，四个犄角砌了小花圃，种着树和花草，透着主人的闲情逸致和对生活的热爱。这里面积小，比不上无量大人胡同的深宅大院，假山园林。但是一家人在一起也是其乐融融，十分温馨。

梅家的庭院里总是很热闹，每天都有客人来拜访。尤其是逢年过节的时候，更是宾朋满座。梅兰芳和夫人福芝芳总是热情地接待这些朋友。到了夜深人静的晚上，梅兰芳会坐在书房里，戴着老花镜，手里拿着红铅笔阅读学习。如果第二天有演出，他会在晚上静静地阅读剧本，边看边轻声地哼着唱词。在没有演出时，他就会在书房待至深夜。

家里除了梅兰芳夫妇、四个子女及孙辈，还有较多的工作人员。有秘书、化妆师、管理服饰和道具的工作人员以及家政人员，他们都住在这个院子里，就是现在西跨院的办公区里，负担这样一个大家庭的开支十分可观。这些工作人员之中，大部分人的家眷都不在北京，梅兰芳已经当他们是自家人，每天早上见面都要先打招呼，安排工作都是平心静气，和声细语，不论职务分工，对于他们都一视同仁。他曾经说过："我的成名虽然是靠自己的努力得到观众的接受和欢迎，但是这些工作人员是幕后英雄。每次我有戏时，他们顾不上吃饭和休息，很早就赶到剧场去做好各自的演出前准备工作，在演出结束后，我卸装完毕返家时，他们仍在后台整理服装、头饰等场面道具。我感激他们的辛苦工作，也要尊重他们的劳动。"梅兰芳这种宽以待人的家风也延续了下来。1980 年梅夫人去世以后，家里雇用的四名服务人员仍继续领工资。梅家向有关部门给他们申请退休补贴金，同时又单独给他们一份养老金，让他们安度晚年。

1961 年梅兰芳去世后，其夫人福芝芳在悲痛之余，聘请中国戏曲研究院的两位同志整理梅兰芳留下来的文物资料，内容包括剧本、戏单、照片、图书、书画、期刊、外文月刊、信件、剪报、邮票、纪念品，等等。经过近两年的整理、编号、登记成册，共分为十大类，有 41000 多件文物资料。在"文化大革命"开始时，福芝芳立即全部送交中国戏曲研究院代为保管，这才免遭损失，为梅兰芳纪念馆的顺利建成打下坚实的基础。

梅兰芳纪念馆在 1986 年正式对外开放，由全国人大常委会副委员长习仲勋揭幕，邓小平题写馆名。一进大门，青石砖瓦大影壁前的翠竹中，安放梅兰芳的半身雕像。正院北房正中为客厅，里间为起居室。东、西耳房为卧室和书房，书房的书柜里收藏大量珍贵手抄剧本，墙上悬挂张大千、齐白石、陈半丁等著名画家的作品。各项陈设均按梅兰芳生前生活原状布置。东、西两厢房原为梅兰芳子女的居室和餐厅，现在，东厢房为梅兰芳藏书画展，西厢房展出梅兰芳戏衣、道具和表演指法图示。外院南厅是纪念馆主要展室，展出大量珍贵照片和实物，播放视频影像。南展厅的展柜展出梅兰芳访美图谱（图八）。

图八　梅兰芳纪念馆正门

纪念馆占地虽仅有一千多平方米，但在这方寸之地，承载着梅兰芳及家人十年的历史沉淀。这里的一砖一瓦，都曾见证过一代艺术大师的生活，从岁月的痕迹向我们讲述主人及所在年代社会的故事。作为梅兰芳纪念馆的工作人员，我们怀着一份虔诚和敬畏在这里工作，从历史馈赠我们的精神财富中，更加了解和热爱我们的传统文化。

（六）香山之梅遥望北京城

1961 年 7 月的一个夜晚，正准备休息的梅兰芳觉得胸口的疼痛比前几天加重了，疼得都有些恍惚了。一年前，他左胸口附近经常隐隐作痛，他想也许是工作太忙，又刚刚巡演过《穆桂英挂帅》，饮食不规律而犯了胃病，就在饭后服些消化药处理一下。但是，自程砚秋先生因心脏病突发而离世后，他想到自己近年来常于运动后脉搏时跳时停，也许自己的心脏也有点毛病？“别自己吓自己，”他这么想着给自己宽心，“就是胃病吧，忍一忍就过去了”。可家里人不这么想，第二天上午，在家人的坚持下，梅兰芳由大儿子葆琛陪同，去阜外医院作了心电图的检查。结果显示，梅兰芳必须住院治疗。但他坚决不同意：“目前戏曲研究院党组正在学习开会，我是院长，我不能不参加，等以后再考虑住院的事。”医生见劝说无效，只好开了药方，并千叮咛万嘱咐梅兰芳一定要注意休息，如果他的胸部持续疼痛，服药后不起作用，就要立即到医院来。

回到家中的梅兰芳只休息了两天，就回到了工作岗位。7 月 30 日的午后，梅兰芳的胸痛再次发作，他平卧在床上，脸色发白，双眉紧锁，家人立即给他一片硝酸甘油含在舌下。等了一会儿，疼痛没有减轻，又含了一片，仍然不起作用。家人马上给医院打电话，心脏科专家赶来作检查及打针，要求马上、必须住院。梅兰芳坚持自己下床更衣，慢慢步行到院门口。他回头看了看他生活了十多年的院落，和七个孙子、十个孙女摆摆手，登上汽车驶向阜外医院。

疲惫不堪的梅兰芳躺在病床上就昏了过去。经过医护人员的检查和治疗，直到深夜 12 点才缓缓苏醒过来。大家稍稍放下点担心。医生把梅夫人福芝芳安排在病房对面的休息室，将子女叫到一起交代道：梅兰芳的检查结果出来了，急性冠状动脉梗塞合并左心衰竭。梅先生虽然是醒过来了，但病情十分严重，尚未脱离危险，在思想上要有所准备，随时会出现变化。家人听后十分紧张，决定安排白班、夜班轮流看护，这样度过了几个昼夜，梅兰芳的病情有了好转，大家心里也为他高兴。

8 月 5 日上午，周恩来总理从北戴河赶回北京后，特意到医院探望梅兰芳。他坐在梅兰芳的床边说：“由于开会忙，所以来迟了。”接着他给梅兰芳把了下脉说："我也懂得一些中医知识，你的脉相是弱了一些，要听大夫的话，好好静卧休养。"梅兰芳却想着原定于8月初去新疆参加铁路的通车典礼和演出的事。周总理关心地回答他："等你病好了，你想到哪里演出，国内国外都可以去嘛。但是你现在的任务是养病，一定要躺在床上，祝你早日恢复健康。"总理临走时又对梅兰芳说："我明天回北戴河，下次回来再来看你。"当周总理走出病房后，对医护人员嘱咐："你们平时就注意我们中央领导同志的健康，像梅院长的病应当早就发现。这些天经过抢救，希望能转危为安，你们要用心护理。"谁想这竟是两人的最后一次会面。

8月7日晚上，梅兰芳的精神很好，他对夫人福芝芳说："这几天我已经好多了，你也不要为我太操心，你有高血压，要在家多休息保重身体，不要来医院这么早。"上半夜一切正常，到了快天亮，福芝芳和大儿子葆琛听到病房里有异响，他们连忙叫医生。梅兰芳在病床上全身抽搐，不省人事，医生赶快进行抢救，插氧气管，注射强心剂，做人工呼吸，但此时梅兰芳的心电图由紊乱渐渐成为一条直线，医护人员虽竭尽全力，最终未能控制住死神的肆虐，一代巨星陨落了，他的生命乐章静止在1961年8月8日。

中央领导闻讯赶来，陈毅副总理、马少波同志先后赶到医院慰问家属。陈毅同志慨然叹道："梅先生真是一代完人。"郭沫若赶写《在梅兰芳同志长眠榻畔的一刹那》一文，以散文诗的形式赞美他的一生："是艺术活动的一生，是艰苦奋斗的一生，是为人民服务的一生，是美化社会的一生……美育活动超越了空间，超越了时间，将永远感染着中国人民和中国人民的世世代代……你虽然长远地休息了，但你的活动是永远不会休息的。"

8月10日，梅兰芳先生的追悼会在首都剧场大厅举行，陈毅副总理主祭，并代表中共中央和国务院表示哀悼，对梅兰芳同志的家属表示慰问，文化部副部长齐燕铭致悼词。北京各届两千余人赶来参加，苏联等各国驻华使节和外交官以及一些正在北京访问的国际友人，也参加了公祭。治丧委员会收到来自国内外的唁电共280多件，有来自各地文化艺术团体、机关、工厂、学校及梅兰芳的生前好友及弟子230余件。另有40多件唁电来自苏联、越南民主共和国、德意志民主共和国、捷克斯洛伐克、蒙古、缅甸、英国、希腊等国的有关团体、单位、外交官和知名人士。海外华侨、东京华侨总会也发来唁电。此后一段时间内，全国各大报纸均陆续刊载有关悼念梅兰芳的各种文章。同时，世界许多报纸亦报道了梅兰芳逝世的消息，有的还刊登了他的照片和生平简介，以表怀念。

到了出殡的那一天，当梅兰芳的棺木经过天安门时，政界、文化艺术界人士和普通的老百姓沿途数万人，自发出来为梅先生送殡。在他们心中，梅兰芳几乎是一个完人，他的艺术极好，他的人品也极好，他的民族气节更是世人敬仰。梅兰芳被葬在香山万花山麓故地，首位夫人王明华的棺木在梅兰芳安葬前被起出，再用水泥灌注出三个墓穴，中间是梅兰芳，右侧是王明华的棺木，左侧的墓穴留给了在 1980 年去世的福芝芳。当时想尽快入土为安，墓修得比较简单。周恩来总理表示，梅兰芳是举世闻名的戏曲艺术大师，他的墓地要好好地规划和设计，不要匆忙行事。就在墓地规划设计图纸完成并通过的时候，“文化大革命”开始了，幸好那时的墓地隐蔽在松树林中，墓碑也给人盗走，所以才幸免于难。

改革开放之后，对外交流繁增，国际友好人士来访很多，梅兰芳的生前好友及仰慕者都想要来凭吊。于是国家拨款，重新对梅兰芳的墓地进行修缮。梅兰芳的大儿子梅葆琛是北京市建设设计院的工程师，由他亲自设计方案。墓地修建工程于 1983 年 7 月完成 ，中央电视台新闻联播进行报道。2016 年 8 月 8 日，梅派掌门人、梅兰芳最小的儿子梅葆玖仙逝，他与从万安公墓迁来的姐姐梅葆玥，被安葬在梅兰芳主墓下侧，分左右两边守护在父母身旁，梅氏一个多世纪的京剧传奇在这天画上句号。在苍松翠柏的掩映下，梅氏一家人在香山遥望京城，在天上为京剧事业的发展保佑祈福。

作者李维一为梅兰芳纪念馆馆员

后　记

为社会发展提供服务是博物馆的主要功能，北京八家名人故居纪念馆联盟自成立以来，始终秉承这一服务宗旨和发展理念。继传统的展馆开放、巡展讲座外，我们又以公开出版物的形式，向社会宣传中国文化名人的精神内质和时代风貌。于是，《文化名人与北京》便孕育成书，这也是继《时代之音——读名家名言　听文物故事》后，北京八家名人故居推出的第二本文化读本。

"往古者，所以知今也。"《文化名人与北京》的编撰，通过寻找八位文化名人在北京生活的足迹，去探寻他们的精神内涵，以此激励当下的读者，不忘初心，继续前行。在本册文化读本中，我们以图文并茂的形式，勾勒出宋庆龄、李大钊、鲁迅、郭沫若、茅盾、老舍、徐悲鸿和梅兰芳等八位中国文化名人在北京的生活场景，以通俗直白的文字叙述，展现了文化名人忧国忧民的爱国情怀和文化担当的精神风貌；也通过介绍他们点滴的生活事件，去还原一个个有声有色、有血有泪的历史人生。

文化的传承是没有止境的，我们博物馆人会永远坚持自己的理想，为传承中华民族优秀传统文化、实现中华民族伟大复兴的中国梦而贡献出自己的力量。

最后，感谢为本书的出版付出辛勤劳动的各位同人，谨致谢忱！

编者

2017 年 2 月于北京